Karl Knoblauch

Dem Ende entgegen

Karl Knoblauch

Dem Ende entgegen

Mit dem Fallschirm-Panzerfüsilierbataillon 2
„Hermann Göring“ in Ostpreußen 1944/45

FLECHSIG

Umwelthinweis:
Dieses Buch und der Umschlag wurden auf chlorfrei gebleichtem Papier gedruckt.
Die Einschrumpffolie – zum Schutz vor Verschmutzung – ist aus umweltverträglichem und recyclingfähigem PE-Material.

2. Auflage 2010

Flechsig Verlag
Internet: www.verlagshaus.com
Einbandgestaltung: Silberwald Agentur für visuelle Kommunikation, Würzburg
Gesamtherstellung: Himmer AG, Augsburg
ISBN 978-3-88189-720-4

Inhalt

Vorwort

Es ist über militärische Vorgänge, politische Hintergründe und menschliche Verhaltensweisen viel geschrieben worden: Wahres und Unwahres, Sachliches, Unsachliches und viel Unsinniges. Vorsicht ist immer dann geboten, wenn wirtschaftlicher Gewinn die treibende Kraft für die literarische Gestaltung geschichtlicher Abläufe ist.

Meine hier niedergeschriebenen Erinnerungen sind sicherlich geeignet, in dramatischere Formen gegossen zu werden. Doch zum ‚Drama' fehlt mir jegliche Veranlagung.

Mir geht es bei der Darstellung der Ereignisse um die Fixierung der Wahrheit, nicht um modifizierte Konstruktionen zeitgeschichtlicher Abläufe und schon gar nicht nach dem Motto: „Sehet mich an – ich bin nicht so einfältig gewesen wie die breite Masse. Ich habe das alles kommen sehen und habe mich ‚reserviert' verhalten!"

Das preußische Element meiner Erziehung erklärt manche Handlungsweise, die heute möglicherweise nicht begriffen wird. –Dies gilt auch für die Haltung der mir nahestehenden Kameraden, die wie ich unter Preußens sozial-aristokratischem Postulat des ‚Mehr sein als scheinen, viel leisten, wenig hervortreten!' erzogen worden sind.
Meine nüchterne Niederschrift ist die Wahrheit ohne jeden Abstrich; auch Pseudonyme gibt es nicht!
Um die Beziehung zwischen ‚Ereignis' und ‚Verhaltensweise' nicht zu verfälschen, sind Erkenntnisse, die ich erst nach dem Kriege gewonnen habe, in meine Aufzeichnungen absichtlich nicht eingegangen.
Wenn der Leser zu der Auffassung kommen sollte, dass ich bestimmte Themen gar nicht oder nicht erschöpfend genug behandelt habe, so liegt das daran, dass sich solche Themen in meinem persönlichen Umfeld nicht gestellt haben.
In Dankbarkeit gedenke ich der Kameraden, die in Höhen und Tiefen menschlichen Daseins meinen Weg gekreuzt haben oder ein Stück dieses

Weges mit mir gegangen sind.
Auch dies sei gesagt: Um die Anerkennung meines Verhaltens bitte ich nicht; ich bitte lediglich um die Bereitschaft, über den Inhalt meiner Niederschrift unvoreingenommen nachzudenken.

Ronnenberg 2007 Karl Knoblauch

Vorgeschichte / Zur Person des Verfassers

1940
Teilnahme am Frankreich-Feldzug im Rahmen der Vorausabteilung der 95. Infanteriedivision.

Oktober 1941 bis September 1943
Beobachter in der operativen Luftaufklärung des Heeres
Fernaufklärungsstaffel 4.(F)/14

2. September 1943
Verwundung im Luftkampf mit sowjetischen Jägern über Wjasma/USSR (165. Feindflug).

Aus meinen persönlichen Aufzeichnungen:

August 1944: Reservelazarett Bad Pyrmont. Meine Entlassung steht kurz bevor. Hinter mir liegen Monate einer erholsamen Rekonvaleszenz. **1944**
Am Abend des 24. August treffe ich in Quedlinburg bei der Frontfliegersammelgruppe ein. – Mir wird ein Zimmer zugewiesen. Sonderlich einrichten werde ich mich nicht. Ich gehe davon aus, dass mein Aufenthalt nur ein vorübergehender sein wird.
Die Frontfliegersammelgruppe ist ein Personalverband. Hier werden Angehörige des fliegenden Personals nach ihrem Lazarettaufenthalt untergebracht (gesammelt) und nach ihrer vollständigen Genesung den fliegenden Verbänden wieder zugeführt.
Am Abend hocke ich auf meiner Bude. Dies Nichtstun bedrückt mich. Mir fällt auf, dass von der großen Zahl einsatzfähiger Flugzeugführer, Beobachter, Funker und Bordschützen nur selten jemand für die Front abgestellt wird. Aus den Lazaretten treffen immer mehr Angehörige des fliegenden Personals ein. Die Gruppe platzt bald aus den Nähten. Hier scheint irgendetwas nicht zu stimmen. Ich entschließe mich, bei nächster Gelegenheit mit dem Kommandeur über meine weitere Verwendung zu sprechen.

7. September: Vormittags habe ich den Adjutanten gebeten, mir einen Termin beim Kommandeur zu verschaffen und um 15.00 Uhr stehe ich vor dem hohen Herrn: „Leutnant Knoblauch wie befohlen zur Stelle!"
„Nehmen Sie Platz! Sie baten um eine Unterredung. Worum geht es?"
„Herr Major, nach fast einem Jahr Lazarettaufenthalt bin ich nunmehr in einem Gesundheitszustand, der es mir erlaubt, meiner Ausbildung entsprechend wieder verwendet zu werden. Wenn Herr Major ..."
Weiter komme ich nicht. Der Gruppenkommandeur ist aufgestanden und unterbricht mich mit einer Handbewegung: „Ihren Personalunterlagen habe ich entnommen, dass Sie für den fliegerischen Einsatz nicht mehr in Frage kommen – was wollen Sie also?"
Der Kommandeur ist gereizt. Er bleibt am Fenster stehen und sieht mich herausfordernd an.
Auch ich bin inzwischen der guten Ordnung halber aufgestanden: „Herr Major, ich gehe nicht davon aus, dass mit meiner Verwundung meine militärische Laufbahn beendet wurde. Ich meine, dass es für mich auch außerhalb

fliegender Einheiten eine Verwendung geben wird!" Der Kommandeur unterbricht mich wieder – noch gereizter: „Wenn Sie meinen, durchaus etwas tun zu müssen, können Sie zur Panzerdivision „Hermann Göring" gehen. Ich stelle anheim!" Er glaubt, mich abgeschmettert zu haben.
Jetzt bin ich gereizt: „Wenn Herr Major keinen anderen Vorschlag machen können, gehe ich auch zur Panzerdivision ‚Hermann Göring'!"
Mein Gegenüber kneift die Augen zusammen: „Wie Sie wollen. Gehen Sie zum Adjutanten, der wird alles Weitere veranlassen!"
Der Adjutant, ein freundlicher Mensch, wird sogleich tätig, Ich unterschreibe ein Formular, und nehme zur Kenntnis, dass ich in Kürze mit meiner Versetzung rechnen könne.
Auf dem Wege in meine Unterkunft stelle ich mir die Frage, ob meine Entscheidung richtig war. Ich bin nicht sicher.
Eine andere Frage taucht vor mir auf: Warum wollte der Kommandeur meine Wiederverwendung verhindern? Wenn er mit den anderen auch so verfährt, dürfte das eine Erklärung für die große Zahl der hier anwesenden, sich langweilenden Angehörigen des fliegenden Personals sein. Es kann natürlich auch andere Gründe geben.

Am 18. September verlasse ich das schöne Quedlinburg und die ungastliche Frontfliegersammelgruppe. Meine Versetzung ist perfekt. Ich sitze im D-Zug nach Berlin.
Am Nachmittag fahre ich nach Reinickendorf im Nordwesten Berlins. Meldung in der „Hermann Göring-Kaserne", die trotz des Krieges immer noch eine gepflegte Anlage ist.
Auf der Adjutantur erfahre ich, dass ich in spätestens 14 Tagen mit meiner Versetzung zur Fronttruppe rechnen könne. Die Division ist im Osten eingesetzt.

Der Kampf mit den alliierten Invasionstruppen nimmt immer härtere Formen an. Das Oberkommando der Wehrmacht gibt am 25. September bekannt: „In Westholland wehrten die eigenen Truppen in neuen Stellungen mehrere feindliche Angriffe ab. Im Raum Arnheim-Nimwegen fügten die Gegenangriffe dem aus der Luft gelandeten Feind, der noch nicht zu größerem Angriff antrat, weitere hohe Verluste zu. Örtliche Vorstöße des Gegners scheiterten zum Teil in erbitterten Nahkämpfen. Von den noch; westlich Arnheim auf engstem Raum kämpfenden Resten der 1. Englischen Luftlandedivision wurden weitere

800 Verwundete eingebracht. ..." Wer den gut verpackten Nachrichtentext aufmerksam liest, kann nicht übersehen, dass unseren in der Tat beachtlichen Abwehrerfolgen leider zugleich erhebliche Gebietsverluste gegenüberstehen.

Bevor ich meine Reise an die Ostfront antrete, besuche ich noch einmal meine Verwandten in Spandau. Schon an der Wohnungstür merke ich, dass die Stimmung gedrückt ist. Meine Tante Martha erzählt mir, dass mein Vetter Wolfgang (Luftwaffen-Leutnant) seit einiger Zeit in Südfrankreich vermisst ist.
Noch vor Einbruch der Dunkelheit bin ich wieder in Reinickendorf.

Am 27. September melden Die Reichssender: „Im Raum Arnheim wurde am 26. September der letzte Widerstand der eingeschlossenen 1. Englischen Luftlandedivision gebrochen. In zehntägigen Kämpfen gelang es den schnell zusammengerafften Kräften aller Wehrmachtteile unter Führung des Kommandierenden Generals eines SS-Panzerkorps, SS-Obergruppenführer und General der Waffen-SS Bittrich, eine englische Elitedivision trotz zähester Gegenwehr und Verstärkung durch weitere Landung aus der Luft restlos zu vernichten. Alle Versuche des Feindes, von Süden her die eingeschlossene Division zu entsetzen, scheiterten unter hohen blutigen Verlusten. Insgesamt wurden 6.450 Gefangene eingebracht, Tausende Tote festgestellt, 30 Panzerabwehrgeschütze, weitere Geschütze und zahlreiche Waffen und 250 Kraftfahrzeuge erbeutet. Außerdem wurden 1.000 Lastensegler vernichtet oder erbeutet und über 100 Flugzeuge abgeschossen. ..."
„Wir siegen uns tot!" Ich erinnere mich der Worte meines Vaters.

30. September: Es ist soweit! Meine wenigen Klamotten habe ich zusammengepackt. .Nur mit Meldetasche und Wäschebeutel mache ich mich auf die Reise.
„Bahnhof Zoo" – Ich stehe auf dem Bahnsteig und warte auf den Fronturlauberzug nach Warschau. Noch fünf Minuten bis zur Abfahrt.

1. Oktober: Der Zug hält zwischen Posen und Kutno auf freier Strecke. Wir kommen nur langsam voran. Im Gegenverkehr fahren Lazarettzüge in Richtung Berlin.

Einsatz bei Einheiten der Fallschirmtruppe

Am frühen Vormittag treffen wir vor Warschau ein und werden aufgefordert auszusteigen. Der Wind trägt das Grollen des Artilleriefeuers von der nahen Front hier her. Die Luft vibriert.
Mit einem Lkw fahre ich nach Norden weiter und stoße im Raume Modi auf den Stab der Panzerdivision “Hermann Göring“. Die kämpfenden Teile der Division sind im Bereich des IV. SS-Panzerkorps eingesetzt. Der Kommandant im Stabsquartier weist mir eine Unterkunft zu.

2. Oktober: Meldung beim Divisionsadjutanten, der mir und einigen anderen Offizieren erklärt, dass wir, die wir aus verschiedenen Teilbereichen der Luftwaffe kommen, vor dem Einsatz an der Front zunächst einmal mit dem „Infanterismus“ vertraut gemacht werden.
Auch mir scheint diese Entscheidung richtig zu sein. Unter den Offizieren des Ersatzes sehe ich Angehörige der Luftnachrichtentruppe, der Flak und auch des fliegenden Personals. Wenig später werden wir in Marsch gesetzt nach Rypin in Westpreußen. Rypin liegt zwischen Thorn und Soldau in einer Sand- und Heidelandschaft. Der Landschaftscharakter ist dem der Altmark sehr ähnlich. Am Abend „empfängt“ uns die Rypiner Ersatz- und Ausbildungseinheit. Der Chef unseres Lehrganges, ein stark gehbehinderter Hauptmann, begrüßt uns und macht uns verständlich, dass dieser Lehrgang notwendig ist. Ich habe den Eindruck, dass die meisten der hier anwesenden „Infanterie-Eleven“ den für sie neuartigen Dienst willig auf sich nehmen.

Ich sehe mir den Dienstplan an und stelle fest, dass der Lehrstoff für mich nicht neu ist.
Wir empfangen Drillichanzüge für die Gefechtsausbildung und Karabiner. Dienstgradabzeichen bleiben im Spind. Ich komme mir vor, wie zu meiner Frankensteiner Rekrutenzeit.

4. Oktober: Die Lehrgangsleitung geht gleich „in die Vollen“. Es ist ja auch keine Zeit zu verlieren; der Iwan steht an den Grenzen des Reiches.
Auf dem Programm lese ich: Gefechtsschießen, Schnellschuss, Hüftschuss und Handgranatenwerfen. Die Ausbildung ist „frontnah“ – die Sicherheitsbestimmungen sind deutlich gelockert.

5. Oktober: Vormittags MG-Ausbildung und am Nachmittag „Angriff aus mittlerer Entfernung“. Müde schleichen wir gegen Abend in die Unterkunftsbaracken zurück.

6. Oktober: Angriff auf ein Grabensystem und Einbruch. Wir werden abwechselnd als Gruppenführer eingesetzt.
Nach dem abendlichen Waffenreinigen lässt mich der Lehrgangsleiter kommen: „Leutnant Knoblauch, ich habe mir heute Morgen die Ausbildung angesehen und Ihre Mitwirkung beobachtet. Waren Sie immer bei der Luftwaffe?“
„Nein, Herr Hauptmann. Ich bin bei der Infanterie eingetreten und habe den Westfeldzug bei der 95. Infanteriedivision mitgemacht!“
„Nun, das ist eine Erklärung. Sie sind hier völlig fehl am Platze. Ich werde Sie im Rahmen der abschließenden Beurteilung für einen Kompanieführerlehrgang vorschlagen!“ Damit bin ich entlassen.
23.00 Uhr: Wir verlassen das Lager und marschieren hinaus zum Nachtschießen. Anschließend findet eine Nachtübung statt.

Gegen 4.00 Uhr rücken wir wieder ein. Wir sind total erschöpft. Meine Lungenverwundung beeinträchtigt meine körperliche Leistungsfähigkeit mehr, als ich wahrhaben will.
Am Nachmittag – vor Einbruch der Dunkelheit – werden Spähtrupps schulmäßig durchgeführt. Nach Sonnenuntergang fallen die Temperaturen erheblich ab.

8. Oktober: Ich werde heute im Rahmen eines Angriffs aus mittlerer Entfernung als Zugführer eingesetzt. Einbruch – Aufrollen eines Grabensystems. Es klappt alles ganz gut.
Meine Offizierskameraden in den Rollen als Schützen, MG-Schützen und Gruppenführer spielen engagiert mit.

Am Vormittag des 11. Oktober wird „Waldkampf“ trainiert, und am Nachmittag werden wir mit der kleinen Panzerfaust und dem Panzerschreck (Ofenrohr) vertraut gemacht. Nach der Einweisung wird scharf geschossen. Die Wirkung der Hohlladungsgeschosse ist enorm.

12. Oktober: Auf dem Dienstplan steht „Nahkampf und Kampf in Ortschaften“. Die in diesem Bereich üblichen Tricks stimmen doch recht nachdenklich. Wer sich darauf nicht einstellen kann und gehemmt bleibt, wird im Ernstfall keine Chance haben.

Am 13. Oktober stehen „Nachtspähtrupps“ auf dem Programm. Mittags haben wir das letzte gegessen. Es ist jetzt 21.00 Uhr. Der Hunger macht sich bemerkbar. Unser Hinweis auf die fehlende Verpflegung wird von der Übungsleitung mit den Worten abgetan: „Meine Herren, hier wird frontnah ausgebildet. Sie werden damit fertig werden müssen!“

Der Lehrgang ist am 14. Oktober beendet. Für die meisten von uns war er ganz sicher zu kurz.
Den Abend verbringen wir Lehrgangsteilnehmer gemeinsam im Gasthaus „Maiswinkel“. Ein findiger Zeitgenosse hat einige Wildenten käuflich erworben, die wir in launiger Runde, vom Wirt köstlich zubereitet, uns munden lassen.

Ein geschlossener Transport bringt uns am 15. Oktober über Strasburg und Deutsch-Eylau nach Ostpreußen. Einen Tag später treffen wir in Königsberg ein, und am 17. Oktober geht es in mäßiger Fahrt weiter: Labiau, Klemenswalde bei Heinrichswalde. Wir befinden uns jetzt in der Elchniederung ostwärts des Kurischen Haffs.
In der Ortschaft Gr. Brittanien verlassen wir den Zug. Es sieht ganz so aus, dass hier wegen der Frontnähe ohnehin kein Schienenverkehr mehr läuft. Bei der Familie Hellwig erhalte ich eine Unterkunft. Ich bewundere die Ruhe dieser freundlichen Leute. Obwohl die Sowjets Kuckerneese schon genommen haben und damit südlich der Memel stehen, sind sie fest davon überzeugt, dass die deutschen Verbände den Einbruch in das Reichsgebiet verhindern werden.
Bis zur Front bei Kuckerneese sind es etwa zehn Kilometer. Hier ist das Fallschirmpanzerkorps eingesetzt.
Wenn dem Iwan der Durchbruch nach Süden gelingen sollte, sitzt die Bevölkerung in der Mausefalle. Fluchtvorbereitungen sind nicht zu beobachten.

18. Oktober: Vorstellung beim Korps. Der Offiziersersatz ist angetreten, der Kommandierende General Generalmajor Schmalz betritt die Szene.
Nach der Begrüßung meint der „Kommandierende“ sagen zu müssen, dass es für uns nun langsam Zeit wurde, an der Front zu erscheinen. Deutlicher

war der Vorwurf gewiss nicht zu formulieren. Meinen aufsteigenden Ärger verdränge ich.
Der Adjutant tritt vor, nimmt eine umfangreiche Liste zur Hand und verliest die Offizierszuweisungen an die einzelnen Truppenteile. Unter anderem höre ich: „Leutnant Knoblauch – Korpssturmbataillon. Der Kommandeur ist gerade hier; er wird Sie mitnehmen!"
Ich gehe hinüber auf die andere Seite der Stabsunterkunft und melde mich beim Führer des Sturmbataillons, dem Oberleutnant Lehmann. Er begrüßt mich per Handschlag, sieht mich an und fragt dann unter Hinweis auf das silberne Verwundetenabzeichen an meiner Feldbluse: „Welcher Art ist Ihre Verwundung? Sind Sie irgendwie behindert?"
„Ich bin auf dem linken Auge erblindet!"
Lehmann eröffnet mir, dass ich unter diesen Umständen für das Sturmbataillon nicht in Frage komme. Er geht mit mir zum Adjutanten zurück und erklärt den Sachstand. Dieser schaut in seine Liste und entscheidet schnell: „Leutnant Knoblauch, Sie werden zum Füsilierbataillon der 2. Division versetzt, d. h., Sie melden sich erst einmal beim I. Bataillon Fallschirmjägerregiment 16. Kommandeur ist der Hauptmann Teusen. Wenn die Umorganisation im Bereich der 2. Division beendet ist, wird I./16 als Fallschirm-Panzerfüsilierbataillon 2 ‚Hermann Göring' geführt!"
Das ist alles ein bisschen verwirrend für mich. Ich fühle, dass mich das Räderwerk des Schicksals erfasst hat – ausweichen kann ich nicht mehr.
Inzwischen ist es dunkel geworden. Ich übernachte in Neukirch, 15 Kilometer westlich von Tilsit.

Am 19. Oktober treffe ich mit einigen Kameraden beim Divisionsstab in der Elchniederung ein.
Mir fällt auf, dass hier alles im Aufbruch ist. Ein Leutnant, der mir gerade über den Weg läuft erklärt mir, dass das Korps aus der Front herausgezogen und „irgendwo" bei Gumbinnen eingesetzt werden soll.
Ich frage mich, wie ich mein Bataillon finden soll, wenn alle Verbände sich „irgendwo" auf dem Marsch befinden.
Da ich hier nicht „überwintern" kann, lasse ich mich von einem Kübelwagen mitnehmen, der in Richtung Kuckerneese fährt. Vielleicht finde ich mein Bataillon.
Nach wenigen Kilometern schon kommen uns Fahrzeuge entgegen. Ich traue der Lage nicht und bitte den Fahrer anzuhalten. Einen der uns entgegenkom-

menden Lkw halte ich an und erfahre, dass sich die Bataillone aus der Front gelöst haben und sich nach Süden absetzen – Nachhuten seien am Feind. „Nachhuten am Feind" – das heißt doch, dass es keine durchlaufende Frontlinie mehr gibt. Ich schwinge mich wieder in den Kübel und informiere den Fahrer. – Wir fahren vorsichtig weiter.

Nach weiteren fünf Kilometern stoßen wir auf ein Dorf. Die Stille zwischen den verlassenen Häusern ist bedrückend. Am Nordrand dieses Ortes werden wir von einer Gruppe Fallschirmjäger gestoppt. Ein Feldwebel tritt an unseren Wagen heran: „Wohin wollen Sie?"

„Ich suche das Bataillon Teusen vom Regiment 16!"

„Da bin ich überfragt", entgegnet der Feldwebel, „wenn Sie hier aber weiterfahren, laufen Sie dem Iwan in die Hände. Wir sind die Letzten auf dieser Straße!"

Ich bin erst einmal ausgestiegen, um mich umzusehen. Weiter nördlich von uns ist Gefechtslärm zu hören.

Die Straße auf der wir stehen, steigt nach Norden leicht an und verliert sich dann in einer Senke, die von hier nicht eingesehen werden kann.

„Herr Feldwebel, da kommt jemand von der Feindseite", meldet sich der MG-Truppführer, der mit seinen Männern in einem Vorgarten in Stellung gegangen ist. Wir springen in Deckung und sehen die Straße entlang nach Norden. Aus der Senke heraus kommt uns eine Gestalt entgegen – Entfernung 200 Meter. Nur langsam kommt sie näher. Ich beobachte, wie der MG-Schütze vorsichtshalber über Kimme und Korn „maßnimmt".

Der Feldwebel neben mir greift zum Fernglas: „Das kann doch wohl nicht wahr sein – eine alte Frau auf Krücken!"

Zwei der Männer laufen der Frau entgegen; die anderen sind in Stellung gegangen.

Wenn jetzt der Iwan nachstößt, wird die Lage kritisch – nicht nur für die alte Frau, auch für die beiden Fallschirmjäger.

Wir haben Glück! Eine Viertelstunde später sind die Frau und die Männer zurück.

Die Frau hat sich auf eine Bank gesetzt.

Ich schätze sie auf weit über 80 Jahre. Sie ist erschöpft und hält krampfhaft ihre Krücken fest.

Nach einer kleinen Pause spreche ich sie an: „Sagen Sie, wie kommt es, dass Sie hier allein herumlaufen. Haben Sie keine Verwandten?"

Sie antwortet im ostpreußischen Dialekt: „Nein Herrchen, Verwandte hab ich

nicht. Mein Dorf hat jestern schon jetreckt. Ich alte Frau wollt in der Heimat bleiben. Die Russen werden mir schon nichts tun, hab ich jedacht. Aber nun hab ich doch Angst bekommen und bin jeflüchtet!"
Der Feldwebel, der zugehört hat, sieht mich kopfschüttelnd an.
Aus der Ortsmitte ist Motorengeräusch zu hören, und kurz darauf hält vor uns eine Beiwagenmaschine: Feldgendarmerie!
Der Fahrer, ein Oberfeldwebel, steigt von der Maschine und kommt auf mich zu: „Herr Leutnant, ich komme von der Division und soll erkunden, wie hier die Lage ist!"
Ich winke ab: „Den Krieg führen hier die Fallschirmjäger. Ich bin nur als ‚Gast' hier und suche meine Einheit. Sprechen Sie mit dem Feldwebel da drüben!"
Der Gefechtslärm kommt näher. Die alte Frau lasse ich im Beiwagen der Feldgendarmen unterbringen. Als die „Kettenhunde" anfahren, greift die Frau nach meiner Hand: „Vielen Dank Herrchen, vielen Dank!"
Der Feldwebel hat die Szene beobachtet und meint: „Ich möchte nicht so alt werden, wie diese hilflose Frau!"
„Sagen Sie das nicht zu laut. Die Chancen, hier in Ostpreußen alt zu werden, sind ohnehin nicht sonderlich gut!"
Meine Vorstellung an dieser Stelle ist beendet. Mein Bataillon habe ich nicht gefunden.
Der Fahrer des Kübelwagens, dem der Boden hier auch zu heiß wird, nimmt mich mit zurück. Eigentlich wollte er noch weiter nach Norden.
Die Nacht verbringe ich im Bereich des Divisionsstabes. In einer verlassenen Landarbeiterwohnung haue ich mich auf ein altes Sofa.
Obwohl ich müde bin, kann ich nicht schlafen. Die Front ist spürbar nähergekommen. Ich möchte vermeiden, dass ich im Tiefschlaf das Abrücken der Division verpasse und vom Iwan unsanft geweckt werde.
Kurz vor Mitternacht gehe ich noch einmal nach draußen. Nördlich von hier leuchtet der Nachthimmel immer wieder auf. Der Wind trägt das Grollen der schießenden Artillerie bis hier her.

Die Nacht ist vorüber. Ich bin früh auf den Beinen und informiere mich über den Stand der Dinge. Am Nachmittag habe ich Gelegenheit, mit Teilen des Korps im Bahntransport in Richtung Insterburg zu fahren – weniger als 50 Kilometer.
Wir kommen nur langsam voran. Es ist inzwischen dunkel geworden. Nachts wird es unangenehm kühl.

Am 21. Oktober fahren wir durch Insterburg nach Osten – 25 Kilometer bis Gumbinnen.
Bei Bernen kommt der Zug zum Stehen. Ich lasse das Fenster herunter. Die Luft draußen vibriert, der Artilleriekampf ist voll entbrannt. Der Kampflärm kommt immer näher. Nur 600 Meter nördlich von uns liegen die Einschläge der Artillerie.
Der Zug fährt wieder an. Neben dem Bahndamm sehe ich Verwundete, die nach Westen zurückgehen. Brandgeruch liegt in der Luft.
Unser Zug fährt langsam in den Bahnhofsbereich von Gumbinnen hinein und hält. Um uns scharfe Detonationen von Panzergranaten.
Die auf den Rungen-Waggons vor uns transportierten Sturmgeschütze rollen auf die Rampe und nehmen den Feuerkampf auf. Ein ohrenbetäubendes Inferno – ich springe vom Zug ab.
Nur 500 Meter südlich der Bahnlinie brennt ein russischer T-34. Die Einheiten, die hier entladen, gehen von der Schiene direkt ins Gefecht. Südlich von Gumbinnen und weiter westlich – etwa bei Türen und Angereck – ist deutlich das Schießen deutscher 8,8-Flak (Südlich und südwestlich Gumbinnen waren eingesetzt: Flak-Abteilung 802, 1./Flakregiment 29 „Hermann Göring“, I./Flakregiment 5 [18. Flakdivision], Falkregiment 16) zu hören, dazwischen das Bellen der sowjetischen Kampfwagenkanonen.
Ich bin so richtig in einen unübersichtlichen Schlamassel geraten und habe mein Bataillon immer noch nicht gefunden. Was tun? Ich entschließe mich, nach Gumbinnen hineinzugehen.
Auf einem freien Platz im Stadtzentrum, vor einem lebensgroßen Elch aus Stein oder Bronze, sehe ich den Kommandeur der 2. Division „Hermann Göring“ mit seinem Ia und einigen Krad-Fahrern. Ich beneide die beiden nicht. Wie sie die Zügel wieder in die Hände bekommen wollen, ist mir schleierhaft. Ich ziehe es vor, dem Kommandeur nicht unter die Augen zu treten.
Auf der Straße nach Insterburg rollt reger Verkehr. Ich bin unschlüssig, was ich in dieser undurchsichtigen Situation tun soll. Es ist keineswegs klar, ob die südlich vorbeigestoßenen Sowjets abgefangen werden können oder ob wir hier im Großraum Gumbinnen in einen Kessel geraten. Im Grunde weiß ich nicht wo hinten und vorn ist.
Aus Gumbinnen heraus fahren in bemerkenswerter Eile Lkw-Kolonnen in Richtung Insterburg. Das sieht nach Flucht aus! Auf einen der letzten Lkw springe ich auf. Der Fahrer weiß zu berichten, dass die Russen am Ortsrand von Gumbinnen stehen und gestern die Rominte bei Großwaltersdorf (Walter-

kehmen) überschritten haben. „Mein Zugführer meint", ergänzt der Fahrer seine Lagebeurteilung, „dass der Iwan wahrscheinlich schon die Angerapp erreicht hat!"
Wenn das so sein sollte, sieht das nach einem soliden Durchbruch aus. Ich behalte meine Überlegungen für mich.
Vor uns taucht ein Ortsschild auf: Krausenbrück! Die Kolonne kommt zum Halten. Ich springe ab, um mich nach der Lage zu erkundigen. Kein Mensch weiß Bescheid.
Ich beobachte den Verkehr und stelle fest, dass jetzt wieder Kolonnen in Richtung Gumbinnen fahren.
Da diese nicht ohne Befehl nach Osten rollen, so sage ich mir, kann die Lage nicht so schlecht sein, wie sie aussieht.
Mit einem der nächsten Lkw bewege ich mich wieder auf Gumbinnen zu. Ab und zu langt die sowjetische Artillerie bis zu uns herüber. Brandgeruch hängt in der Luft.
Einige Kilometer südlich der Straße Gumbinnen – Insterburg höre ich die Abschüsse deutscher Flak.
Nach 20 Minuten erreichen wir Sodeiken am Westrand von Gumbinnen. Ich steige aus und treffe zu meiner großen Überraschung den Oberleutnant Planert, Lehrgangsteilnehmer von Rypin, der auch zum Fallschirmjägerregiment 16 versetzt wurde. Wir kommen überein, den Regimentsstab zunächst einmal gemeinsam zu suchen.
Wir gehen nach Gumbinnen hinein. An der Rominte-Brücke läuft uns ein Hauptmann unserer Division über den Weg. Ich sehe hier eine Chance, endlich Klarheit über den Einsatz unseres Regiments zu erhalten.
Aber auch hier erfahren wir nur, dass das Regiment „irgendwo" im Süden von Gumbinnen, eingesetzt ist. Meine Frage nach dem Frontverlauf kann der Hauptmann nicht exakt beantworten. Er meint witzelnderweise: „Front ist dort, wo es knallt!"
„Irgendwo im Süden", müssen wir also suchen. Es ist jetzt spät am Nachmittag. In einer halben Stunde wird es dunkel sein. Ich äußere Planert gegenüber, dass wir das Suchen in Richtung Front auf morgen verschieben sollten. Es ist gar nicht so ausgeschlossen, dass wir bei der undurchsichtigen Lage dem Iwan in die Hände laufen. Wir beschließen, hier in unmittelbarer Nähe zu kampieren. Mit dem letzten Tageslicht nehmen wir die Ausfallstraße nach Südwesten unter die Füße.
Inzwischen ist es finster geworden. Der Kampflärm hat nachgelassen.

Südostwärts von uns leuchtet es hin und wieder auf – Abschüsse der Artillerie. Die Einschläge liegen einige hundert Meter südlich von uns.
Wir sind allein. In unserer Umgebung haben wir keinen einzigen deutschen Soldaten gesehen. Wo die eigene Hauptkampflinie verläuft, wissen wir nicht. Vielleicht gibt es sie gar nicht.
Ich schlage Planert vor hierzubleiben. In einem alleinstehenden Haus an der Straße Gumbinnen – Annahof suchen wir uns eine Übernachtungsmöglichkeit. Seit zehn Stunden habe ich nichts mehr gegessen.
In einem klapperigen Sessel mache ich es mir „bequem". Mein Blick ist auf einen leeren Türrahmen gerichtet. Die Tür selbst ist durch eine Detonation nach innen gedrückt worden und liegt auf dem Fußboden. Die Fenster an der linken Wandseite hängen schief in den Scharnieren, die Scheiben sind gesplittert. Ein leichter Luftzug zieht durch den Raum.
Es ist kurz nach Mitternacht. Schritte auf der Straße vor unserem Hause schrecken mich aus dem Halbschlaf auf. Ich greife nach meiner Pistole und lausche. Deutsche oder Russen, das ist hier wieder einmal die Frage.
Ich merke, dass auch Planert in die Nacht hineinhorcht. Er spricht mich leise an: „Was woll'n wir machen?"
„Nichts!" gebe ich ebenso leise zurück. „Wir warten den Sonnenaufgang ab."
Ich trete vorsichtig an die Tür. Es ist nichts zu hören und nichts zu sehen. Über Neuhufen stehen Leuchtkugeln. Hin und wieder fällt ein Schuss.

Die Nacht vergeht nur langsam. Die Morgenkühle, die durch Fenster und Tür zu uns hereindringt, bringt mich auf die Beine. Ich blicke auf die Uhr: 6.00 Uhr früh!
Auf den Feldern liegt Bodennebel. Wir werden dies ungastliche Haus jetzt verlassen. Während wir überlegen, was zu tun ist, nähern sich uns Schritte aus Richtung Annahof. Wir springen ins Haus zurück. Aus dem Nebel tauchen zwei Gestalten auf. Als sie auf 20 Meter heran sind, erkenne ich an den Helmen, dass es Fallschirmjäger sind.
Planert ruft sie an: „Hallo, von welcher Truppe?"
Die Jäger sind misstrauisch. Mit dem ersten Wort, das Planert ausgesprochen hat, sind sie im Straßengraben in Stellung gegangen – Maschinenpistolen im Anschlag.
Wir treten wieder ins Freie hinaus und geben uns zu erkennen. Ich spreche die beiden noch einmal an: „Von welchem Regiment sind Sie?"

„Vom 16. Regiment, Herr Leutnant!" „Und wo ist der Gefechtsstand?" „Wenn Sie hier nach Westen weitergehen überqueren Sie eine Eisenbahnlinie. 200 Meter weiter westlich verläuft eine zweite. Wenn Sie auf dieser entlanggehen, kommen Sie, nach etwa einem Kilometer an ein alleinstehendes Gehöft. Dort finden Sie Oberstleutnant Schirmer und den Regimentsstab!"
Planert und ich sind froh, endlich das Regiment, unsere neue Heimat, gefunden zu haben.
Wir tasten uns im Nebel an die wenigen Häuser von Annahof heran, überqueren die Bahnlinie und finden ohne Mühe den Schienenstrang Gumbinnen – Angerapp.
Nach weiteren 20 Minuten sehen wir rechts von uns ein Gehöft. – „Hier muss der Stab liegen", meint Planert. Und wo verläuft die Front? Zu sehen ist nichts! Der Bodennebel verhindert jede Sicht.
Am Eingang des Gehöftes steht hinter einem Torpfeiler ein Posten. Er tritt langsam hervor – die MPi im Anschlag.
„Zum Regimentsstab!"
Der Posten sieht uns prüfend an und zeigt dann hinüber auf ein Gebäude im Hintergrund des Hofes.Der Adjutant empfängt uns. Der Kommandeur schläft; wir müssen warten.
8.00 Uhr: Die Tür hinter uns wird geöffnet. Im Rahmen steht ein Offizier, übernächtigt aussehend. Ich kenne diesen Mann nicht. Nach seiner ganzen Erscheinung aber kann es sich nur um den Regimentskommandeur handeln. Er trägt das Ritterkreuz.
Planert und ich melden unsere Versetzung zum Regiment. Oberstleutnant Schirmer begrüßt uns per Handschlag: „Willkommen beim Regiment! Lassen Sie sich vom Adjutanten sagen, welchen Bataillonen Sie zugeteilt werden. Haben Sie noch Fragen?"
Ich habe: „Herr Oberstleutnant, wir sind – wenn man von der 7,65 absieht – nicht bewaffnet. Wo können wir MPi empfangen?"
Schirmer sieht mich erheitert an: „Sie scheinen wirklich neu in diesem Geschäft zu sein. Wenn Sie sich besser bewaffnen wollen – wofür ich Verständnis habe – müssen Sie sich draußen umsehen. Unter den Gefallenen werden Sie sicherlich eine brauchbare Waffe finden. Wer sich hier nicht selbst hilft, wird nicht alt!" Der Kommandeur gibt uns noch einmal die Hand. Wir sind entlassen.
Ich sehe Planert an und er mich. Sehr geistreich sehen wir nicht aus. Das ist also das Klima bei der Fallschirmtruppe – Teufel, Teufel!

Das I./Fallschirmjägerregiment 16 in der Grenzschlacht bei Goldap/Ostpreußen

Vom Adjutanten erfahre ich, dass ich das I. Bataillon am Südrand von Gumbinnen finden werde, an der Bahnlinie nach Großwaltersdorf (Walterkehmen).
„Wenn in der Nacht nichts passiert ist, finden Sie den Bataillon–Kommandeur, den Hauptmann Teusen, an einer Wegunterführung am Bahndamm!", informiert mich der Adjutant.
Planert hat bis Annahof denselben Weg wie ich. Wir gehen auf dem Gleiskörper nach Norden zurück. Auf den weiten Flächen südlich Gumbinnen liegt immer noch dichter Nebel. Die Sonne versucht vergeblich durchzukommen.
Einige hundert Meter ostwärts von uns steht ein sowjetischer Panzer. Zu sehen ist er nicht. In Abständen von wenigen Minuten schießt er mit seiner KwK zu uns herüber. Hin und wieder zirpt eine MG-Garbe über uns hinweg oder schlägt in den Schotter des Bahndammes ein.
Die Sonneneinstrahlung wird stärker, und die Nebelschwaden beginnen sich zu heben. Das Infanteriefeuer – von der Feindseite her – wird dichter. In gebückter Haltung bleiben wir in der Deckung des Bahnkörpers. Von einer deutschen „Front" ist nichts zu sehen.
Vor Annahof verabschiede ich mich von Planert und stoße an der Kreuzung von Bahn und Straße südwestlich Gumbinnen auf eine Gruppe Fallschirmjäger. Aus einem Deckungsloch heraus spricht mich ein mächtig übernächtigt aussehender Jäger an: „Herr Leutnant, wie kommen Sie denn hierher?"
Ich stutze und erkenne dann den Obergefreiten Reitz, der vor eineinhalb Jahren noch bei der 4.(F)/14 als Kasinoordonanz seinen Soldatenalltag verbrachte. Hier hätte ich ihn am allerwenigsten vermutet.
„Mensch Reitz, Sie hier. Wie geht es Ihnen?"
„Gut, Herr Leutnant! Mir gefällt es hier besser als im Kasinobetrieb der 4.(F)/14. Flieger konnte ich nicht werden, da bin ich eben zur Fallschirmtruppe gegangen. – Alles tolle Kumpel hier!"
„Reitz, Sie wissen sicherlich, wo hier das I. Bataillon vom ‚Regiment Schirmer' liegt!"
„Das sind wir hier. Dort drüben im Straßengraben ist der Leutnant von Majer, der wird Ihnen sagen können, was hier gespielt wird!"
Infanteriefeuer flackert auf. In der Deckung des Straßengrabens suche ich den

Leutnant von Majer auf. Ich informiere ihn über meine Versetzung und frage nach dem Kommandeur.
„Hauptmann Teusen befindet sich mit einigen Männern dort drüben am Bahndamm und sperrt die Unterführung. Solange es neblig ist, können Sie ihn erreichen."
Ich bedanke mich, springe aus der Deckung und bewege mich auf die Unterführung zu. Entfernung 500 Meter.
Ich habe Glück. Nach wenigen Minuten stoße ich auf Hauptmann Teusen und seine Männer. Ich melde meine Versetzung zum Bataillon.
Auch Teusen trägt das Ritterkreuz. Mir drängt sich unterschwellig die Frage auf: „Welcher Offizier trägt hier nicht das Ritterkreuz?" Der Kommandeur begrüßt mich und bemerkt abschließend: „Gehen Sie zurück zum Leutnant von Majer und stellen Sie sich zu seiner Verfügung. Wenn es die Lage zulässt, werden wir uns heute Abend über Ihre Verwendung unterhalten!" Ich bin damit abgemeldet.
Der Nebel hängt immer noch im Gelände, und ich komme ohne Schwierigkeiten zur Gruppe Majer zurück.
Majer führt die Reste der 2. Kompanie, die gestern, wie ich inzwischen erfahren habe, südlich Wolfseck – in Verbindung mit einem Flakkampftrupp – massive Panzerangriffe abgeschlagen haben. Die eigenen Verluste sind erheblich gewesen. Die Russen haben etliche T-43 (Stalin) verloren. Der Flakkampftrupp wurde aufgerieben.
Leutnant von Majer erklärt mir, dass er seine Kampfgruppe – es sind noch 35 Mann – unter dem Schutz des Nebels weiter nach vorn verlegen wird.
Majer steht auf und ruft den Männern in seiner Umgebung „Auf Marsch!" zu.
Müde und zerschlagen stehen die Jäger auf und bewegen sich in Reihe, parallel .zum Bahnkörper, nach Süden.
Nach etwa 50 Meter wird der Nebel dünner, und ein Windstoß verweht die letzten Reste. Nach Osten hin ist die Landschaft völlig offen. Links voraus liegt ein kleines Waldstück. Infanteriefeuer setzt ein. Wir beginnen zu laufen.
Jetzt haben uns auch die Panzerbesatzungen von drüben erkannt. Krachend schlägt die erste Granate 30 Meter vor uns in den Schienenstrang. Und dann kommt es hageldick. In kurzer Folge bersten um uns die Einschläge.
In der ersten Feuerpause ruft Majer die Gruppe zurück in die Ausgangsstellung.
Ich liege im Straßengraben und schnappe nach Luft. Meine Lungenverwun-

dung macht mir doch Schwierigkeiten. Drei Mann sind tot – unter ihnen der Obergefreite Reitz. Ich habe Mühe, meine Betroffenheit zu verbergen.
Mittags kommt Hauptmann Teusen mit seinen Männern zurück. Die Bataillonsstärke schätze ich auf 100 Mann. Wie viele Offiziere das Bataillon noch hat, weiß ich nicht. Ich habe nur den Kommandeur und Leutnant von Majer kennengelernt.
Die Unterstellungsverhältnisse überschaue ich nicht. Majer versucht mir zu erklären, dass das Fallschirmjägerregiment 16 eigentlich gar nicht mehr existiert, sondern seit geraumer Zeit als „Fallschirm-Panzergrenadierregiment 3 „Hermann Göring" Teil des Panzerkorps „Hermann Göring" geworden ist.
Mit Einbruch der Dunkelheit schickt Majer ein kleines Kommando an den Bahndamm vor, um die Gefallenen zu bergen.
Nach einer halben Stunde kommen die Männer mit ihrer traurigen Last zurück. Reitz hat Splitterverletzungen am Kopf und in der Hüfte. Ein Sprengstück hat den Griff seiner Pistole zerschlagen. Die Verletzungen sind so stark, dass er vermutlich sofort tot war. Ich nehme seinen Helm und seine MPi an mich.
Leutnant von Majer befiehlt die Beerdigung der Gefallenen. In Deckung und im schwachen Schein einer Taschenlampe ergänze ich meine Tagebuchaufzeichnungen: Drei Gräber südwestlich Gumbinnen, in der Schienengabel der Strecken Gumbinnen – Großwaltersdorf und Gumbinnen – Angerapp; darunter das Grab des Obergefreiter Reitz.
Um 22.00 Uhr werden Majer und ich durch einen Melder zu einer Einsatzbesprechung nach Annahof gerufen.
Auf der Rückseite eines Einfamilienhauses treffen wir auf eine Gruppe von Offizieren.
Majer und ich sind die Letzten. In der Dunkelheit erkenne ich Hauptmann Teusen. Die anderen Offiziere sind mir nicht bekannt.
Ein Major leitet die Besprechung: „Meine Herren, die Spitzen der 11. Gardearmee sind über Großwaltersdorf und Tellrode (Tellitzkehmen) bis Nemmersdorf (an der Angerapp) vorgeprellt. Im Süden haben die Russen mit Panzerverbänden die Reichsstraße 132 nördlich des Goldaper Sees nach Westen überschritten. Es ist beabsichtigt, durch eine Zangenoperation von Süden und Norden her, die sowjetischen Verbände abzuschneiden und zu vernichten. Das Panzerkorps „Hermann Göring" greift zusammen mit der 5. Panzerdivision aus dem Raume südlich Gumbinnen in Richtung Plickener Berge – Großwaltersdorf (Walterkehmen) an. Die Führer-Grenadierbrigade von ‚Großdeutschland' wird von Goldap aus nach Norden

angreifen. Wenn die Vereinigung der Angriffskeile gelingt, wird die Front nach Osten, in Richtung auf die Rominte, gesichert. Der Angriff beginnt morgen früh um 06.45 Uhr!"
In Einzelbefehlen erhalten die beteiligten Einheiten und Verbände ihre Aufträge. Das Bataillon „Teusen" wird mit Unterstützung von Sturmgeschützen zunächst auf Wolfseck vorstoßen. Aus der Entwicklung des Angriffs heraus wird sich alles Weitere ergeben. Die Hauptstoßrichtung zeigt auf Großwaltersdorf.
Majer und ich gehen in die Stellungen im Straßengraben südwestlich Annahof zurück.
Majer lässt die Gruppenführer kommen und informiert über den geplanten Angriff. Mit stoischer Ruhe hören die Männer zu. Jeder weiß, dass morgen wieder einige Kameraden fehlen werden.
Bevor ich mich in den Straßengraben haue, kontrolliere ich noch einmal die Posten. Über Keilen und Neuhufen stehen Leuchtkugeln. Hin und wieder fällt ein Schuss.

23. Oktober: Die Nacht ist relativ ruhig. Schlafen kann ich nicht. Wenn ich etwas eingenickt bin, weckt mich die Nachtkühle.
Es ist jetzt 6.00 Uhr früh! Der Jäger neben mir überprüft gerade die Gängigkeit des Schlosses seiner Maschinenpistole.
Leutnant von Majer ist auch schon auf den Beinen. Er winkt mich heran und erklärt mir, dass ich die rechte Gruppe seiner Restkompanie übernehmen soll. „Halten Sie Verbindung zu mir und achten Sie darauf, dass die Stoßrichtung erhalten bleibt!", sind seine abschließenden Worte.
Die Männer um mich herum wirken gelassen. Niemand lässt sich in sein Inneres schauen. Ich selbst bin bemüht Ruhe zu zeigen, obgleich mir das schwerfällt.
Es ist heller geworden. Der Horizont im Osten zeigt einen rot-gelben Streifen zwischen Schweizertal und Altkrug. Ich schaue über die Deckung. Drüben beim Iwan ist es noch ruhig.
Von Gumbinnen her sind die Geräusche tieffliegender Flugzeuge zu hören. Deutsche Maschinen werden das nicht sein; die gibt es kaum noch.
Die Geräusche werden stärker. Vorsichtshalber rufe ich: „Tiefflieger von links!"
Dann sind sie aber auch schon heran. Aus allen Bordwaffen schießend, fliegen sie in Baumhöhe in Richtung Eggenhof.
Ich richte mich auf und sehe wie die Schlachtflieger einkurven. Wir machen

Wilhelm Knoblauch war im Ersten Weltkrieg Angehöriger der Königlich Preußischen Jagdstaffel 13, die im Jagdgeschwader 2 flog. Foto vom Februar 1918 in Reneuil-Ferme.

Karl Knoblauch als RAD-Mann bei der RAD-Abteilung 5/184 in Meersdorf bei Peine.

Die Vereidigung der 1. Kompanie der Heeres-Unteroffiziersschule Frankenstein. Rechts stehend Oberst von Stülpnagel.

Karl Knoblauch als Soldat in der Radfahrabteilung 195.

Karl Knoblauch als Unteroffiziersanwärter auf Streifengang mit dem Karabiner 98 k und Handgranate im Koppel.

Weihnachtsfest 1939 im Westwallbunker. Ein schön geschmücktes Tannenbäumchen ließ festliche Stimmung aufkommen. X = Karl Knoblauch.

Eine MG-Stellung am Westwall, schon werden tschechische Beute-MGs eingesetzt.

Am 17. Juli 1940 erhielt Unteroffizier Karl Knoblauch für seine tapferen Spähtruppeinsätze das Eiserne Kreuz II. Klasse, was zu dieser Zeit keine alltägliche Auszeichnung war!

Unteroffizier Knoblauch (links) mit Karl-Heinz Korb (gefallen am 31. Juli 43 im Osten) und Friedrich von Schiller (gefallen am 10. August 1941 bei Kiew) vor dem Privatquartier bei Hanau im Sommer 1940.

Im Namen des Führers
und Obersten Befehlshabers
der Wehrmacht

verleihe ich

dem

Unteroffizier

Karl Knoblauch

Radf. Schwadron 195

das

Eiserne Kreuz 2. Klasse.

Div. Gef. Stand, den 17. Juli 1940

Kdo. Inf. Div. 95

(Dienstsiegel)

Sixt v. Armin

Generalleutnant u. Div. Kommandeur

(Dienstgrad und Dienststellung)

Die Urkunde wurde vom
Divisionskommandeur General Sixt von Armin unterzeichnet.

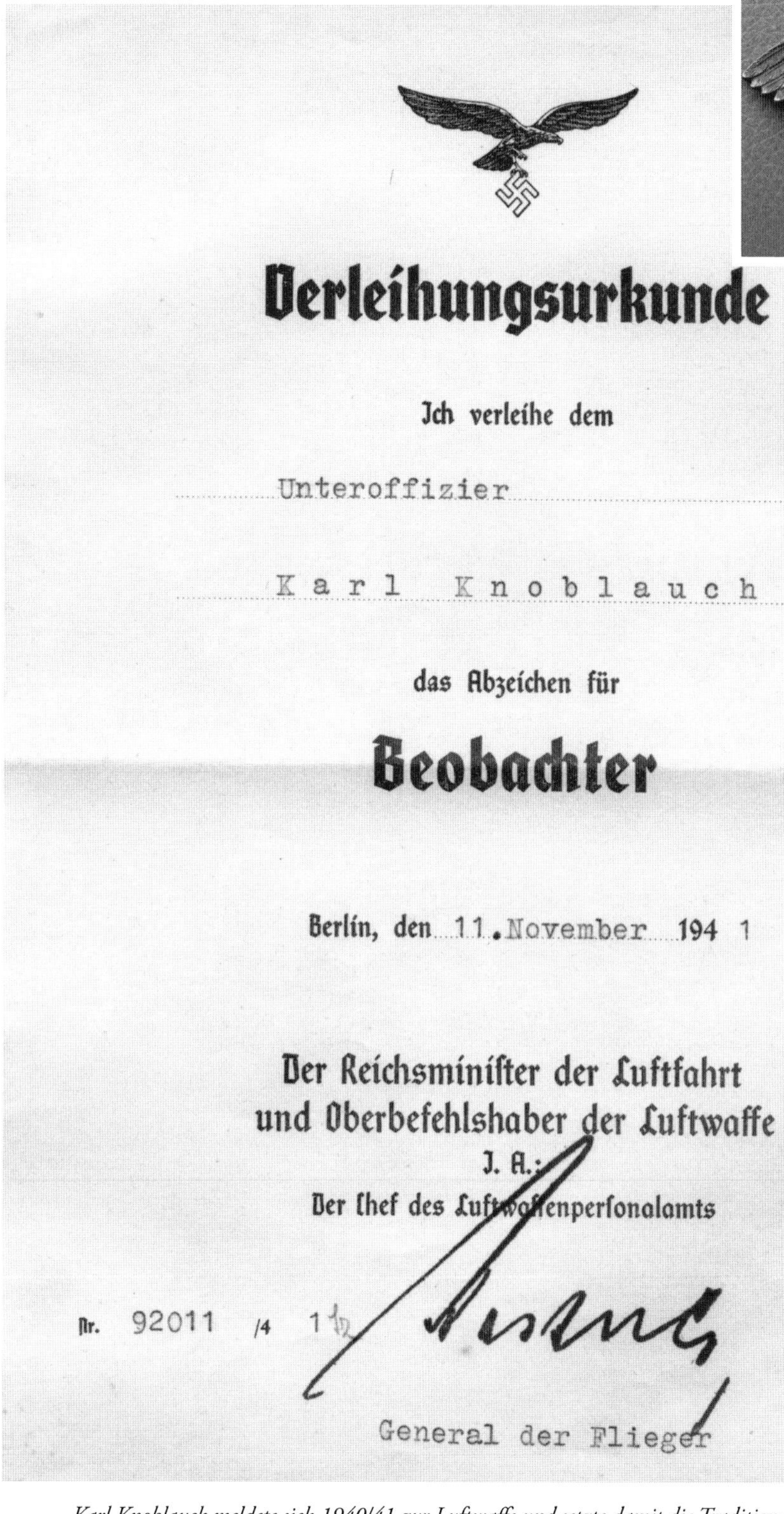

Verleihungsurkunde

Ich verleihe dem

Unteroffizier

Karl Knoblauch

das Abzeichen für

Beobachter

Berlin, den 11. November 1941

Der Reichsminister der Luftfahrt
und Oberbefehlshaber der Luftwaffe
I. A.:
Der Chef des Luftwaffenpersonalamts

Nr. 92011 /4 1 $\frac{1}{2}$

General der Flieger

Karl Knoblauch meldete sich 1940/41 zur Luftwaffe und setzte damit die Tradition in der Familie fort. Er wurde zum Beobachter ausgebildet, hier seine Urkunde und das begehrte Beobachterabzeichen.

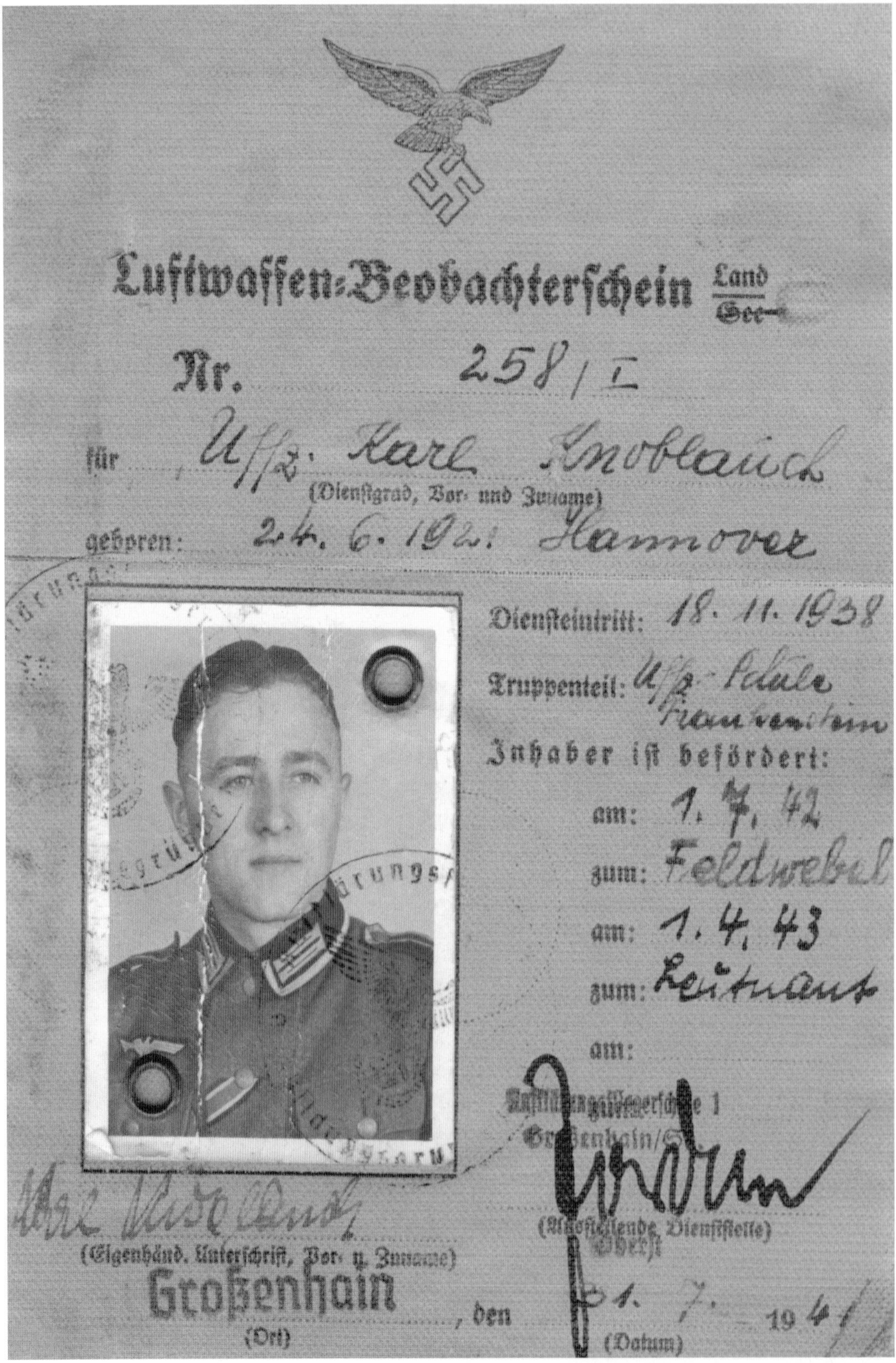

Luftwaffen-Beobachterschein Land / See

Nr. 258/I

für Uffz. Karl Knoblauch

(Dienstgrad, Vor- und Zuname)

geboren: 24.6.1921 Hannover

Diensteintritt: 18.11.1938

Truppenteil: Uffz.-Schule Frankenstein

Inhaber ist befördert:

am: 1.7.42

zum: Feldwebel

am: 1.4.43

zum: Leutnant

am:

Aufklärungsfliegerschule 1 Großenhain/Sa.

(Ausstellende Dienststelle)

Oberst

(Eigenhänd. Unterschrift, Vor- u. Zuname)

Großenhain, den 1.7.1941

(Ort) (Datum)

Der Beobachterschein ähnlich dem Wehrmachtsführerschein jedoch in der Farbe taubenblau der Luftwaffe, war ein immer mitzuführendes Ausweisdokument.

Rolf Düe war ein Jugendfreund von Karl Knoblauch noch aus der „Pimpfenzeit". Hier als Unteroffizier im Dezember 1939.

Rolf Düe als Hauptmann und Kompaniechef der 1./Panzerjägerabteilung 19 der 19. Panzerdivision erhielt noch am 23. März 1945 das Ritterkreuz.

Hermann Göring zu Besuch bei der Staffel zusammen mit General Ritter von Greim und General Koller. Karl Knoblauch konnte zu diesem Zeitpunkt noch nicht ahnen, dass er einmal in einer Division auf deutschem Boden kämpfen würde, die Görings Namen trägt.

Weithin sichtbar, die schöne Kathedrale von Smolensk, an der unzählige Landser 1941-43 vorbeikamen.

Typischer Schilderwald an einer Straßenkreuzung, hier in Smolensk Nord. Interessant das Schild: „Zur Autobahn!"

Kriegsweihnachten 1941 in Smolensk bei der 4.(F)/14. Staffelkapitän von Dewitz (sitzend – links im Bild), in der Mitte Oberleutnant Lugscheider.

Karl Knoblauch auf seinem Beobachtersitz in der Ju-88. Er trägt die gefütterte Lederkopfhaube mit Ohrmuscheln und Kehlkopfmikrophon für die Bordfunkverständigung.

Eine Ju-88 der 4.(F)/14 in Wintertarnung. Gut zu erkennen ist das Staffelabzeichen „Münchhausen". Die Einstiegsklappe ist geöffnet und der Pilot blickt durch die geöffnete Seitenscheibe.

Eine Ju-88 mit laufenden Motoren. Zwischen den Motoren und dem Rumpf hängen je eine 250 kg-Bombe.Im Hintergrund ein Fieseler Storch und eine Me-109.

Am 21 Februar 1942 flog die 4.(F)/14 ihren 1.000-ten Feindflug. Die 1.000er Besatzung, von links Unteroffizier Perfler, Oberleutnant Jähne, Oberfeldwebel Heuer, Unteroffizier Haigis.

Smolensk 17 Januar 1942, von links Gerd Siller, Gerhard Eisenbeiß, Karl Knoblauch, Jupp Reinardy. Sehr schön zu sehen ist die Ausrüstung wie Kopfhauben, Flieger-Kombis, Sauerstoff-Schläuchen und Stiefeln.

Im Namen des Führers und Obersten Befehlshabers der Wehrmacht

verleihe ich

dem

Unteroffizier Karl Knoblauch

das

Eiserne Kreuz 1. Klasse.

......In Felde........, den 27. März.......19..42

Der Kommandierende General
des VIII. Fliegerkorps

Generaloberst
(Dienstgrad und Dienststellung)

Verl.Nr.3067

Das Eiserne Kreuz I. Klasse war schon eine höhere Auszeichnung, die auf der linken Brustseite getragen wurde.

Diese bruchgelandete Ju-88 weist schwere Schäden auf, jedoch scheint die Besatzung überlebt zu haben. Die Propellerblätter waren diesmal aus Holz und brachen bis auf die Nabe ab.

Gerade gelandet berichtet Karl Knoblauch von seinen wichtigsten Beobachtungsergebnissen.

Flug über Rshew an der Wolga im tiefsten Winter 1942/43. Rshew war Schauplatz heftiger Kämpfe.

Nach einem nervenaufreibenden Flug braucht auch Karl Knoblauch eine Beruhigungszigarette.
Von links: Leutnant Reinardy, Unteroffizier Felician, Feldwebel Rotgeri, Leutnant Knoblauch.

Am 21. Februar 1943 war es auch für Karl Knoblauch soweit, der 110. Feindflug und somit die Frontflugspange für Aufklärer in Gold. Von links: Feldwebel Siller, Hauptmann Fischer, Feldwebel Knoblauch, Gefreiter Görner und Feldwebel Reinardy.

Die Jubiläums Ju-88 eingerahmt in Zweigen und der Einsatzzahl 2.000.

Verleihungsurkunde

Im Namen des
Oberbefehlshabers der Luftwaffe

verleihe ich dem

Feldwebel
Karl Knoblauch
4.(F)/14

die

Frontflug-Spange für Aufklärer
in Gold

Gef.St., , den 3. 3. 1943.
Der Kommandeur der
1.Flieger-Division

Generalmajor.

Nach den Verleihungsbestimmungen mussten 110 Feindflüge als Aufklärer erfolgt sein, um die goldene Frontflugspange zu erhalten. Dies war bei den hohen Verlusten nicht leicht zu erreichen.

Leutnant Karl Knoblauch unter seiner Ju-88, im Hintergrund die geöffnete Bodenklappe. Die Fernaufklärer im Osten hatten neben ihrer Beobachterfunktion immer auch einen Kampfauftrag.

uns im Straßengraben klein, und wieder prasseln um uns die Einschläge aus den Bordkanonen. Dann tritt Ruhe ein. Verletzt ist Gott sei Dank niemand. Am Westrand von Annahof tauchen deutsche Sturmgeschütze auf – ich zähle „drei“. Überwältigend ist das nicht, aber immer noch besser als gar nichts. Wenig später halten die stählernen Kästen mit laufenden Motoren vor uns auf der Straße. Wir werden aufgefordert aufzusitzen.
6.45: Südlich Gumbinnen setzt schlagartig Artilleriefeuer ein. Auf dem Gefechtsfeld wird es lebendig.
Wir rollen zunächst auf der Straße nach Süden und biegen dann nach etwa 600 Metern nach links ab ins freie Feld.
Das Gelände steigt an – vor uns die Ortschaft Wolfseck. Jetzt greift auch die russische Artillerie ein. Einige hundert Meter vor uns liegen die Einschläge. Die Sturmgeschütze schwenken nach rechts und fahren mit hoher Geschwindigkeit nach Süden. Wir haben Mühe, uns auf den schwankenden Geschützen festzuhalten.
Vor uns eine Straße, die von links aus Wolfseck heraus nach Westen verläuft. Das Infanteriefeuer wird dichter. Die Sturmgeschütze halten noch vor der Straße und nehmen den Kampf auf. Wir springen ab und gehen in Deckung.
Damit wir nicht hängen bleiben, versuche ich mit den Sturmgeschützen Verbindung aufzunehmen.
Die Landser um mich herum beobachten meine Bemühungen. Ganz sicher sind sie gespannt auf meine Aktivitäten – ich fühle das. Für sie bin ich der „Neue“, von dem man nicht weiß wie er sich verhält, wenn die Lage „eng“ wird.
Ich bin nicht nur der „Neue“; ich bin außerdem mit einem weit schwerwiegenderem Makel belastet: Ich bin kein „echter“ Fallschirmjäger, kein „Springer“! Die Männer, die hier um mich herum im Dreck liegen, wissen was sie „wert“ sind. Was ich „wert“ bin, wollen sie herausfinden.
An das links von mir stehende Geschütz bin ich auf 15 Meter herangekommen. Als ich mich bemerkbar machen will, taucht aus dem stählernen Kasten ein Kopf auf: „Wir haben uns verschossen und setzen jetzt zurück, um aufzumunitionieren!“
Die drei Geschütze setzen tatsächlich zurück, wenden dann und verschwinden in Richtung Annahof. Ich fühle, wie ich weiche Knie bekomme. Der Gefreite neben mir, der mitgehört hat, sagt schlicht und einfach „Scheiße“.
Das Gelände vor uns steigt an. 400 Meter noch bis zur „Flakhöhe“ (Höhe

55,8 – 500 Meter südwestlich Wolfseck), die wir nehmen sollen. Vor uns ist es merkwürdig ruhig geworden – nur hin und wieder fällt ein Schuss. Rechts von uns ist nichts; die Flanke ist offen. Ob jenseits der Straße Gumbinnen – Nemmersdorf deutsche Truppen liegen, ist nicht zu erkennen. Hier können wir nicht liegenbleiben. Ich stehe auf und rufe: „Auf Marsch!"

Die Männer stehen auf – langsam, müde. Hoffentlich wird der Iwan nicht noch einmal munter. Das Gelände vor uns ist völlig offen. Ich treibe zur Eile an.

Links von uns – das wird ostwärts Wolfseck sein – höre ich heftigen Gefechtslärm.

Nur noch wenige Meter bis zum Scheitelpunkt der Höhe. Wir gehen vorsichtig, in gebückter Haltung und Waffen im Anschlag, weiter vor.

Ich lasse die Männer in Deckung gehen und schiebe mich kriechend an die Höhenlinie heran. Hier oben verlaufen Weidezäune. Halblinks sehe ich die alte deutsche Flakstellung. Vom Iwan ist nichts zu sehen. Es ist gefährlich ruhig.

Ich entschließe mich, mit dem rechten Flügel der Gruppe Majer in die Flakstellung einzubrechen und nach Süden zu sichern.

Auf mein Armzeichen hetzen wir nach vorn, um die Deckungslöcher am Südrand der Stellung zu gewinnen.

In diesem Augenblick setzt MG-Feuer ein. Ich kann nicht ausmachen, wo der Feind steht. Das Feuer ist so dicht, dass ich den Kopf nicht mehr zu heben wage. Die Männer links von mir sind hinter einer 8,8-Kanone in Deckung gegangen.

Ich mache den Versuch, nach links zu kriechen, um aus dem Feuerbereich herauszukommen. Sobald ich mich bewege, knallt es Einzelfeuer; vermutlich ein Scharfschütze.

Der Jäger rechts von mir ist tot. Seltsam verkrümmt liegt er am Boden. Sein Blick ist leer und starr. Er ist lautlos gestorben.

Einige Minuten habe ich stillgelegen, dann versuche ich nochmals hier wegzukommen – wieder knallt es. Ein Schlag hat meinen Rücken getroffen. Vorsichtig bewege ich Arme und Beine; verwundet bin ich nicht. Ein Geschoss hat die Zeltbahnrolle aufgerissen, die ich auf dem Rücken trage.

Wieder vergehen Minuten. Mir steht der Schweiß auf der Stirn. Links von mir höre ich jemand rufen: „Kommen Sie hierher, Herr Leutnant. Wir haben den Zaun aufgeschnitten!"

Ich drehe meinen Kopf leicht nach links und sehe die Lücke im Zaun.

Wenn der Iwan im Anschlag liegt und mich im Visier hat, wird er mich er-

wischen, sobald ich aufspringe. Ich ringe um einen Entschluss. Da knallt es wieder. Im selben Augenblick springe ich auf, hechte durch die Zaunlücke und rolle in Deckung – es hat geklappt.
In einem Deckungsloch versuche ich meine Atmung ruhig zu stellen. Während ich überlege was zu tun ist, rüttelt mich ein urgewaltiger Knall – meine Trommelfelle schmerzen.
Vorsichtig schaue ich über den Rand meiner Deckung und sehe, wie die „8,8“ neben mir schwankt; aus der Rohrmündung steigt Rauch.
Erst jetzt begreife ich: Drei meiner Männer haben mit der Flak auf den Iwan geschossen, obwohl die Zieleinrichtung zerstört ist – einfach über die obere Kante des Rohres gezielt.
Ich sehe mich in der Flakstellung um. Eines der Geschütze ist bei den Kämpfen am 21. Oktober so stark beschädigt worden, dass das Rohr schief in der Wiege hängt.
Die bei diesen Kämpfen Gefallenen liegen noch an ihren Geschützen – sie haben sich buchstäblich bis zum letzten Hauch gewehrt.
Im Sitz des Richtkanoniers der 2cm-Flak hängt ein Leutnant. Die Splitter einer Panzergranate haben ihn getötet. Sein Unterbauch ist aufgerissen – ich muss wegsehen.
Eine Entscheidung muss her! Hier darf ich nicht hängenbleiben. Ein Blick nach vorn über den Südhang der Flak-Höhe sagt mir, dass ein Weiterkommen an dieser Stelle nicht möglich ist. Ich entschließe mich, die Männer um mich zu sammeln und auf Wolfseck zurückzugehen, um. den Anschluss an den linken Flügel des Bataillons zu bekommen.
Ich informiere durch Zuruf, und mit einem Satz springen wir aus der Flakstellung in die Deckung des Hinterhanges.
Eine kurze Abfrage bringt die traurige Erkenntnis, dass vier Mann gefallen sind. Die Verwundeten werden in Richtung Gumbinnen abtransportiert.
In Reihe gehen wir auf den Südrand von Wolfseck zurück und dann auf der Straße nach Südosten wieder nach vorn.
An einer Scheune links der Straße treffe ich auf Hauptmann Teusen mit den wenigen Männern seines Stabes – ich melde.
Der Kommandeur erklärt mir, dass die Reste des Bataillons hier sammeln werden. Die Lage sei unklar. Das Bataillon wird, sobald es dunkel geworden ist, Stellung beziehen zwischen den Straßen Wolfseck Kleinweiler und Annahof – Eggenhof, etwa 300 Meter südlich der Flak-Höhe.
Wieweit die anderen Verbände des Panzerkorps „Hermann Göring“ und die der

5. Panzerdivision vorangekommen sind, ist nicht bekannt. Am Rande erfahre ich noch, dass gestern die Stadt Goldap in die Hand der Russen gefallen ist. Ein Oberleutnant, der mir namentlich nicht bekannt ist, weiß zu berichten, dass die Rotarmisten bei ihrem Einbruch in das Reichsgebiet am 21. Oktober in den Ortschaften Nemmersdorf und Schulzenwalde ein Massaker unter der Zivilbevölkerung angerichtet haben. Frauen wurden in großer Zahl vergewaltigt und später zusammen mit Kindern bestialisch ermordet.
Am späten Nachmittag, mit dem letzten Tageslicht, beziehen wir die Sicherungslinie südlich der Flak-Höhe.
Die Männer sind physisch am Ende; einige schlafen auf der Stelle ein. Mit Mühe bringe ich die mir Zugeteilten dazu, sich notdürftig einzugraben. Auch ich schaufele mir eine flache Mulde. Im übrigen hoffe ich, dass wir morgen vor Sonnenaufgang herausgezogen werden.

Es ist jetzt 2.00 Uhr morgens. Mit einem Gefreiten gehe ich die schwach besetzte Linie ab und treffe wieder zwei meiner Männer an, die eingeschlafen sind. Der eine wacht nicht einmal auf als ich gegen seine Füße stoße.
Früher zog ein solches Verhalten ein Disziplinarverfahren nach sich. Heute und hier gibt es nichts mehr zu disziplinieren. Die Männer sind seit Monaten überfordert und völlig fertig.
Der unsanft Geweckte rührt sich: „Ich kann nicht mehr, Herr Leutnant!"
Trotz der Dunkelheit merke ich, dass der Mann am ganzen Leibe zittert und versuche, ihm moralische Korsettstangen einzuziehen: „Mann, Ihre Kameraden können auch nicht mehr. Wenn Sie überleben wollen, reißen Sie sich zusammen. Sie haben Glück gehabt, dass ich Sie geweckt habe und nicht der Iwan; Ihr Nickerchen wäre ein Dauerschlaf geworden!"
Mit schleppender Stimme setzt der total Erschöpfte noch einmal an: „Werden Sie mich melden, Herr Leutnant?" Ich bemerke, dass er seinen Unterkiefer nicht mehr unter Kontrolle hat.
Jetzt aber platzt mir der Kragen: „Für wen halten Sie mich? Ich habe Ihnen meine Meinung gesagt und erwarte, dass sich die Kompanie auf Sie verlassen kann. Ihre Schlafeinlage habe ich vergessen!"
Ich lasse ihn allein und gehe mit dem Gefreiten weiter. Wir tasten uns vorsichtig an die Straße Annahof – Eggenhof heran und stoßen nach 200 Metern auf einen MG-Stand des rechten Nachbarn, der hier im Straßengraben in Stellung gegangen ist.
Wir tauschen unsere Beobachtungen aus, und ich erkläre den Grenadieren, wo

unser rechter Flügel zu finden ist. Immerhin ist die Nahtstelle hier 200 Meter breit und nicht gesichert.
03.10 Uhr: 300 Meter vor uns glimmt ein Feuer – manchmal stärker, manchmal weniger stark, je nach dem wie der Wind in die Glut bläst. Seit einer halben Stunde beunruhigt mich dieses Lichterspiel. Ich will jetzt Klarheit und rufe drei meiner Männer zu mir.
Schritt für Schritt, den Finger am Abzug, gehen wir auf das schwelende Feuer zu. Noch 30 Meter – ein scheußlicher Geruch kommt uns entgegen.
Endlich stehen wir an der glimmenden Glut. Ich lasse feindwärts sichern und sehe mir die Umgebung der Feuerstelle an, soweit die Dunkelheit das zulässt.
Ein toter Russe liegt hier mit den Füßen in der Glut – er röstet langsam vor sich hin. Der Geruch des angebrannten Fleisches ist widerlich.
Wir ziehen den Iwan aus dem Feuer und decken die Glut mit Erde ab.
Kurz nach 6.00 Uhr morgens erreicht uns eine Durchsage von Mann zu Mann: „Nach links sammeln!“
Die Männer erheben sich müde und zerschlagen. In Reihe gehen wir auf den Südrand von Wolfseck zurück.
Die Reste des Bataillons sammeln an der Straßengabel bei Punkt 49,7 - 500 Meter südostwärts Wolfseck.
Inzwischen ist die Sonne durchgekommen. Auf den Feldern liegt Bodendunst. Die Morgenkühle schüttelt mich innerlich.
Südlich von hier ist Kampflärm zu hören. Das Bataillon marschiert in Reihe, weit auseinandergezogen, auf der Straße nach Kleinweiler. Ich bin mit meiner Gruppe fast am Ende des Bataillons.
Ob rechts von uns, auf der Straße Eggenhof – Wilken oder links von uns bei Samfelde, ebenfalls deutsche Truppen im Vormarsch sind, ist nicht bekannt.
Zügig erreichen wir über Kleinweiler die bewaldeten Höhen der Plickener Berge. Die Spitze hat Feindberührung. Südostwärts von hier sind in dichter Folge die Abschüsse von Panzerkanonen zu hören – weit kann das nicht sein.
Der Iwan setzt sich ab, und wir halten Fühlung. Die Plickener Berge liegen hinter uns. Wir marschieren weiter nach Süden.
Vor uns tauchen die Dächer von Brauersdorf auf. In den Trümmern einiger Häuser schwelen noch Brände. Die Spitze des Bataillons schwenkt ab auf Alt Wusterwitz – zwei Kilometer offenes Gelände.
Wir haben Glück und dringen ohne Feindberührung in den Ort ein, der nur

aus einem großen Gehöft auf der rechten Straßenseite besteht. Beim Näherkommen schlägt uns ein scheußlicher Geruch entgegen – eine Mischung von verkohltem Holz und verbranntem Fleisch.
Die Spitzenkompanie kämpft die Nachhut der Russen nieder; es geht weiter. Am Ortsausgang von Alt Wusterwitz fallen mir auf einem Feldweg die breiten Kettenspuren von Panzern auf: T-34! Die aufgeworfene Erde ist noch ganz frisch.
Sollten wir von Panzern angegriffen werden, wird unsere Lage kritisch. Das Bataillon ist ohne panzerbrechende Waffen.
Wenn der Iwan trotz seiner Panzerüberlegenheit vor uns dürftig Bewaffneten zurückgeht – so überlege ich – ist offensichtlich die Zangenbewegung von Gumbinnen aus in Richtung Großwaltersdorf und von Goldap aus nach Norden, erfolgreich gewesen.
Die Russen gehen so schnell zurück, wie wenn sie ihren Kopf noch aus der Schlinge ziehen wollten.
Das Bataillon stößt weiter nach Süden vor. Nach einer knappen Stunde stehen wir vor Erlengrund (Maygunischken). Auch hier stinkt es bestialisch nach Brand und Verwesung.
Am Ortsausgang ist ein toter Russe in die Straßenoberfläche eingewalzt worden. Die zurückgegangenen Fahrzeuge seiner flüchtenden Landsleute haben ihn in die Straßendecke eingeebnet. Ich bemühe mich, den Untergrund nicht zu betreten. Der Gestank ist umwerfend.
Gegen 18.00Uhr – es ist schon dunkel geworden – haben wir Schwarzenau (Jodzen) vor uns und gehen dann südlich des Ortes in Stellung – mit Front in Richtung Rominte.
Der Stab ist südwestlich Schwarzenau in einem alleinstehenden Gehöft untergekommen. Der Kommandeur lässt mich kommen. Es ist das erste Mal, dass Hauptmann Teusen Zeit findet, mit mir über meine weitere Verwendung zu sprechen: „Leutnant Knoblauch, berichten Sie bitte kurz über Ihren militärischen Werdegang – Truppenteile, Einsatz usw.!"
Mit knappen Worten skizziere ich meine Laufbahn. Der Kommandeur unterbricht mich nicht. Als ich fertig bin meint er: „Erfreulich, dass Sie nicht nur ‚Flieger' sind. Sie werden morgen, wenn nichts dazwischenkommt, den Jäger-Pionierzug der 4. Kompanie übernehmen!"
Aus Feldbechern trinken wir Rotwein. Mein Einstand ist vollzogen.
Nacheinander treffen die Melder der Kompanien ein. Das Bataillon sperrt jetzt den Abschnitt zwischen Daken (Dakehnen) und Schwarzenau.

Nach den hohen Verlusten in den letzten Wochen ist die Hauptkampflinie nur hauchdünn besetzt.

25. Oktober: Es ist jetzt kurz nach Mitternacht. Ich gehe nach draußen und lausche in die Dunkelheit hinein. Es ist verhältnismäßig ruhig vor der Front des Bataillons. Bei Daken steigen hin und wieder Leuchtkugeln in den rabenschwarzen Nachthimmel. Südlich von uns – das könnte bei Goldap sein – leuchtet der Horizont auf, wie bei einem fernen Gewitter.
Am frühen Nachmittag übernehme ich den Jäger-Pionierzug; besser: Die Reste dieses Zuges. Ich mache mich mit den Männern bekannt. Zu veranlassen ist nichts. Der Pionierzug ist die stille Reserve des Kommandeurs.

26. Oktober: Die sowjetische Artillerie schießt sich auf unsere Stellungen ein.
15.00 Uhr: Ein Melder der 2. Kompanie stolpert durch die Tür: „Herr Hauptmann, der Leutnant von Majer ist an beiden Augen verletzt worden; er kann nicht mehr sehen!"
Hauptmann Teusen steht auf: „Leutnant Knoblauch, übernehmen Sie die Kompanie. Der Melder führt Sie hin und bringt Majer zurück!"
Ich schnalle um, greife zum Helm und melde mich ab.
Der Melder geht voraus. Im Straßengraben gehen wir auf Schwarzenau zu. Hin und wieder zwingt uns MG-Feuer in Deckung.
In einem der am ostwärtigen Rand der Dorfstraße stehenden Häuser hat Leutnant von Majer seinen Gefechtsstand. Wir stolpern die schmale Treppe in den Keller hinunter. Majer hockt in einem zerschlissenen Sessel, vor sich einen Tisch mit einer brennenden Wachskerze. Er hat uns kommen hören und meine Stimme erkannt: „Wie Sie gehört haben, Herr Knoblauch, kann ich nicht mehr sehen. Es ist mir aber ein beruhigender Gedanke, dass gerade Sie die ‚Zweite' übernehmen, der ich mich sehr verbunden fühle!"
Majer weist mich mit geschlossenen Augen auf der Karte in den Stellungsverlauf der Kompanie ein. Danach liegt der Gefechtsstand am linken Flügel. Die Stellungen verlaufen vorwärts der Straße Daken – Schwarzenau nach Südosten. Die fünf Landser, die am Boden des Kellers auf alten Matratzen hocken, sind die einzige Reserve der Kompanie.
Ich bedanke mich für die Einweisung und Majer verabschiedet sich. Der Melder bringt ihn zurück zum Bataillongefechtsstand.
Ich bin mit mir und meiner neuen Verantwortung allein. Es ist dunkel ge-

worden. Die sowjetische Artillerie hält Schwarzenau unter Feuer – es kracht infernalisch. Die angrenzenden Gebäude stehen in Flammen. Beißender Rauch hängt in der Luft.
Ich gehe mit einem Melder nach draußen. Prasselndes Feuer umgibt uns. Der grelle Schein der Flammen blendet und nimmt uns die Sicht. Auf einem schmiedeeisernen Gitter zu beiden Seiten einer Freitreppe, die in den Hof hinunterführt, sitzen Hühner und Puten. Sie sind so verängstigt, dass sie sich nicht mehr rühren. Man kann sie wie reife Früchte vom Gitter pflücken. Die Kreatur versteht die aus den Fugen geratene Welt nicht mehr.
Ich gehe mit einem Melder die Stellungen ab. Die Schützenlöcher liegen weit auseinander. Durchlaufende Gräben gibt es nicht. Nordostwärts von uns, bei Jockeln, ist Infanteriefeuer zu hören.
19.00 Uhr: Ich sitze wieder im Keller meines Gefechtsstandes über der Karte und überlege, was ich tun kann, wenn der Iwan angreifen sollte.
Schritte an der Kellertreppe - ein Melder steht vor mir: „Sind Sie der Führer der 2. Kompanie?“
„Der bin ich - was gibt's?“
„Herr Leutnant, das Bataillon greift heute Nacht an. Hier ist der schriftliche Bataillonsbefehl!“
Im Schein der Kerze lese ich: „... Das Bataillon verlässt am 27. Oktober 1.00 Uhr die bisherigen Stellungen und stellt sich 500 Meter weiter ostwärts zum Angriff bereit. Angriff erfolgt vor Sonnenaufgang mit Unterstützung von Sturmgeschützen. Das Eintreffen der Sturmgeschütze ist abzuwarten. Nach Überschreiten der Reichsstraße 132 ist die Rominte zu gewinnen! ...“
Ich rufe einen Melder zu mir und gehe mit ihm die Schützenlöcher ab, um die Männer zu informieren und auf den Angriff vorzubereiten.
Kurz vor Mitternacht hocke ich wieder in meinem Keller in Schwarzenau.
Es ist jetzt wenige Minuten vor 1.00 Uhr. Ich steige mit den Männern meines Kompanietrupps nach draußen. An die Dunkelheit muss ich mich erst gewöhnen.
Wir gehen von Loch zu Loch und „sammeln“ die Reste der Kompanie ein. 30 Meter vor uns tasten sich zwei meiner Männer als Sicherung durch die Nacht – wir folgen, nach rechts und links sichernd, mit schussbereiten Waffen.
An der Reichsstraße, 300 Meter vor uns, steigen Leuchtkugeln – das ist der Iwan.
Vor uns in der Dunkelheit tut sich etwas. Hoffentlich greift der Iwan nicht

an. Ich lasse halten und die Kompanie in Deckung gehen. Vorsichtig gehe ich Schritt für Schritt weiter nach vorn und stoße auf einen Sicherer. Der fasst mich an den Arm und deutet nach vorn in die Dunkelheit.
Wir warten einige Minuten. Vor uns höre ich leise deutsche Worte. Eine Riesenschweinerei scheint sich hier anzubahnen. Sind nun vor uns eigene Truppen oder handelt es sich um die Sauhunde vom „Komitee Freies Deutschland", die sich den Sowjets zur Verfügung gestellt und deren Aktivitäten schon manchem Kameraden das Leben gekostet haben?
Ich höre Schritte, die vom weichen Ackerboden fast verschluckt werden und auf uns zu kommen.
Der Landser neben mir und ich knien am Boden, die Waffen im Anschlag – zu sehen ist nichts.
Die Schritte kommen näher. Ich will jetzt Klarheit: „Halt, wer da!"
„Nicht schießen – Deutsche!", ist die Antwort.
Aus der Dunkelheit kommen uns drei Gestalten entgegen. Ich bin misstrauisch und behalte den Finger am Abzug.
Ein Feldwebel und zwei Mann von der Nachbarkompanie stehen vor mir. Ich gebe mich zu erkennen und erfahre, dass die Bereitstellung des Bataillons in dieser ungewöhnlich dunklen Nacht in die Binsen gegangen ist. Die Kompanien sind durcheinander geraten. Wir können von Glück reden, dass wir nicht aufeinander geschossen haben.
Der Feldwebel hat den Auftrag, die Kompanien in die alten Stellungen bei Schwarzenau zurückzurufen. Keine beneidenswerte Aufgabe.
Ich gehe zu meinen Männern und führe die Kompanie auf Schwarzenau zurück. Die alten Löcher werden wieder besetzt; ich steige mit dem Kompanietrupp in den Keller meines Gefechtsstandes.

02.50 Uhr: Die Nervenanspannung lässt nach; ich spüre, wie ich müde werde.
Vom Kellereingang her höre ich Stimmen, und gleich darauf steht der Ia der Division vor mir. Ich versuche zu melden. Major Schweim winkt ab und setzt sich auf eine Kiste. Mit einem Fingerzeig auf die vor uns auf dem Tisch liegende Karte spricht mich der Major an: „Sagen Sie, wie konnte dieses Durcheinander bei der Bereitstellung passieren?"
„Ich weiß das nicht, Herr Major. Die Ausgangsstellung für den Angriff hatte ich noch gar nicht erreicht!"
„Nun, wie dem auch sei", fährt der Major fort, „das Ganze wird wiederholt.

Um 4.00 Uhr stehen Sie in der Ausgangsstellung. Alles andere bleibt wie befohlen! Noch eine Frage?"
„Nein, Herr Major!"
Der Ia erhebt sich, grüßt und steigt die Kellertreppe empor. Wir sind wieder unter uns. Der Kompanietruppführer spricht mich an: „Wer war dieser Major, Herr Leutnant?"
„Das war der Major Schweim, Erster Generalstabsoffizier unserer Division. Wenn er sich persönlich hier vorn um die Vorbereitungen kümmert, können Sie davon ausgehen, dass das Korps unseren Aktionen größte Bedeutung beimisst!"
03.10 Uhr: Wir greifen zu den Waffen. Ich lösche die Kerze, und wir steigen die Kellertreppe empor.
Es wiederholt sich alles. Ich sammele meine Männer, und in Reihe gehen wir vorsichtig auf die Reichsstraße 132 zu. Das Gelände fällt zunächst nach Osten ab. Ich gehe an der Spitze, um die Marschrichtung im Griff zu behalten.
Kurz vor 4.00 Uhr stoßen wir auf einen kleinen Friedhof 500 Meter nördlich Daken. Hier steht ein abgeschossener Panther. Auf der anderen Straßenseite liegt ein Gasthaus an der Einmündung der Straße, die über Langenwasser (Langkischken) nach Tollmingen (Tollmingkehmen) führt.
Ich winke den Kompanietruppführer zu mir: „Hier, hinter diesem Panther, richten wir den Gefechtsstand ein. Lassen Sie einige Löcher ausheben und denken Sie daran, dass wir nach Sonnenaufgang eingesehen werden können. Der Iwan sitzt im Straßengraben der Reichsstraße und im Gasthaus jenseits davon. Ich weise jetzt die Kompanie ein."
Die Kompanie folgt mir in Reihe. Wir gehen hinab in eine Senke, die vom Friedhof aus mach Norden verläuft. Ich weise jedem seinen Platz zu und befehle: „Eingraben!" Das Gelände vor der Front der Kompanie steigt nach Osten hin, gegen die Reichsstraße, deutlich an. Ich .hoffe, dass der Angriff, wie beabsichtigt, noch vor Sonnenaufgang beginnt. Wenn das nicht klappen sollte, liegen wir wie auf einem Präsentierteller. Die Folgen wären nicht auszudenken.
Auf dem Rückweg zum Gefechtsstand ermahne ich noch einmal: „Eingraben!"
Der Kompanietruppführer ist in meiner Abwesenheit recht rührig gewesen. Trotz der Dunkelheit erkenne ich die ausgehobenen Löcher und bedanke mich für die mir zugedachte Deckung.
Um Verbindung mit dem rechten Nachbarn aufzunehmen, taste ich mich,

zusammen mit einem Melder, auf der Rückseite des Friedhofes entlang, in Richtung Straße. Äußerste Vorsicht ist geboten – wir wissen nicht genau wo der Iwan steht.
Kurz vor der Straße, dort wo ein schmaler Weg von der Straße zum Friedhof führt, werden wir angerufen – ich höre, wie der Sicherungsflügel eines Karabiners umgelegt wird: „Halt, wer da!"
„Divison ‚Hermann Göring'!"
Wir kommen langsam näher und stoßen auf den linken Flügel eines Bataillons von „Großdeutschland". Wir sind in erlauchter Gesellschaft.
Ein tröstlicher Gedanke, den Verband einer „reichseigenen" Division neben sich zu haben.
Nachdem wir unsere Beobachtungen ausgetauscht haben, sprechen wir über den vor uns liegenden Angriff. Die „Großdeutschen" sind zuversichtlich. Ich unterdrücke die in mir aufsteigenden Zweifel.
4.00 Uhr: Das Bataillon steht in der Ausgangsstellung. Noch ist es dunkel. Von der Reichsstraße her werden Leuchtkugeln geschossen. Der Iwan ist misstrauisch geworden. Die Abschussstellen zeigen, dass wir mit dem rechten Flügel ziemlich dicht aneinandergeraten sind.
Ich gehe noch einmal die Stellung ab. Die Männer haben sich nur dürftige Deckungslöcher gegraben. Einmal mehr fordere ich auf, tiefer in die Erde zu gehen.
06.40 Uhr: Im Osten zeigt der Horizont eine helle Färbung. Der Morgen kündigt sich an – es ist unangenehm kühl. Tau liegt auf den Gräsern.
Mit dem Fernglas sehe ich hinüber nach Peterstal. Alles ist ruhig. Kein Motorengeräusch der Sturmgeschütze, die uns unterstützen sollen – die Leuchtkugeln für den Angriff bleiben aus.
Es wird heller. Ich schaue hinunter auf die kümmerlichen Deckungsmulden meiner Männer – mich fröstelt.
Wenn jetzt noch angegriffen wird, müssen wir bei vollem Tageslicht über die offene, ansteigende Fläche bis zur Reichsstraße – ohne Unterstützung schwerer Waffen.
Wenn nicht angegriffen wird, liegen diejenigen, die sich nicht aufraffen konnten, tiefer in die Erde zu gehen, unmittelbar vor den Rohren der Russen.
07.30 Uhr: Eine unheimliche Stille liegt auf den Feldern zwischen der Reichsstraße 132 und der Linie Daken – Schwarzenau – Peterstal.
Die Zeit schleicht nur langsam dahin. Inzwischen ist es taghell geworden. Nördlich von uns höre ich das Aufheulen schwerer Motoren. Ich greife zum

Glas und sehe hinüber nach Peterstal. Leuchtkugeln steigen – aus Peterstal heraus sind Grenadiereinheiten zum Angriff angetreten. Jetzt erkenne ich auch einige Sturmgeschütze – wenige, zu wenige!
Ich ringe mit mir um den Entschluss zum Angriff. Meine Männer müssten über 200 Meter ansteigendes, völlig offenes Gelände vorgehen – ohne Unterstützung durch schwere Waffen. Die Chance, die Straße zu erreichen, ist gleich Null.
Ich warte zunächst ab, ob mein rechter Nachbar, wie abgesprochen, das vor uns liegende Gasthaus nehmen wird. Das ist die Voraussetzung für jede Aktivität meiner Kompanie.
Ich habe diesen Gedanken noch nicht zu Ende gedacht, da bricht rechts neben uns der Feuerkampf aus. Die Grenadiere von „Großdeutschland" haben zum Sprung angesetzt.
Mit unserem MG lasse ich flankierend auf die Stellungen an der Reichsstraße nördlich des Gasthauses schießen. Im Straßengraben uns gegenüber ist es lebendig geworden.
Handgranaten krachen, dazwischen die Feuerstöße aus Maschinenpistolen – dann plötzliche Ruhe. Ein Verwundeter schreit nach einem Sani.
Ich verlasse meine Deckung und laufe hinter dem Friedhof entlang zur Straße. Eine MG-Garbe zwingt mich zu Boden.
Vorsichtig hebe ich den Kopf. Auf der Straße liegen zwei Tote. Im Sprung auf das Gasthaus hat sie das Feuer der Russen erfasst.
Der Angriff der „Großdeutschland-Grenadiere" ist abgeschmiert. Das bedeutet zugleich, dass ich mit meiner Kompanie festliege.
In kurzen Sprüngen hetze ich in die Deckung des Friedhofes zurück und bin bald darauf bei meinen Männern.
Ein Blick nach Norden zeigt mir, dass die Grenadiere mit Unterstützung der Sturmgeschütze ostwärts Peterstal die Reichsstraße überschritten haben. Wenn der Angriff so weiterläuft, wird die Rominte sicherlich erreicht. Ich verspreche mir davon die Zurücknahme der sowjetischen Stellungen vor meiner Kompanie.
11.00 Uhr: Wir liegen fest. Jede Bewegung ist ausgeschlossen. Die Männer in den dürftigen Deckungen vor der Reichsstraße können nicht einmal in den Feuerkampf eingreifen.
Wer den Kopf hebt, wird aus den überhöhten Stellungen der Russen an der Straße sofort unter Feuer genommen.
Ich greife zum Fernglas. Mein Blick geht von Deckung zu Deckung: Keine

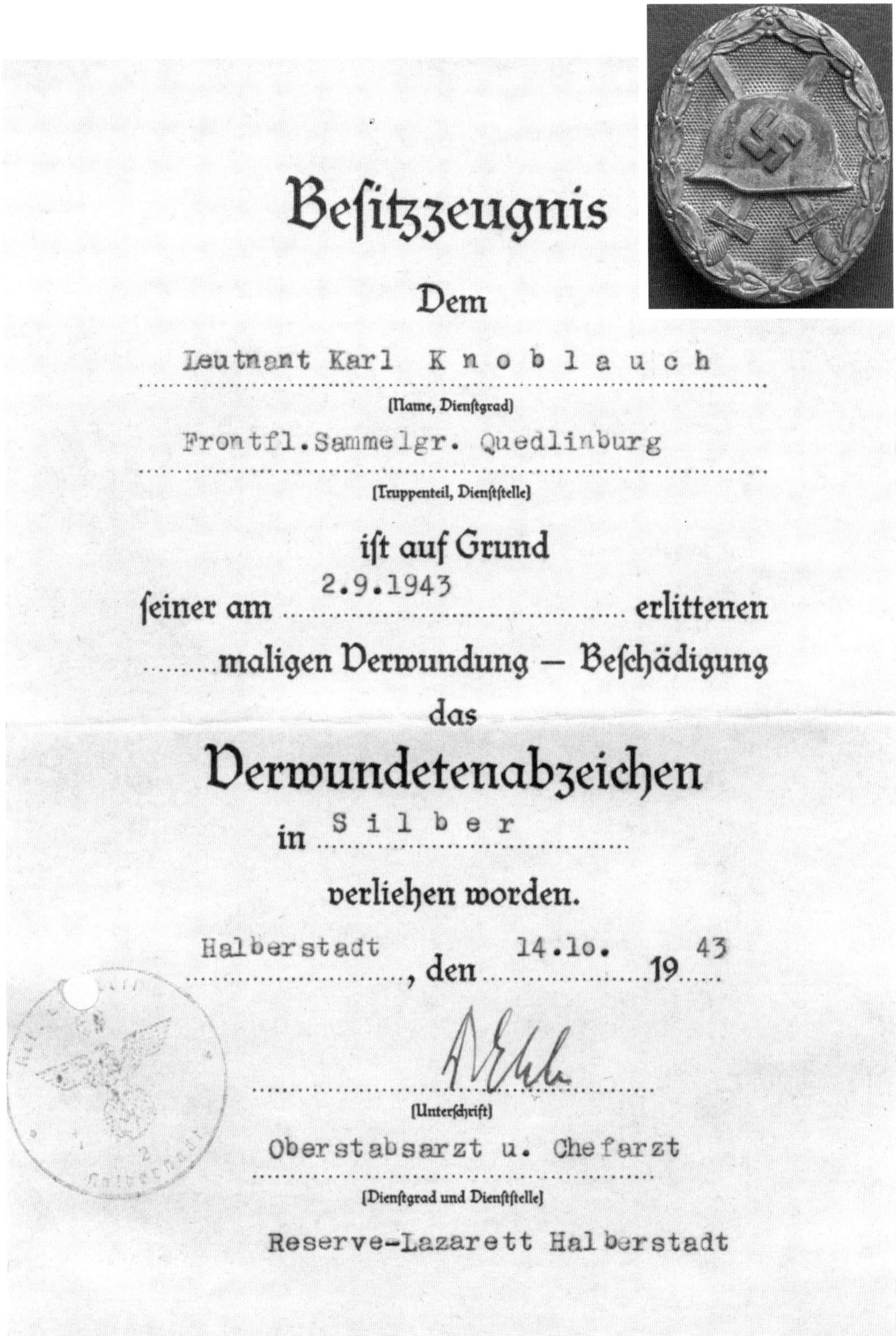

Besitzzeugnis

Dem

Leutnant Karl Knoblauch

(Name, Dienstgrad)

Frontfl.Sammelgr. Quedlinburg

(Truppenteil, Dienststelle)

ist auf Grund

seiner am 2.9.1943 erlittenen

.........maligen Verwundung – Beschädigung

das

Verwundetenabzeichen

in Silber

verliehen worden.

Halberstadt, den 14.10. 1943

(Unterschrift)

Oberstabsarzt u. Chefarzt

(Dienstgrad und Dienststelle)

Reserve-Lazarett Halberstadt

Aufgrund der Schwere seiner Verwundung (Lungenschuss und Verwundung eines Auges) erhielt Karl Knoblauch das silberne Verwundetenabzeichen.

IM NAMEN DES FÜHRERS
UND OBERSTEN BEFEHLSHABERS
DER WEHRMACHT
VERLEIHE ICH
DEM

LEUTNANT

K A R L   K N O B L A U C H

DAS DEUTSCHE KREUZ
IN GOLD

HAUPTQUARTIER, DEN 17. OKTOBER 1943

DER REICHSMINISTER
DER LUFTFAHRT
UND OBERBEFEHLSHABER
DER LUFTWAFFE

Göring

REICHSMARSCHALL

DIE ERFOLGTE VERLEIHUNG
WIRD BEGLAUBIGT:

GENERALOBERST

Auch wenn Karl Knoblauch die Staffel verlassen musste, waren seine vielen erfolgreichen Einsätze nicht vergessen. Er wurde zum Deutschen Kreuz in Gold eingereicht, was ihm am 17. Oktober 1943 verliehen wurde. Eine hohe Auszeichnung die vergleichsweise nur wenigen Soldaten erhielten.

Karl Knoblauch als Leutnant der Luftwaffe. Durch seine Verwundung wurde er fluguntauglich und konnte nicht mehr zu seiner alten Staffel 4.(F)/14 zurückkehren.

Frühjahr 1944: Karl Knoblauch genießt die ersten Sonnenstrahlen im Reservelazarett Bad Pyrmont.

Im Reservelazarett Bad Pyrmont wurde Karl Knoblauchs Verwundung ausgeheilt, hier mit einem Kameraden.

Karl Knoblauch meldete sich im September 1944 zur „Panzerdivision HG", in der viele Luftwaffenangehörige nun in den Erdkampf zogen. Hermann Göring wollte auch eine eigene Panzertruppe haben.

Karl Knoblauch als Leutnant mit Deutschem Kreuz in Gold an der Jacke.
Er beendete seine militärische Laufbahn im Mai 1945 als Oberleutnant.

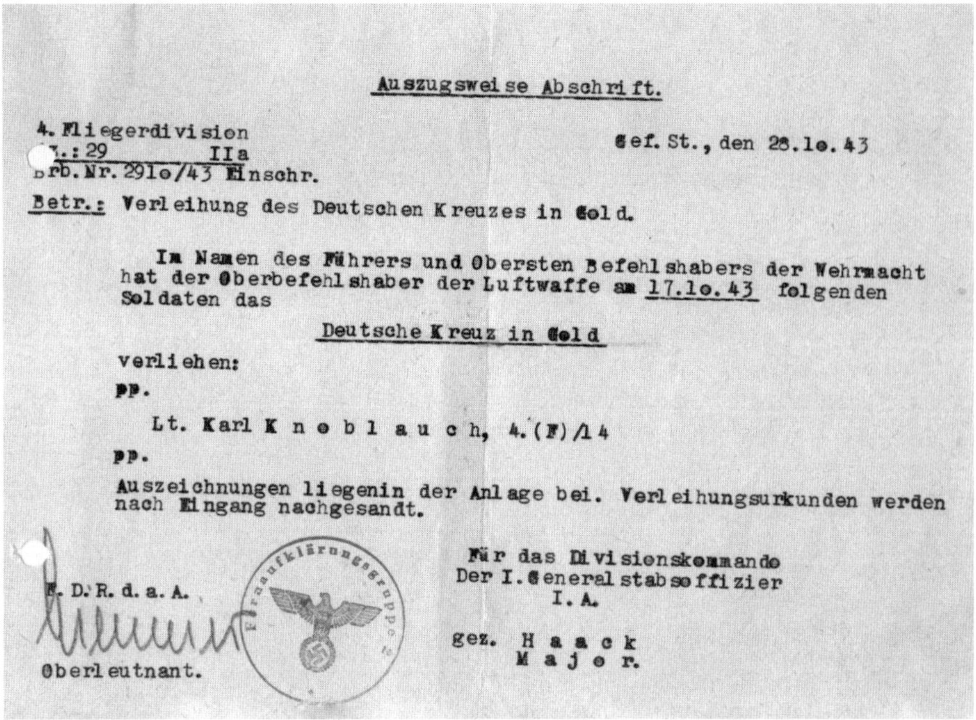

Auszugsweise Abschrift.

4. Fliegerdivision
..: 29 IIa
Brb.Nr. 291o/43 Einschr.

Gef. St., den 28.1o.43

Betr.: Verleihung des Deutschen Kreuzes in Gold.

Im Namen des Führers und Obersten Befehlshabers der Wehrmacht hat der Oberbefehlshaber der Luftwaffe am 17.1o.43 folgenden Soldaten das

Deutsche Kreuz in Gold

verliehen:

pp.

Lt. Karl K n o b l a u c h, 4.(F)/14

pp.

Auszeichnungen liegenin der Anlage bei. Verleihungsurkunden werden nach Eingang nachgesandt.

Für das Divisionskommando
Der I. Generalstabsoffizier
I. A.

gez. H a a c k
M a j o r.

F. D. R. d. a. A.

Oberleutnant.

Eine Abschrift zur Verleihung des Deutschen Kreuzes in Gold.

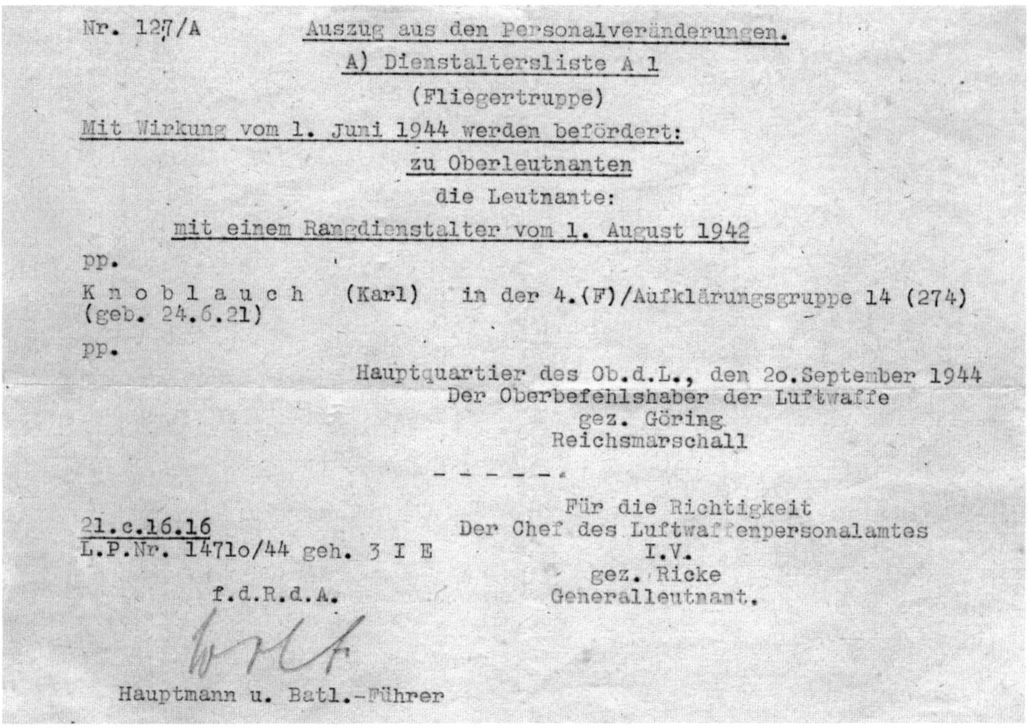

Nr. 127/A

Auszug aus den Personalveränderungen.

A) Dienstaltersliste A 1

(Fliegertruppe)

Mit Wirkung vom 1. Juni 1944 werden befördert:

zu Oberleutnanten

die Leutnante:

mit einem Rangdienstalter vom 1. August 1942

pp.

K n o b l a u c h (Karl) in der 4.(F)/Aufklärungsgruppe 14 (274)
(geb. 24.6.21)

pp.

Hauptquartier des Ob.d.L., den 2o.September 1944
Der Oberbefehlshaber der Luftwaffe
gez. Göring
Reichsmarschall

- - - - -

Für die Richtigkeit
Der Chef des Luftwaffenpersonalamtes
I.V.
gez. Ricke
Generalleutnant.

21.c.16.16
L.P.Nr. 1471o/44 geh. 3 I E

f.d.R.d.A.

Hauptmann u. Batl.-Führer

Am 1. Juni 1944 wird Karl Knoblauch zum Oberleutnant befördert. Er war zu dieser Zeit schon lange nicht mehr bei der Staffel und immer noch waren seine Verletzungen nicht ganz ausgeheilt.

Die 4.(F)/14 hat ihren 2.500 Flug absolviert. Groß-Schimanen in Ostpreußen am 14. Juli 1944.
Links: General der Flieger Ritter von Greim, vor der Zahl der Staffelkapitän
Hauptmann L. Streicher. Dieses Jubiläum hat Karl Knoblauch nicht mehr mitmachen können.

Hanna Reitsch mit Angehörigen der 4.(F)/14, ganz rechts mit Hosenträgern
Franz Felician, der ehemalige Bordschütze von Karl Knoblauch.

Josef (Jupp) Reinardy in Baranowitschi im Juni 1944 war bei vielen Einsätzen 1942/43 Flugzeugführer und guter Freund von Karl Knoblauch.

Hauptmann Emil Badorrek, Staffelkapitän der 4.(F)/11, mit Major Otolski, dem Gruppenkommandeur des Fernaufklärungsgeschwader 2 im Sommer 1944.

Die Gräber von Leutnant Josef Reinardy, Ritterkreuz am 24. Janauar 1945 posthum verliehen, und Major Josef Badorrek, Kommandeur der FAG. 3 (RK 22.11.1943, EL 18.11.1944), die mit Gerd Siller und Franz Felician am 26.12.1944 bei Krakau tödlich abgeschossen wurden. Somit war Karl Knoblauch der einzige seiner alten Flugzeugbesatzung, der überlebte.

Besuch des OB der Luftwaffe
beim Fsch.Panzerkorps HG -
Gut Austinshof, November 1944.
Von links:
Reichsmarschall Göring
Chef d.St. Oberstlt.i.G. v.Baer
Ord.-Offz. Lt. Kleine-Sextro
Komm.Gen. Gen.Maj. Schmalz
Qu.M. Maj.i.G. Grün -

Photo: Otte

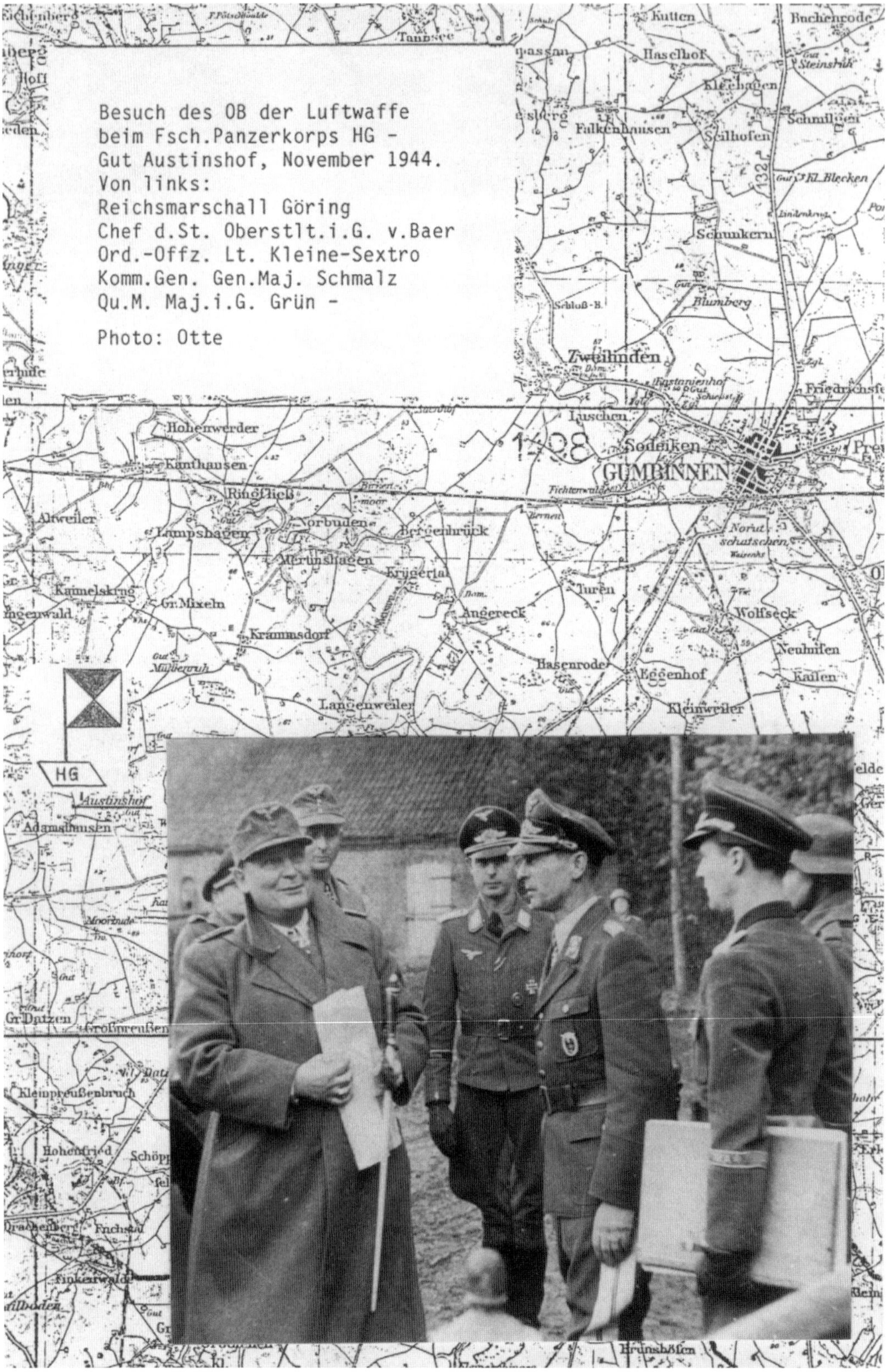

Major, dann Oberstleutnant Gerhard Schirmer, Kommandeur des Fallschirm-Jägerregiments 16 (Ost).

Generalleutnant Wilhelm Schmalz, Kommandierender General des Fallschirm-Panzerkorps „Hermann Göring" kurz „HG" genannt.

Der einst so stolze Oberbefehlshaber der Luftwaffe wurde auf den Boden der Tatsachen zurückgeholt. General Schmalz erläutert die Stellungen seiner Division an der Grenze zu Russland in Ostpreußen im Herbst 1944.

Hauptmann Hans Teusen, Kommandeur des I./ Fallschirm-Jägerregiments 16 (Ost).

Hauptmann, später Major Hans von Majer, zuerst Chef 2./Fallschirmjägerregiment 16 (Ost), später Bataillonskommandeur im Fallschirm-Jägerregiment 27. Seine Ritterkreuzverleihung ist bislang nicht nachweisbar, so dass er in der offiziellen Ritterkreuzträgerliste nicht erscheint, jedoch bei den Fallschirmjägern (Schirmer, div. FJ-Literatur) als solcher gilt und in den Listen erscheint.

Oberleutnant Lehmann, Führer Korpssturmbataillon „Hermann Göring" seit Oktober 1944 in Ostpreußen vermisst.

Hauptmann August Wolf, vom 18. November 1944 bis 25. Januar 1945 Führer des Fallschirm-Panzerfüsilierbataillons 2 „ Hermann Göring".

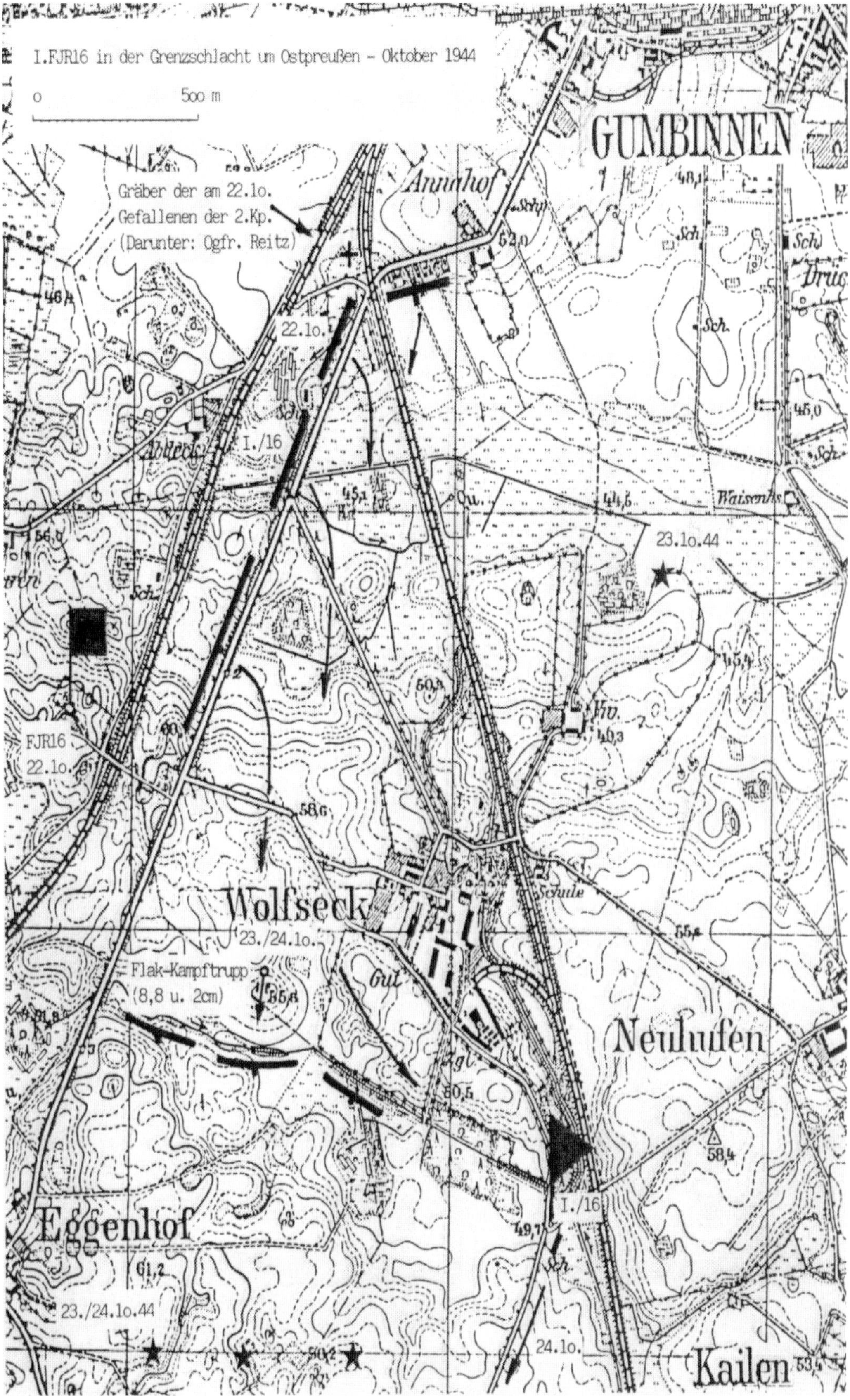
I.FJR16 in der Grenzschlacht um Ostpreußen - Oktober 1944
0
500 m
GUMBINNEN
Annahof
Gräber der am 22.1o.
Gefallenen der 2.Kp.
(Darunter: Ogfr. Reitz)
22.1o.
I./16
23.1o.44
FJR16
22.1o.
Wolfseck
23./24.1o.
Flak-Kampftrupp
(8,8 u. 2cm)
Neulufen
I./16
Eggenhof
23./24.1o.44
24.1o.
Kailen

Die umkämpfte Bahn-/Straßenkreuzung bei Wolfseck, südöstlich Gumbinnen im Oktober 1944.

Gegenangriff der HG-Verbände bei Weidegrund, nordöstlich Großwaltersdorf.
Die Bildqualität hat unter dem Eindruck des Kampfgeschehens gelitten.

Zwei 8,8cm-Flak in der Grenzschlacht um Ostpreußen bei Wolfseck-Kailen im Oktober 1944.

Die umkämpfte Bahnlinie Gumbinnen – Husarenberg.

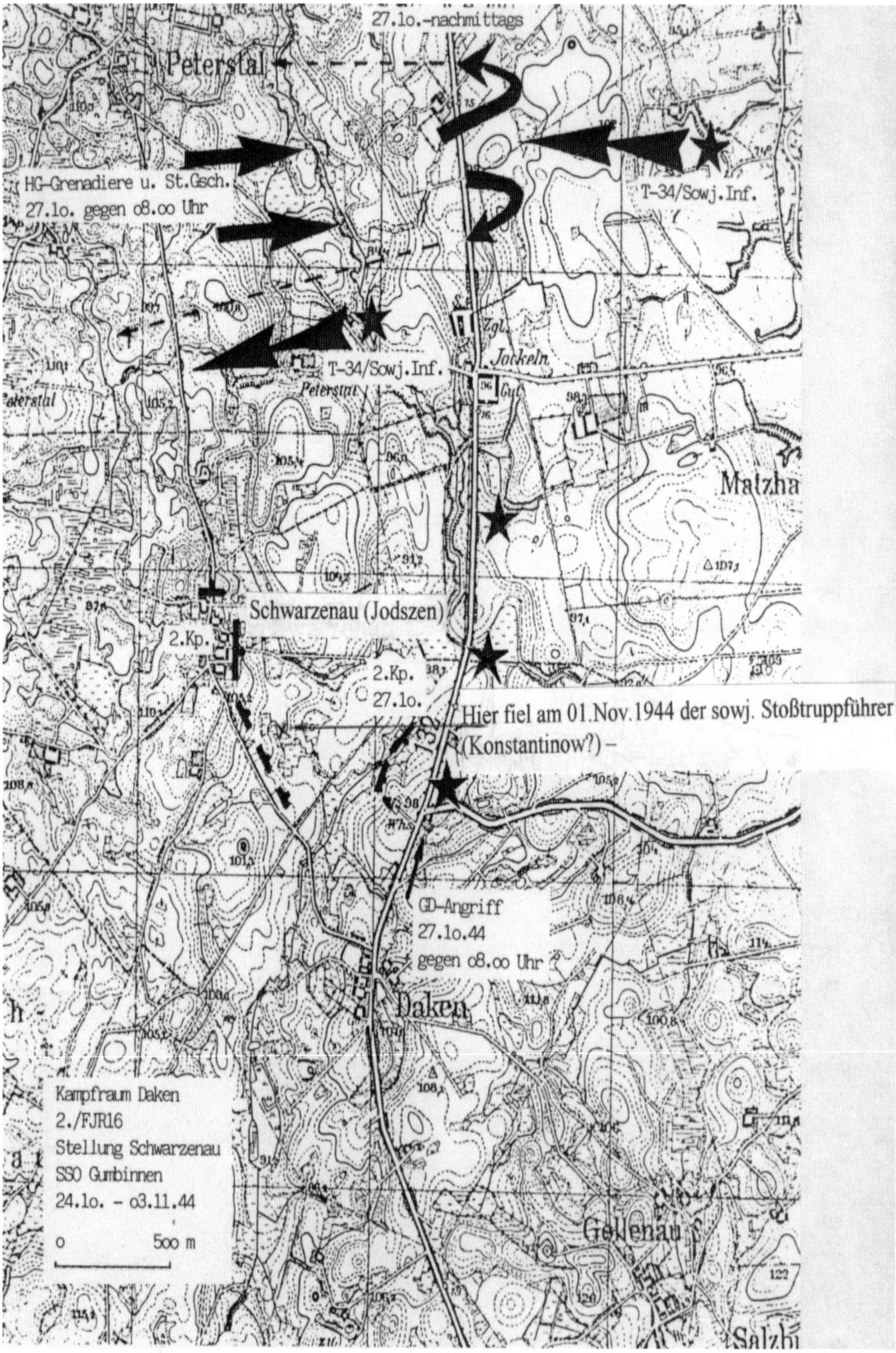

Karte: Kampfraum Daken 2./Fallschirmjägerregiment 16 in der Stellung Schwarzenau SSO Gumbinnen vom 24. Oktober - 03. November 1944.

Dieser russische Panzer T 34 wurde durch die Explosion der eigenen Bereitschaftsmunition völlig zerrissen.

Ein weiterer T 34 ist bei Husarenberg und Gertenau abgeschossen worden, Oktober 1944.

Die sowjetische 11. Gardepanzerarmee wurde bei ihrem Vormarsch nach Nemmersdorf gestoppt. Unsägliche Greueltaten an Zivilisten hatten die Rotarmisten begangen.

Sturmgeschütze der „HG“ im Gegenangriff.

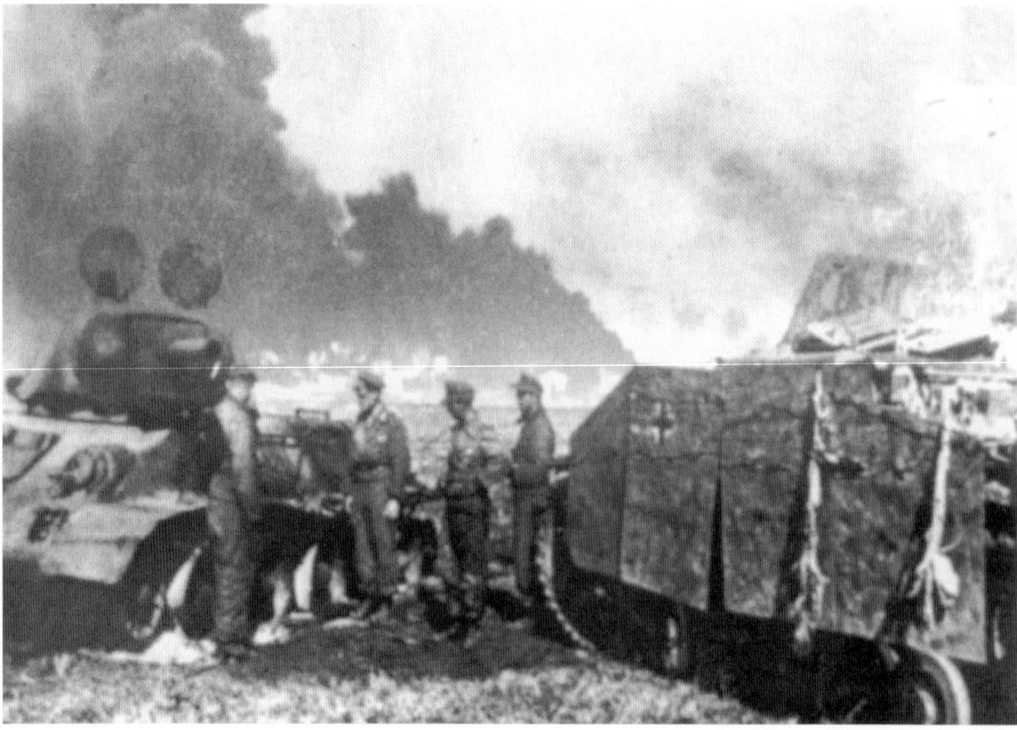

Einer der vielen abgeschossenen T 34 wird besichtigt.

Bewegung dort unten. Ich kann nicht erkennen, wer noch lebt. Nur mit Mühe kann ich meine innere Erregung unterdrücken.
Einer meiner Melder spricht mich an: „Ich kann von hier aus hin und wieder die Köpfe der Russen im Straßengraben sehen – darf ich schießen?"
Ich überlege, ob wir dadurch das Feuer der Russen auf den Gefechtsstand lenken und mir die Führung der Kompanie unmöglich wird. Wenn der Iwan unseren Panther mit Pak unter Beschuss nimmt, müssen wir unseren Standort wechseln.
Ein Blick auf meine Männer, die in ihren Deckungen angenagelt sind und deren Überleben in den Bereich des Zufalls gerückt ist, gibt den Ausschlag: „Schießen Sie – aber so, dass der Mündungsrauch vom Iwan nicht gesehen wird!"
Der Schütze schiebt sich unter den Panther und nimmt Maß; ich schaue durch das Glas. Der Schuss fällt. Ich sehe, wie drüben der Kopf eines Russen verschwindet und der Lauf seines Gewehres nach oben schnellt.
Der Melder legt wieder an. Ich muss ihn bremsen: „Mann, nicht gleich wieder, sonst machen uns die Kerle hier fertig. Warten Sie einige Minuten!"
Das Gesicht meines Melders – ich schätze ihn auf 19 Jahre – hat einen eigenartigen Zug angenommen. Kälte und Rücksichtslosigkeit meine ich zu erkennen. Bevor er seinen Karabiner wieder in Anschlag bringt, spreche ich ihn an: „Sagen Sie, was macht Sie so schießwütig?"
„Das hat seinen Grund, Herr Leutnant!"
„Worum geht es?"
Der Gefreite berichtet: „Als uns der Iwan vor etwa einer Woche von Ebenrode auf Gumbinnen zurückgejagt hat und Leutnant Stein fiel, bin ich mit einigen Kameraden in Gefangenschaft geraten. Wir mussten uns in Linie aufstellen und einzeln vortreten. Nacheinander mussten die Kameraden niederknien und wurden durch Genickschuss umgelegt. Ich war zunächst wie gelähmt, bin dann aber einfach davongelaufen. Ehe die Russen merkten was los war und das Feuer auf mich eröffneten, war ich in Deckung. Ich hatte Glück und habe das Bataillon wieder erreicht. Das ist der Grund, Herr Leutnant, nichts weiter!" Er versucht zu lächeln. Es gelingt ihm nicht.
Wieder fällt ein Schuss – wieder sackt ein Russe in seine Deckung zurück.
Mein Blick geht nach Norden. Ich glaube nicht richtig zu sehen. Die über die Reichsstraße in Richtung Rominte vorgeprellten Grenadiere gehen zurück. Auch die Sturmgeschütze weichen auf Peterstal aus.
Ein Rudel T-34 stößt nach. Das Absetzen der Grenadiere nimmt beängstigende

Formen an. Zwischen Schwarzenau und Peterstal erkenne ich keine deutschen Truppen mehr. Ich überlege, wie ich die Umgehung meines linken Flügels verhindern kann. Zunächst aber muss ich meine Männer aus ihrer fürchterlichen Lage befreien – aber wie?

Die Stellung ohne Befehl aufgeben, geht nicht. Ein unvorstellbarer Gedanke! Ich brauche die Entscheidung des Kommandeurs; und der ist in Schwarzenau.

„Melder zum Bataillon – wer geht?"

Ein Obergefreiter meldet sich.

Ich erkläre ihm worum es geht: „Sie versuchen, den Kommandeur in Schwarzenau zu erreichen. Melden Sie, dass die Kompanie hier festliegt und aufgerieben wird, wenn sie liegenbleiben muss. Melden Sie weiter, dass ich darum bitte, auf Schwarzenau ausweichen zu dürfen. Wenn der Kommandeur zustimmt, sollen drei weiße Leuchtkugeln geschossen werden. Sie springen jetzt hier den Hang hinunter in die Senke. Da kann Sie der Iwan nicht sehen. Dann versuchen Sie an die Straße nach Schwarzenau heranzukommen. Wenn Sie unter Beschuss geraten, bleiben Sie liegen und springen erst dann wieder auf, wenn Sie den Eindruck haben, dass der Iwan Sie vergessen hat! Alles klar?"

Der Obergefreite springt – ohne Helm und Karabiner – den Hang hinter uns hinab.

Der Melder ist in der Senke verschwunden und taucht nach einigen Minuten am Gegenhang an der Straße nach Schwarzenau auf – etwa 600 Meter bis zum Ortsrand. Wir blicken wie gebannt hinüber. 200 Meter hat der Melder hinter sich gebracht.

Jetzt wird der Iwan munter. MG-Feuer liegt auf der Straße – der Melder ist in Deckung gegangen. Ich schaue durch mein Fernglas: Keine Bewegung!

„MG fertigmachen. Wir nehmen den Iwan an der Reichsstraße unter Feuer, sobald unser Mann springt!"

Minuten vergehen.

„Er läuft wieder, Herr Leutnant!" Tatsächlich, er läuft wieder. Seine Schritte sind kürzer geworden, das Tempo langsamer; es geht bergan.

Auch der Iwan hat die Bewegung an der Straße erkannt und schießt.

Mit unserem MG zwingen wir die Russen für kurze Zeit in Deckung. Dann aber schießt eine Pak auf unseren Melder – er liegt flach.

Wir warten – zwei Minuten – fünf Minuten – zehn Minuten. Ich spüre, wie die Blicke meiner Männer auf mir ruhen. Jeder erwartet von mir eine

Äußerung. Ich blicke durch mein Glas. Unser Melder liegt am Rande der Straße hinter einem Obstbaum, dessen Stamm zerfetzt ist. Seine Haltung ist unnatürlich – so liegt keiner, der in Deckung gegangen ist. Der Mann ist tot.

Meine Männer fragen nicht, sie wissen auch so, dass wir einen Kameraden verloren haben.

Eine halbe Stunde ist vergangen. In den Deckungslöchern der Kompanie rührt sich nichts.

Es muss jetzt etwas geschehen. Ich muss eine Entscheidung treffen – notfalls ohne Zustimmung des Bataillons. Einer der Männer spricht mich an – jener, der zwischen Ebenrode und Gumbinnen in russische Gefangenschaft geraten war und sich der Erschießung durch Flucht entziehen konnte: „Wenn Sie es für richtig halten, will ich versuchen, nach Schwarzenau durchzukommen!"

Ich zögere – stimme dann aber zu. Befohlen hätte ich nicht – noch nicht.

Auch er legt Karabiner und Helm ab. Ohne Koppel springt er den Hinterhang hinunter. Ich lasse das MG in Stellung gehen.

Unser Mann hat die Straße am Gegenhang erreicht. Er läuft nicht, er geht und wirft sich alle 20 Meter oder wenn auf ihn geschossen wird, in Deckung.

Unsere Blicke hängen an ihm – saugen ihn förmlich auf. Das Feuer der Russen wird stärker. Es liegt auf unseren Stellungen und auf unserem Melder. Wieder ist eine Pak im Spiel.

Mit dem MG lasse ich in die linke Flanke der russischen Stellungen schießen.

Drüben bei Peterstal stehen unsere Sturmgeschütze im Abwehrkampf mit zahlenmäßig überlegenen T-34.

Unser Melder ist wieder in Bewegung. Ich fühle, wie meine Hände, die das Fernglas halten, zittern.

Wieder schießt die Pak – der Melder liegt am Boden.

Wir warten – zwei Minuten – vier Minuten – fünfzehn Minuten – keine Bewegung. Meine Hände werden feucht. Die Männer um mich herum sehen mich an. Ich blicke ins Leere.

„Da, er ist aufgesprungen – er läuft!", bricht es aufgeregt aus einem der Männer hervor.

Ich brülle den MG-Schützen an, lauter als es ansonsten meine Art ist: „Mann, schießen Sie, schießen Sie!" Das MG hämmert in Richtung Reichsstraße.

Wieder greife ich zum Fernglas. Der Melder läuft, wirft sich hin und läuft wieder und dann ist er hinter einer Geländewelle verschwunden. Er hat

Schwarzenau erreicht. Wir sehen uns wortlos an. Der Gefreite neben mir sagt: „Mann, oh Mann!“, und wendet sich ab. Ich setze den Helm ab und trockne den Schweiß auf meiner Stirn.
In diesem Augenblick wird mir einmal mehr deutlich, wie fatal es ist, wenn man eine fremde Kompanie im Einsatz übernehmen muss und keine Gelegenheit hat, die Männer seiner Einheit näher kennen zu lernen. Ich kenne kaum einen meiner Soldaten namentlich. Einige habe ich nicht einmal gesehen.
Was hinter dem Namen ihres Kompanieführers steht, wissen diese Männer nicht. Aber und das ist das Erstaunliche: Der Leutnant ist der Leutnant; ganz gleich wie er heißt und woher er kommt. Er hat den Befehl, er hat die Verantwortung für die Durchführung der Aufträge und für das Leben seiner Männer. Ich bin beeindruckt vom Vertrauen, das mir die jungen Soldaten entgegenbringen – mir, dem fremden Leutnant.
Das Verhältnis zwischen Offizier und Mannschaft ist in Preußen in mehr als 200 Jahren gewachsen. Selbst der verlorene Erste Weltkrieg hat keinen Bruch herbeiführen können – ein Phänomen oder der oft zitierte und oft geschmähte preußische Geist, der ja nicht nur in Preußen zu Hause ist?
Was hat die beiden Melder bewogen, den schweren, gefahrvollen Gang nach Schwarzenau freiwillig anzutreten?
Über Schwarzenau steigt die erste weiße Leuchtkugel – kurz darauf die zweite und dann die dritte. Ich habe jetzt Handlungsfreiheit; wir können auf Schwarzenau zurückgehen.
Ich rufe einen Melder zu mir: „Sie gehen den Hinterhang hinab, bis Sie auf Rufweite an den ersten Mann in den Löchern da unten herangekommen sind. Aus der Dekkung rufen Sie ihm zu, dass wir geschlossen, in einem Zuge, auf Schwarzenau zurückgehen werden. Der erste Sprung geht zurück in den Bachgrund hinter uns. Es geht los, wenn wir uns hier oben absetzen – das kann jeder von da unten sehen. Von Mann zu Mann wird das durchgerufen!“
Der Melder nimmt seinen Karabiner, kriecht unter dem Panther hervor und geht den Hinterhang hinunter. Ohne Schwierigkeiten kommt er auf Rufweite an den rechten Flügel der Kompanie heran.
Ich sehe durch mein Glas und bemerke, dass die Verständigung klappt. Die in den Deckungsmulden seit Stunden wie tot Daliegenden rühren sich vorsichtig.
Der Melder kommt zurück: „Befehl ausgeführt!“
Ohne Melder geht im Einsatz gar nichts! Jeder weiß das. Ich bedanke mich

und frage: „Haben Sie den Eindruck, dass die Kameraden da unten begriffen haben, was beabsichtigt ist?“
„Ich glaube schon, Herr Leutnant!“
Fünf Minuten sind vergangen. Ich spreche den Kompanietrupp an: „Es ist so weit! Wir springen jetzt geschlossen in den Bachgrund hinunter. Auf geht's!“
Mit einem Satz bin ich auf dem Hinterhang. Die Männer sind unmittelbar hinter mir. Im Bachgrund gehen wir in Deckung und warten.
Ich schaue nach Norden. Aus der Senke tauchen die ersten Köpfe auf – es werden mehr und dann ist auch der Rest herangekommen.
Einige Minuten warte ich noch, dann frage ich einen Unteroffizier: „Glauben Sie, dass die Kompanie jetzt vollzählig hier ist oder könnte es sein, dass einer nicht gemerkt hat, dass wir uns absetzen?“
„Das ist ausgeschlossen. Die Männer, die in der Stellung liegengeblieben sind, sind tot!“
Im Bachgrund um mich herum liegen die Reste der 2. Kompanie; ich zähle: 26 Mann!
„Alles herhören! Wir gehen jetzt auf Schwarzenau zurück. In Reihe, mit 20 Meter Abstand von Mann zu Mann. Wenn wir aus der Deckung heraus sind, handelt jeder für sich. Auf geht's!“
Die Ersten nähern sich der Straße, die eigentlich nur ein besserer Feldweg ist und in Richtung Schwarzenau verläuft.
Bei Daken und Peterstal ist heftiger Gefechtslärm zu hören. Wir sind jetzt in langer Reihe auf dem Hang, der von den Russen von der Reichsstraße aus eingesehen werden kann. Und dann geht es auch schon los. Das Gewehrfeuer verdichtet sich, zugleich schießen mehrere MG auf unsere Absetzbewegung.
Die Spitze, die etwa 100 Meter vor mir ist, hat Deckung genommen. Ich rufe: „Nicht liegenbleiben – weiter!“
Die Reihe vor mir ist wieder in Bewegung gekommen.
Das Feuer wird stärker. Ich merke, wie ich in Atemnot gerate. Meine Lungenverwundung liegt erst 13 Monate zurück und macht mir Schwierigkeiten. Meine Kräfte lassen nach. Ich gehe in Deckung.
Hier kann ich nicht liegenbleiben. Ich springe auf und hetze weiter. Einige meiner Männer sind noch hinter mir.
Jetzt setzt Pak-Feuer ein. Der Iwan schießt auf die Stämme der am Rande der Straße stehenden Obstbäume. Splitter zischen durch die Luft.
Ich habe weitere 100 Meter geschafft. Meine Kraft lässt rapide nach – ich muss in Deckung gehen.

Vor mir liegt einer. Ich rufe ihn an. Keine Antwort. Auf dem Bauche kriechend schiebe ich mich vorsichtig an ihn heran: Er ist tot!
Wieder springe ich auf. Mit Schleiern vor den Augen taumele ich über die letzten 50 Meter. Endlich bin ich in der Deckung der letzten Geländewelle. Nach mir kommen noch vier Mann.
Wir nähern uns den ersten Häusern von Schwarzenau. Hauptmann Teusen kommt auf mich zu. Ich melde.
Für einen Moment schließe ich die Augen. Ich bin körperlich so fertig, dass ich mich an eine Hauswand lehnen muss.
Der Kommandeur informiert mich über die Lage und gibt mir den neuen Einsatzbefehl: „Der Angriff auf die Rominte ist nach Anfangserfolgen ostwärts Peterstal auf der ganzen Front gescheitert. Sie sichern mit Ihrer Kompanie zunächst Schwarzenau und besetzen nach Einbruch der Dunkelheit die alten Stellungen südostwärts von hier. Wenn es dunkel geworden ist, wird Munition und Verpflegung eintreffen. Noch eine Frage?"
Nein, eine Frage habe ich nicht. Ich frage auch nicht nach Mannschaftsersatz, denn damit ist ohnehin nicht zu rechnen.
Die Kompanie ist noch 24 Mann stark. Zwei sind bei der Absetzbewegung gefallen. Ich frage: „Wer ist verwundet?"
Elf heben den Arm.
„Wer glaubt, dass er die Kompanie wegen seiner Verwundung verlassen muss?"
Die Arme gehen, bis auf einen, herunter. Ich sehe mir die Verwundung an. Ein Spitzgeschoss hat den Oberarm glatt durchschlagen. Die Blutung ist noch nicht zum Stehen gekommen. Ich schicke den Verwundeten zum Verbandsplatz.
„Alles mal herhören! Wir besetzen jetzt den Ortsrand von Schwarzenau; Front nach Osten und Norden. Wenn es dunkel geworden ist, gehen wir wieder in die alten Löcher. Ich weise jeden einzeln ein. Beide MG sichern zunächst nach Norden. Die Lage zwischen Schwarzenau und Peterstal ist unklar. Wer nicht zur Wache eingeteilt ist, haut sich hin und schläft. Ich bin im Keller dieses Hauses zu erreichen. Abrücken!"

Müde gehen die Männer in die Stellungen. Hier muss nichts weiter gesagt werden. Jeder weiß, was notwendig ist.
Mit meinem Kompanietrupp steige ich in den Keller hinab. Vor 24 Stunden habe ich hier von Leutnant von Majer die Führung der Kompanie übernommen. Ist das wirklich erst 24 Stunden her?

Von einer Stellungskontrolle in meinen Keller zurückgekehrt, nehme ich mein Tagebuch zur Hand und schreibe im schwachen Schein eines Hindenburg-Lichtes die letzten Ereignisse in Stichworten nieder.
In diesen Augenblicken einer relativen Ruhe wird mir das Ausmaß der Verluste deutlich. In den letzten 24 Stunden sind sechs meiner Männer gefallen. Ich stelle die makabere Überlegung an: Wenn täglich nur zwei Mann fallen, ist die 2. Kompanie in zwölf Tagen ausgelöscht! Wenn die Lage sich nicht ändert – und sie wird sich nicht ändern – deckt uns spätestens am 8. November die ostpreußische Erde.
Ich weise diese düsteren Gedanken von mir und frage mich, wie es wohl heute an den Fronten in Frankreich und in Italien aussehen mag. Nachrichten dringen bis zu uns nicht durch.
Es ist dunkel geworden. Draußen höre ich Motorengeräusche. Ich steige die Kellertreppe empor. In der Deckung einer Hauswand steht ein Kübelwagen. Ein Unteroffizier springt heraus und meint locker: „Wir haben Munition und Verpflegung für euch. Viel ist das nicht, aber viele seid Ihr ja auch nicht mehr!“ Ich rufe meine Melder aus dem Keller herauf und lasse abladen.
Die Sonne ist untergegangen. Ich ziehe ein MG vom Nordrand des Ortes ab und verteile die Männer auf die Deckungslöcher südostwärts Schwarzenau. Das abgezogene MG setze ich am rechten Flügel ein. Wenn der Iwan den Ort frontal angreifen sollte, kann ihn das MG in der Flanke fassen.
Vor unserer Stellung ist es auffallend ruhig. Ich werde versuchen, jetzt eine Mütze voll Schlaf zu nehmen. Die Melder werden mich sofort wecken, wenn sich draußen etwas ereignen sollte.
21.00 Uhr: Es ist stockdunkel. Ich gehe die Stellung ab. Die Männer in den Löchern haben in dem abfallenden Gelände bisher keine besonderen Beobachtungen gemacht.
Je zwei Mann hocken in einem Deckungsloch. Einer schläft, einer wacht. Die Abstände von Loch zu Loch betragen mehr als 50 Meter. Bei der heutigen Finsternis ist ein „Durchsickern“ der Russen nicht auszuschließen. Wir müssen wachsam sein.

28. Oktober: Die Nacht ist vorüber. Passiert ist nichts. Ich habe den Eindruck, dass der Iwan mit sich selbst zu tun hat.
10.00 Uhr: Artilleriefeuer auf Schwarzenau. Von der Decke unseres Kellers fällt der Mörtel.
In einer Feuerpause springe ich nach draußen, um die eigenen Stellungen

im offenen Gelände einzusehen. Die Deckungslöcher liegen unter Granatwerferbeschuss. Hin und wieder hält eine Pak dazwischen. Von der Stellungsbesatzung ist nichts zu sehen. Ich gehe in meinen Keller zurück.
Die Dämmerung hat eingesetzt. Ich mache mich fertig, die Stellungen abzugehen. Auf der Kellertreppe höre ich Schritte. In der Tür steht ein Gefreiter: „Herr Leutnant, vor zehn Minuten ist das MG am rechten Flügel ausgefallen. – Volltreffer in die MG-Deckung. Die Besatzung ist tot!"
Mit dem Gefreiten und meinen Meldern gehe ich hinaus in die Stellungen. Das Deckungsloch mit dem MG sieht furchtbar aus. Dieser Volltreffer war ein Zufallstreffer; das macht ihn aber nicht weniger furchtbar.
Die beiden Soldaten sind bis zur Unkenntlichkeit zerrissen. Unsere Bemühungen, die Erkennungsmarken zu finden, bleiben erfolglos. Ich lasse die Gefallenen in Zeltplanen legen, rufe den Doppelposten von links zu mir und veranlasse den Rücktransport der toten Kameraden nach Schwarzenau. Es muss alles sehr schnell gehen, denn die Entblößung des rechten Flügels unserer ohnehin schwachen Stellung ist kaum zu verantworten. Ich meine aber, dass ich diesen Dienst den Gefallenen schuldig bin. Ich denke an die toten Kameraden, die noch in den Löchern an der Reichsstraße liegen und an jene, die die Absetzbewegung auf Schwarzenau nicht überlebt haben. Sie konnten nicht geborgen werden. Wer wird sie beerdigen, wann und unter welchen Umständen wird das geschehen?
Um 19.00 Uhr setzt Artilleriefeuer auf Schwarzenau ein. Es steigert sich gegen 20.00 Uhr und bricht zehn Minuten später ganz plötzlich ab. Ich stürze mit meinen Männern nach draußen. Dies ist die typische Situation vor einem Angriff. Wir lauschen in die Dunkelheit hinein – nichts! Totale Stille vor der Front des ganzen Bataillons.
Die Nacht ist vorüber. Der Iwan hat uns in Ruhe gelassen. Über Matzhausen wird es am Horizont hell. Es ist verhältnismäßig ruhig draußen. Ich riskiere einen Besuch beim Bataillon. Einen Melder nehme ich mit. Der andere bleibt auf dem Gefechtsstand. Er wird eine weiße Leuchtkugel schießen, wenn etwas passieren sollte. Der Weg zum Bataillonsgefechtsstand ist nicht weit.
In Deckung der Häuser verlassen wir Schwarzenau nach Westen und verschwinden in einer Senke. In einem feuchten Bachgrund gehen wir nach Südwesten weiter.
Plötzlich spricht mich der Melder an: „Da drüben liegt ein Toter!" Wir gehen die wenigen Schritte hinüber. Im Grase liegt ein „Großdeutschland-Grenadier". Wo er getroffen wurde, ist nicht zu erkennen. Die Papiere sind ihm schon ab-

genommen worden – auch der untere Teil der Erkennungsmarke fehlt. Seine Truppe weiß also Bescheid.
Auf dem Gefechtsstand treffe ich Hauptmann Teusen – ich melde. Der Kommandeur meint zu wissen, dass wir in absehbarer Zeit abgelöst werden sollen. Seine Worte auf Gottes Trommelfell!

Fallschirm-Panzerfüsilierbataillon 2 „Hermann Göring" – 8/186/412 (insgesamt 606)

Stellenbesetzungen und Stärken – Stand: November 1944

Bataillonstab	4/2/14
Bataillonführer	Major Arnold/Hauptmann Wolf
Adjutant	Leutnant Knoblauch
Ordonnanzoffizier	Oberfähnrich Ehlen
Nachrichtenoffizier	Leutnant Groß
Arzt	Oberarzt Dr. Naumann
5.Kompanie(Versorgungskompanie)	2/44/59
Kompanieführer	Hauptmann Klingbeil
IVa	Oberzahlmeister Lingrön
l. Kompanie	./31/89
Kompanieführer	Feldwebel Tischler
I. Zug	Feldwebel Scheler
II. Zug	Oberfeldwebel Heidenreich
III. Zug	Feldwebel Quentin
IV. Zug	Feldwebel Prikowitsch
2. Kompanie	./43/80
Kompanieführer	OberfähnrichRapp
I. Zug	Feldwebel Schröder
II. Zug	Feldwebel Schuster
III. Zug	Feldwebel Trippens
IV. Zug	Feldwebel Ortlieb

3. Kompanie	2/39/92
Kompanieführer	Oberleutnant Kailff
I. Zug	Leutnant Klodt
II. Zug	Fahnenjunker Oberfeldwebel Bader
III. Zug	Oberfeldwebel Meyer
IV. Zug	Oberfeldwebel Tatenhorst

4. Kompanie	./27/78
Kompanieführer	Oberfähnrich Staguhn
Flakzug	Feldwebel Bekemacker
Gran.-Zug	Stabsfeldwebel Glück
Leichter I-Zug	Feldwebel Wilshues

Mein Melder hat sich inzwischen umgesehen und kommt mit einem kleinen Bündel Briefe für die Kompanie zurück. Es ist doch erstaunlich, dass die Feldpost noch funktioniert.
8.15 Uhr: Ich bin wieder im Keller meines Gefechtsstandes. Auf Schwarzenau und auf die Stellungen der Kompanie hat Granatwerferfeuer eingesetzt. Die Zeit schleicht nur träge dahin. Solange es hell ist, kann ich meine Männer in den offenen Stellungen nicht aufsuchen. Sie kauern in ihren Deckungslöchern und können sich kaum bewegen. Erst nach Einbruch der Dunkelheit, und wenn das feindliche Feuer das zulässt, verschaffen sie sich Bewegung. Auch die Erledigung menschlicher Bedürfnisse ist unter diesen Umständen nicht ohne Probleme.
Es ist wieder dunkel geworden. Ich gehe die Stellungen ab und verteile mit Hilfe meiner Melder die kümmerlichen Verpflegungsrationen.
Kurz vor Mitternacht setzt das Feuer schwerer Artillerie ein. Unser Keller schwankt wie bei einem Erdbeben. Im Kellerraum nebenan sind Einweckgläser aus einem Regal gefallen. Es riecht nach Apfelmus.

30. Oktober: Unsere Stellungen werden von der sowjetischen Artillerie systematisch abgeklopft. Auch Daken und Peterstal liegen unter schwerem Beschuss. Ich habe den Eindruck, dass ein Angriff unmittelbar bevorsteht.

Die Nacht ist vorüber. Der im Morgengrauen befürchtete Angriff ist ausgeblieben. Die fünf Gehöfte von Schwarzenau liegen seit 10.00 Uhr im kon-

zentrierten Feuer sowjetischer Geschütze. Wenn unser Haus einen Volltreffer erhält, sind wir erledigt. Die Kellerdecke ist zu schwach.
Um die Mittagszeit torkelt einer meiner Männer von draußen herein. Er ist verwundet. Ein Splitter hat seine linke Schulter getroffen. Ich sehe mir die Verletzung an. Blutverlust hat er Gott sei Dank nicht. Er wird notdürftig verbunden und hockt sich dann in eine Ecke. Sein Abtransport kann nur nach Sonnenuntergang erfolgen – solange muss er warten.
Das Feuer hat nachgelassen. Nur ab und zu kracht es auf der Dorfstraße. Ich mache mich auf, um die Männer in den Deckungslöchern aufzusuchen.
Von Preußischnassau (Egglenischken) her ist das Motorengeräusch eines Pkw zu hören – kurz darauf hält der Bataillons-VW vor mir. Der Fahrer hat es eilig. Er traut der augenblicklichen Ruhe nicht. In großer Eile stellt er einen Kanister mit Kaffee (Muckefuck) ab und eine Munitionskiste mit Brot und Wurst. Der Verwundete steigt zu, und so schnell wie der VW kam, ist er in der Dunkelheit verschwunden.
Die Männer in den Löchern freuen sich über das heiße Getränk, das wie Kaffee aussieht, aber keineswegs Kaffee ist. Seit Tagen endlich wieder etwas Warmes.

1. November: Die Nächte sind empfindlich kalt. Ich bin gerade aus den Stellungen zurück und will versuchen, etwas zu schlafen.
Wie lange ich geschlafen habe, weiß ich nicht – Gewehrfeuer weckt mich. Ich bin sofort wach und gehe nach draußen. Es ist wieder ruhig geworden – auffallend ruhig.
Müde steige ich in den Keller zurück und hoffe, dass es in dieser Nacht keine Überraschungen mehr gibt.
Wieder Schritte an der Kellertreppe. Ich greife zur Pistole.
In der Tür stehen zwei meiner Männer. Der eine kann sich kaum auf den Beinen halten. Selbst im trüben Schein des Hindenburg-Lichtes sehe ich, dass eine Seite seines Kopfes verletzt ist. Er zittert am ganzen Leibe. Ich stehe auf und drücke ihn auf meinen Stuhl.
„Was ist passiert?“
Der Zweite antwortet: „Ein Stoßtrupp hat uns überfallen. Ich war gerade mal aus meinem Loch gestiegen, weil ich austreten musste, da hat der Iwan zugeschlagen. Die Kerle müssen schon länger vor unserem Loch gelegen haben. Das Ganze ging lautlos vor sich. Ihn (er zeigt auf seinen Kameraden) haben sie auf den Kopf geschlagen, aus dem Loch gezerrt und mitgenommen!“

„Und wie kommt es, dass er jetzt hier ist?" „Der Posten links neben uns hat Geräusche gehört und in die Dunkelheit hineingeschossen. Offensichtlich hat er auch getroffen; denn in dem Durcheinander, das dann entstand, konnte der Verletzte ausreißen!"

Der Angeschlagene hockt zitternd auf meinem Stuhl. Seine Augen flackern, der Unterkiefer bewegt sich. Er will reden, bringt aber kein Wort hervor.

„Fertigmachen! – Wir suchen das Vorfeld ab!"

Zu viert gehen wir auf der Kompaniefront entlang – von Loch zu Loch. Die Männer sind durch den Schusswechsel hellwach.

Ich sehe mir das Deckungsloch des Überfallenen genauer an. Auf dem Boden liegt sein Helm. Er hat ihn abgesetzt gehabt, um besser hören zu können. Das hat ihn fast das Leben gekostet.

Vorsichtig tasten wir uns auf dem vermuteten Rückzugsweg des russischen Stoßtrupps voran. Nach etwa 50 Metern erkenne ich vor uns einen dunklen Gegenstand am Boden liegend. Der Größe nach könnte das ein Mensch sein. Wir haben die Finger an den Abzügen und gehen Schritt für Schritt näher heran.

Nur noch wenige Schritte – kein Zweifel, da liegt einer. Ich lasse nach allen Seiten sichern und gehe ganz heran.

Am Boden liegt ein Russe. Neben ihm eine Maschinenpistole. Ich taste ihn ab. Er ist tot.

„Anfassen, den nehmen wir mit!" Mit viel Mühe tragen wir diesen hünenhaften Menschen über das ansteigende Gelände nach Schwarzenau hinein. In Deckung einer Hauswand überprüfen wir seine Taschen. Wir finden Photos von Mädchen und Bildausschnitte mit Artikeln, die seinen Namen tragen. Ich erkenne das trotz der kyrillischen Schrift. Auf der Brust trägt er verschiedene Orden, darunter einen roten Stern. Offensichtlich eine große Nummer seines Regiments.

Nun ist dieser Sowjetmensch irgendwo von der Wolga oder sonst woher bis nach Ostpreußen gelatscht (wie wir nach Stalingrad), und ein Zufallstreffer setzt seiner Karriere ein Ende. „Berlin wird er nicht sehen", geht mir durch den Kopf. Ich spreche das nicht aus und empfinde auch keinerlei Befriedigung bei dieser Erkenntnis.

Die Papiere des toten Russen und seine Orden verpacke ich in ein Päckchen und gebe es dem nächsten Melder zum Bataillon mit. Vielleicht interessiert sich der Ic der Division dafür.

Es ist wieder Ruhe eingetreten. Ich versuche zu schlafen.

2. November: In den frühen Morgenstunden nimmt der Iwan die wenigen Häuser in Schwarzenau mit schwerer Artillerie unter Feuer. Ich halte die Morgenmeldung zunächst zurück, um den Melder nicht zu gefährden.
Selbst in unserem Keller ist das Heulen der Salvengeschütze zu hören. Draußen auf der Dorfstraße ist ein infernalischer Krach. Erst gegen Mittag gelingt es dem Kompaniemelder, bis zum Bataillon durchzukommen.
Abends erreicht uns die offizielle Information des Kommandeurs: „Morgen früh werden wir abgelöst!“ Ich glaube erst daran, wenn die ablösende Truppe bei uns eingetroffen ist.

3. November: Es ist jetzt kurz nach Mitternacht. Ich gehe mit einem Melder nach draußen, um diese erfreuliche Neuigkeit weiterzugeben.
Als ich ins Freie trete, heult es heran. Mit einem Satz sind der Melder und ich in Deckung gegangen. Es heult und kracht ununterbrochen. Das sind Granaten aus deutschen Do-Werfern, die dem Iwan irgendwo in die Hände gefallen sind.
Nach einigen Minuten tritt eine Feuerpause ein. Wir gehen wieder nach draußen. Trotz der Dunkelheit ist zu erkennen, dass das Dach des Nebenhauses auf die Straße gerutscht ist. Ich gehe von Loch zu Loch und weise auf die Ablösung hin. Die Reaktionen sind unterschiedlich. Einige sind misstrauisch und sprechen das auch aus. Andere erweckt die Nachricht zu neuem Leben. Der Rest ist so apathisch, dass meine Worte ohne jede Regung zur Kenntnis genommen werden.
3.00 Uhr: Auf der Dorfstraße tut sich etwas. Ich steige die Kellertreppe hinauf und stoße auf einen Offizier der Aufklärungsabteilung 2 „Hermann Göring“.
Mit knappen Worten informiere ich über die Situation und über den Frontverlauf beim Iwan, soweit mir das bekannt und in der Dunkelheit möglich ist.
Zehn Minuten später rückt die ablösende Kompanie heran. Sie ist zahlenmäßig auch nicht komplett, aber doch deutlich stärker als mein ausgebrannter Haufen.
Die Ablösung ist schnell vollzogen. Der Iwan merkt nichts, und wir gehen auf leisen Sohlen in Richtung Bataillon. Die Reste der anderen Kompanien sind schon eingetroffen. Nach einem kurzen Fußmarsch stoßen wir auf drei Lkw, die am Straßenrand abgestellt sind. Mit Freude und Überraschung hören wir, dass wir „verlastet“ werden. Das ganze Bataillon wird auf drei mittelgroße Lkw

untergebracht. Ich schätze die Stärke des Bataillons auf 60 Mann. Mir ist jetzt auch klar, warum wir aus der Front herausgezogen wurden.
Wir steigen auf, und die Fahrt auf den offenen Lkw durch die kalte Nachtluft beginnt. Schwarzenau und der Frontbogen bei Daken liegen im Feuer sowjetischer Artillerie.
Ich muss wohl einige Zeit geschlafen haben. Als ich wieder zu mir komme, fahren wir durch Gumbinnen. Nach weiteren sieben Kilometern ist die Fahrt zu Ende. Wir steigen von den Fahrzeugen. Kubbeln heißt der kleine Ort, der uns vorübergehend aufnehmen soll. Er liegt an der Straße Gumbinnen – Insterburg.
Die Kompanien verteilen sich auf die wenigen Häuser. Je Kompanie ein Haus! Wie sich doch die Zeiten geändert haben. Ich denke an die großen Kasernenkomplexe im Reichsgebiet.
Ich habe das dringende Bedürfnis, mich erst einmal zu waschen und zu rasieren. Ein Blick in den Spiegel meiner Unterkunft lässt mich erschrecken. Ich erkenne mich selbst nicht mehr: Bärtig, dreckig, übernächtigt.
Wenn die Männer ausgeschlafen haben, werden sie nach Verpflegung rufen. Ich suche den hierfür zuständigen „Spieß" auf. In einer dürftig eingerichteten „Schreibstube" treffe ich auf einen Feldwebel. Ich frage nach dem Hauptfeldwebel.
„Der Spieß ist mit den Männern, die zum alten Stamm des Regiments gehören, in Richtung Königsberg abgefahren. Es soll einen diesbezüglichen Befehl geben. Genaueres weiß ich nicht. Die Geschäfte des Hauptfeldwebels habe ich übernommen!"
Ich glaube nicht richtig zu hören, fordere den Feldwebel aber auf, bis zur endgültigen Klärung als „Spieß" zu fungieren.
Ich sehe mich im Dorf um. Von den „alten" Fallschirmjägern treffe ich nur noch wenige an.
Eine Entscheidung muss her. Ich greife zum Feldfernsprecher und rufe die Division an.
Nach einigen vergeblichen Versuchen habe ich .einen Oberleutnant an der Strippe – möglicherweise den Ordonnanzoffizier. Dem Gespräch entnehme ich, dass das „Absetzen" der Fallschirmjäger nicht auf Befehl der Division erfolgt ist. Mein Gesprächspartner fordert mich auf, die Reste des Bataillons solange an der Leine zu behalten, bis morgen der neue Kommandeur eingetroffen ist.
Ich bin einigermaßen schockiert, behalte mein Wissen aber für mich.

4. November: Ich trete aus der Tür meines Quartiers, als ein VW-Kübel vorfährt.
Ein Major steigt aus: „Ich suche einen Leutnant Knoblauch!"
„Der bin ich, Herr Major!"
„Ich bin der neue Kommandeur – mein Name ist Arnold. Gehen wir in das ‚Geschäftszimmer' Ihrer Kompanie, um das Notwendige zu besprechen!"
Ich gehe vor und bitte den Major, der nun mein neuer Kommandeur ist, einzutreten.
Wir nehmen Platz und Major Arnold beginnt sofort: „Leutnant Knoblauch, Sie sind ab sofort mein Adjutant. Unsere Aufgabe ist die Neuaufstellung des Bataillons. Die Division hat zugesagt, dass der erste Mannschafts- und Offiziersersatz bereits heute Nachmittag eintreffen wird. Über die Ausstattung mit Waffen und Fahrzeugen sprechen wir später. Haben Sie noch Fragen?"
„Ich habe keine Frage, Herr Major, aber ich darf darauf hinweisen, dass ich nie Adjutant gewesen bin und auch keine entsprechende Ausbildung habe!"
„Das macht gar nichts, mein Lieber. Gesunder Menschenverstand und ein fester Wille sind wichtiger!"
Ich bin da nicht so sicher und nehme die Äußerung des Majors schweigend zur Kenntnis.
Der Kommandeur erhebt sich und fordert mich auf mitzukommen: „Wir suchen jetzt eine Unterkunft für den Stab!"
Am Nachmittag ist das „Stabsquartier" soweit eingerichtet, dass die Arbeit beginnen kann.
Ich gehe zum Kommandeur: „Haben Herr Major Befehle – die ersten 50 Mann Ersatz sind eingetroffen!"
„Nein, ich habe keine Befehle – werden Sie selbstständig tätig. Das gilt auch für die Zukunft. Wir sind ein Divisionsbataillon; Ihre Befugnisse als Adjutant sind weitreichend. Machen Sie Gebrauch davon!"
Ich nehme Haltung an und gehe.
„Divisionsbataillon" hin und „weitreichende Befugnisse" her – ein Kommandeur, der keine Befehle hat, ist für mich ein Novum.
Ich setze mich in mein „Dienstzimmer", nehme einige Bogen Schreibmaschinenpapier zur Hand und entwerfe eine Gliederung des Bataillons. Offizielle Unterlagen sind für morgen Früh zugesagt. Solange kann ich aber nicht warten.
Noch vor Mitternacht habe ich alle Neuankömmlinge „eingegliedert". Zug- und Gruppenführer wurden aus dem Ärmel geschüttelt.

5. November: Ich fahre zur Division und erhalte endlich handfeste Unterlagen, wie Kriegsstärkenachweisungen und ähnliches. Um einiges schlauer, gehe ich an die Arbeit.
Der erste Offiziersersatz trifft ein. Es handelt sich fast ausschließlich um Offiziere aus nicht-infanteristischen Aufgabenbereichen, ich bin bekümmert. Ein Lichtblick in dieser trüben Zeit ist die Tatsache, dass die als Hauptfeldwebel eingesetzten Unteroffiziere ihrer Aufgabe voll gerecht werden. Auch der Bataillonsschreiber ist ein umsichtiger Mann.
Am Nachmittag sind weitere 100 Mann einzugliedern. Danach gehe ich zum Kommandeur und melde den Stand der Dinge.
Major Arnold nickt zufrieden und stellt keine Rückfragen. Stärkemeldungen und Anforderungen von Gerät unterschreibt er unbesehen.
Erst jetzt wird bekannt, dass seit vorgestern um Goldap gekämpft und heute rückerobert wurde.
Beteiligt waren die 5. Panzerdivision, die 50. Infanteriedivision und Teile von „Großdeutschland".

6. November: Das Bataillon hat jetzt eine Stärke von 400 Mann. Neben der Aufstellung und Gliederung der Kompanien habe ich einen Ausbildungsplan aufgestellt. Der Kommandeur hat alles kommentarlos genehmigt.

Am 8. November meldet der Rundfunk den Einsatz von V2-Raketen gegen Südengland.
Am Abend lässt mich der Kommandeur kommen:
„Herr Knoblauch, morgen ist der 9. November. Sie wissen schon. Von ‚oben' ist befohlen worden, dass bei den im rückwärtigen Gebiet untergebrachten Einheiten in gebührender Form darauf hingewiesen wird. Ich bin krank, machen Sie das!"
Mir verschlägt es die Sprache. Ich bin doch kein Parteiredner!
Ich gehe mit mir zu Rate und bitte dann die Kompanieführer zu mir.
„Meine Herren, der Kommandeur hat mir befohlen, morgen einige Takte zum 9. November zu sagen. Das Bataillon wird zu diesem Zweck morgen früh um 10.00 Uhr hier vor der Stabsunterkunft antreten. Wir marschieren hinaus auf die Wiese am Südrand des Ortes. Vor den zu einem offenen Karree aufmarschierten Kompanien werde ich sagen, was zu sagen ist. Haben Sie noch Fragen?"
Es gibt keine Fragen. Ich sehe in erstaunte Gesichter.

9. November: Das Bataillon ist angetreten. Der Kommandeur ist weiterhin krank. Ich nehme die Meldung vom Führer der 3. Kompanie entgegen und lasse abrücken in Richtung Appellplatz am Ortsrand von Kubbein.
10.30 Uhr: Vor mir steht das Bataillon. Ich trete einige Schritte vor, um nicht zu laut sprechen zu müssen.
Die Männer sehen mich mehr oder weniger ausdruckslos an. Den Offizieren aber meine ich anzusehen, dass sie gespannt sind auf das, was ich in dieser schweren Zeit zu diesem NS-spezifischen Gedenktag zu sagen habe. Ich bin sicher, dass ich nach meinen Ausführungen „politisch eingeordnet" bin.
„Kameraden, führen wir uns an diesem Tage die schwierige Lage unseres Vaterlandes vor Augen. Denken wir daran, dass hier in Ostpreußen die Rote Armee zum ersten Male den Boden des Deutschen Reiches betreten hat. Vergessen wir nicht, was es für die Bevölkerung bedeutet, in die Hände der Russen zu fallen. Die Ereignisse von Nemmersdorf und Schulzenwalde liegen erst knapp drei Wochen hinter uns. Jeder weiß, was sich ereignet hat. Es ist nicht nur die soldatische sondern zugleich auch die moralische Pflicht eines jeden von uns, hier an der Grenze des Reiches mit letzter Hingabe den Ansturm der Sowjets zum Stehen zu bringen. Füsiliere, lasst mich eines aus Erfahrung sagen: Dieser Aufgabe können wir nur gerecht werden, wenn wir zusammenhalten, wenn jeder sich auf seinen Nebenmann verlassen kann! Wir alle müssen dafür Sorge tragen, dass das Füsilierbataillon in kürzester Zeit eine echte Kampfgemeinschaft wird. Wir stehen in der Tradition des bewährten I. Bataillons Fallschirmjägerregiment 16, einer Truppe, die vor wenigen Tagen noch am Feind war. Wir wollen uns dieser Tradition würdig erweisen. Möge jeder das Bataillon als seine Heimat empfinden und seine Kompanie als Familie. Gehen wir an die Arbeit! Tun wir unsere Pflicht!" Ich fühle mich nach diesen Worten innerlich erleichtert und lasse abrücken. Die Kompanien marschieren singend nach Kubbein zurück. Der Ostwind trägt das Grollen des Artilleriefeuers von der nahen Front zu uns herüber.
Ich suche den Kommandeur auf und melde die Ausführung seines Befehls zum 9. November. Er nickt. Sonst nichts – keine Frage!

11. November: Weiterer Ersatz ist eingetroffen. Die Stärke des Bataillons ist auf über 500 Mann angewachsen. Die systematische infanteristische Ausbildung ist zum Problem geworden. Es fehlen qualifizierte Ausbilder. Schießen und Gruppen-Gefechtsausbildung stehen im Vordergrund. An Übungen im Zug- oder Kompanieverband ist noch lange nicht zu denken.

Ich habe den Eindruck, dass der Kommandeur die vorliegenden Probleme gar nicht zur Kenntnis nimmt. Es ist nicht mehr zu übersehen, dass er zum „Infanterismus" keine Beziehung hat. Ganz sicher wird er seine Verdienste haben; aber hier ist er fehl am Platze.

14. November: Der Kommandeur ist immer noch krank. Er weigert sich sogar, auflaufende Telefonanrufe entgegenzunehmen. Ich habe einige Mühe, ihn gegen wiederholte Rückfragen der Division abzuschirmen.
Gegen Abend wird das Artilleriefeuer aus dem Raume Goldap stärker.

Seit einigen Tagen habe ich erhebliche Schmerzen in der linken Augenhöhle. Möglicherweise drücken kleine Splitter, die ich seit meiner Verwundung im September 1943 im Kopf habe, auf irgendeinen Nerv.
Dr. Naumann schickt mich am 15. November nach Insterburg zum Facharzt. Ohne Ergebnis komme ich am nächsten Tage schon wieder zurück. Die Untersuchung im Lazarett hat nichts Neues gebracht. Vermutlich bin ich in den letzten Wochen physisch und auch psychisch überfordert gewesen.
Das Bataillon soll schrittweise an die Front herangeführt werden. Schon morgen werden wir Auffangstellungen an der Straße Schulzenwalde – Eggenhof beziehen. Die Befehle an die Kompanien sind hinausgegangen.
Feindberührung werden wir hier nicht haben. Ich bin froh, dass wir noch etwas Zeit haben, die Ausbildung voranzutreiben.

17. November: In den frühen Morgenstunden verlässt das Bataillon im Fußmarsch Kubbein und bezieht am Nachmittag die Stellungen ostwärts Bismarckhöh.
Ich bin mit einem VW-Kübel vorausgefahren und habe den Gefechtsstand ostwärts Bismarck-Turm eingerichtet. Die Nachrichtenverbindung zur Division steht.
Solange es noch hell ist, sehe ich mir die Unterbringung der Kompanien in den Erdbunkern an.
Der Kommandeur hat sich in seine Klause hinter meinem „Dienstzimmer" zurückgezogen.

18. November: Es ist jetzt 10.00 Uhr. Der Bataillonsschreiber kommt aufgeregt zu mir ins Zimmer gestürzt: „Herr Leutnant, draußen ist der General!"
In der Tür steht Generalmajor Schmalz, der Kommandierende General des

Fallschirmpanzerkorps „Hermann Göring". Unterschwellig registriere ich das Eichenlaub an seinem Halse.
Zur Meldung komme ich gar nicht. Der General kommt auf mich zugeschossen: „Sind Sie der Adjutant?"
„Jawohl, Herr General!"
„Wo ist Ihr Kommandeur?"
„Der Kommandeur liegt im Bett – er ist krank!"
„Gehen Sie zu ihm und sagen Sie ihm, dass ich ihn sofort sprechen will – sofort!"
Ich gehe durch die Tür in den angrenzenden Raum: „Herr Major, der Kommandierende General steht draußen und will Sie sofort sprechen!"
Während der Major noch unschlüssig ist, tritt der „Kommandierende" bereits durch die Tür. Er wendet sich an mich: „Leutnant, lassen Sie uns allein!" Die Tür klappt zu. Ich trete etwas zurück.
Hinter der Tür vernehme ich Gesprächsfetzen. Die Stimme des „Kommandierenden" wird lauter und bricht plötzlich ab.
Die Tür geht auf, Generalmajor Schmalz kommt heraus und geht schnellen Schrittes wortlos an mir vorbei. So schnell wie der General kam, ist er verschwunden.
Der Kommandeur ruft mich zu sich: „Herr Knoblauch, mein Gesundheitszustand ist nicht der beste. Der General ist der Meinung, dass ich umgehend ein Lazarett aufsuchen soll. Veranlassen Sie das Verpacken meiner persönlichen Sachen, und bestellen Sie den Fahrer für 11.00 Uhr."
Der Fahrer ist pünktlich. Major Arnold verabschiedet sich bei mir, steigt in den Kübelwagen und fährt ab.
Wenig später ruft mich der Ordonnanzoffizier der Division an: „Leutnant Knoblauch, ich habe Ihnen mitzuteilen, dass die Führung des Füsilierbataillons noch heute von Hauptmann Wolf vom 4. Regiment übernommen wird." Ich nehme das zur Kenntnis.
13.00 Uhr: Vor dem Gefechtsstand fährt ein Fahrzeug vom 4. Regiment vor. Ich gehe nach draußen.
Aus dem Wagen steigt ein Hauptmann und kommt forschen Schrittes auf mich zu: „Sie sind sicherlich der Adjutant. Ich bin Hauptmann Wolf und ab sofort Führer dieses Bataillons. Ich nehme an, dass Sie von der Division informiert wurden. Gehen wir hinein!"
Hauptmann Wolf ist ganz sicher nicht der Vorgesetzte, der „keine Befehle" hat, wie sein Vorgänger. Ich schätze ihn auf etwa 34 Jahre; ein massiver,

dynamischer Typ. Der neue Bataillonsführer kommt gleich zur Sache: „Herr Knoblauch, beschaffen Sie umgehend Unterlagen über Mannschaftsbestände, Offiziersstellenbesetzungen, Bewaffnung und Fahrzeugbestand – Pferde hat das Bataillon sicher auch!"
„Jawohl, Pferde hat das Bataillon auch. Die Landser sprechen ohnehin schon vom ‚Fallschirm-Panje-Korps'!"
Hauptmann Wolf richtet sich ein. Mir fällt auf, dass er ungewöhnlich wenig Gepäck hat.

20. November: Ich gehe mit den Tageseingängen zum Vortrag. Hauptmann Wolf ist zwar „nur" Bataillonsführer, in der Praxis aber und nach dem Gewicht seiner Persönlichkeit ist er für uns alle „der Kommandeur".
Ich lege ein Schreiben der Division vor, nach dem das Bataillon einen seiner Offiziere als „Nationalsozialistischen Führungsoffizier" (NSFO) zu benennen hat.
Hauptmann Wolf liest den Vorgang aufmerksam durch und wendet sich dann an mich: „Ich habe mir die Offiziersstellenbesetzungen angesehen und bin gestern bei den Kompanien gewesen, um die Herren kennenzulernen. Der Oberfähnrich Ehlen wird sofort als Ordonnanzoffizier zum Stab versetzt. Melden Sie ihn zugleich als NSFO der Divison. Was auf diesem Felde geschieht, entscheide ich selbst. Ich werde dem Ehlen persönlich sagen, wo seine Aktivitäten beginnen und wo sie aufhören!"
Das war's dann – eine klare Entscheidung!
Bleibt festzuhalten, dass Ehlen in seiner nunmehrigen Eigenschaft als NSFO nie tätig gewesen ist. Ich habe auch nicht den Eindruck gehabt, dass er daran interessiert gewesen wäre.
Seit gestern ist es unangenehm kalt geworden. Der Winter ist da!

21. November: Starker Regen geht auf unsere Stellungen herunter. Das Gelände abseits der befestigten Straßen und Wege ist nicht begehbar.
Am Nachmittag trifft der Kommandierende General bei uns ein. Offensichtlich will er sich einen Eindruck über die Situation des Bataillons nach dem Führungswechsel machen.

22. November: Mit den Posteingängen ist meine Beförderung zum Oberleutnant eingetroffen. Ich ordne die einzelnen Vorgänge und lege sie dem Kommandeur vor. Wenige Minuten später kommt Hauptmann Wolf in

mein Zimmer: „Leutnant Knoblauch, Sie werden bei der Durchsicht der Posteingänge sicher schon bemerkt haben, dass Sie befördert wurden. Der guten Ordnung halber spreche ich hiermit die Beförderung zum Oberleutnant formell aus. Ich gratuliere!"
„Ich bedanke mich, Herr Hauptmann!"
Am Nachmittag besucht uns Oberst Söth, ein Heeresoffizier, der zum Stabe der 2. Division „Hermann Göring" gehört.
Die Besuche reißen nicht ab. Am 23. November haben wir den Kommandeur des 4. Regiments, den Oberstleutnant Kluge, bei uns zu Gast. Von Hauptmann Wolf weiß ich, dass der Regimentskommandeur 1943 das Ritterkreuz erhalten hat. Bei der Besetzung Norwegens im April 1940 ist er als Führer des „Detachements Kluge" hervorgetreten. Ich merke sehr bald, dass mein Kommandeur und der Oberstleutnant alte Bekannte sind.
Hauptmann Wolf stellt plötzlich – ohne Vorwarnung – eine Flasche Rotwein auf den Tisch: „Herr Oberstleutnant, mein Adjutant ist gestern Oberleutnant geworden. Mit Ihrer Zustimmung möchte ich aus diesem Anlass diesen Wein ausschenken!"
„Schenken Sie nur!" Der Oberstleutnant steht auf, gibt mir die Hand und gratuliert.
Bei der ersten Flasche Beaujolais bleibt es nicht. Als die dritte zur Neige geht, sind wir ganz schön angeschossen.
Oberstleutnant Kluge meint in sehr aufgeräumter Stimmung: „Herr Knoblauch, Sie haben keine Ahnung, von welchen Qualitäten Ihr Kommandeur ist. Ich halte ihn für eine Art Vortragsgenie. Sie sollten ihn erleben, wenn er ohne Vorlage aus dem ‚Faust' zitiert.
Herr Wolf, geben Sie uns bitte eine Kostprobe!"
Der Kommandeur will zunächst nicht – lässt sich dann aber herbei und so hören wir:
„Ihr naht euch wieder, schwankende Gestalten ..."
Er kommt vom „Vorspiel" zum „Prolog im Himmel" und dann zur „Tragödie erster Teil":
„Habe nun, ach Philosophie,
Juristerei und Medizin
und, leider auch Theologie
durchaus studiert, mit heißem Bemühn.
Da steh' ich nun, ich armer Tor!
Und bin so klug, als wie zuvor; ..."

Er spricht weiter, immer weiter. Das Trinken haben wir eingestellt. Als Hauptmann Wolf abbricht, greift der Oberstleutnant nach seinem Glase: „Herr Wolf, wir danken Ihnen – das war wieder einmal großartig!"
Ich bin beeindruckt – eine Rezitation im freien Vortrag habe ich in dieser Güte bisher noch nicht gehört.
Die Bataillonsadjutanten und Kompanieführer sind, soweit abkömmlich, zu einem Divisions-Planspiel befohlen.
Im Sandkasten wird die sogenannte „Großkampfgliederung" durchgespielt. Es handelt sich hierbei um eine Maßnahme, die Truppe in der Hauptkampflinie dem ersten Feuerschlag zu entziehen und auf diese Weise die Verluste gering zu halten.
Die Truppe wird, bis auf geringe Teile, kurz vor einem zu erwartenden Angriff auf die zweite Linie (Nelke-Stellung) zurückgenommen und tritt nach Einstellung des Artilleriefeuers zum Gegenangriff an, um die Stellungen der vorderen Linie wieder zu gewinnen.
Die Idee ist überzeugend. Schwierigkeiten sehe ich aber in dem Zustand der neu aufgestellten Verbände. Routine und Fronterfahrung, die in einer solchen Situation von außerordentlicher Bedeutung sind, fehlen in vielen Fällen.

25. November: Um die Mittagszeit tritt ein Bataillonsmelder in den Gefechtsstand: „Herr Oberleutnant, draußen steht ein Zivilist mit seinem Sohn. Er möchte einen Offizier sprechen!"
Ich gehe nach draußen. Vor mir steht ein Vater mit seinem Jungen, der etwa zwölf Jahre alt ist.
„Was kann ich für Sie tun?"
Der Mann trägt sein Anliegen in ostpreußischer Mundart vor: „Herr Oberleutnant, könnten uns Ihre Soldaten helfen meine Frau auszugraben, um sie richtig zu beerdigen. Sie wurde von den Russen erschlagen und ist an der Straße hinter uns verscharrt worden. Ich will sie mit meinem Karren nach Schulzenwalde fahren, damit sie anständig unter die Erde kommt!"
Ich muss trocken herunterschlucken. Der Junge neben seinem Vater ist blass, sein Gesicht zeigt keine Regung.
Zwei meiner Soldaten gebe ich dem Mann mit. Er bedankt sich, tippt mit einem Finger an den Rand seiner abgeschabten Mütze und geht.
Besuch für mich! Mein Melder von der früheren 2. Kompanie Fallschirmjägerregiment 16, der Obergefreite Münekhoff, steht plötzlich in der Tür: „Ich komme zufällig hier vorbei, Herr Oberleutnant und meine, dass ich mal Guten

Tag sagen sollte!“ Ich finde das großartig und freue mich aufrichtig über diesen Besuch. Wenn ich einen schlechten Eindruck bei der „Zweiten“ hinterlassen hätte, wäre Münekhoff sicherlich nicht gekommen.

1. Dezember: Das Winterwetter hat voll eingesetzt – es schneit.
Gestern vor drei Jahren verstarb mein Vater. Ich glaube, dass ihm mancherlei erspart geblieben ist.
Der Kommandeur ist zur Division gefahren. Es geht um die Zuteilung schwerer Waffen. Unsere Bewaffnung ist immer noch unzureichend.
Bei mir haben sich wieder Schmerzen in der linken Augenhöhle eingestellt. Dr. Naumann hält eine Untersuchung in einem Spezialkrankenhaus für erforderlich.
Der Kommandeur, dem ich abends darüber berichte, stimmt einer Einweisung in ein Lazarett zu.

2. bis 7. Dezember: Untersuchungen in Tapiau und Königsberg bringen nichts Neues. Enttäuscht kehre ich zur Truppe zurück.

8. Dezember: Für 10.00 Uhr ist eine Kompanieführerbesprechung angesetzt. Der Kommandeur legt seine persönlichen Vorstellungen zur „Großkampfsgliederung“ dar.
Der Tag ist ausgefüllt mit dem Schreiben von Briefen an die Angehörigen der in den letzten Kämpfen Gefallenen. Ich muss mich immer wieder überwinden.
10. Dezember: Ein Sonntag. Der Kommandeur hat sich zurückgezogen mit dem Hinweis, eine halbe Stunde allein sein zu wollen. Diese kurze Zeitspanne nutzt er, um in Ruhe eine Tasse Tee zu trinken. Für diese „kultische“ Handlung hält er tatsächlich eine saubere Serviette und eine chinesische Teetasse bereit. Nach dieser „inneren Sammlung“ steigt Hauptmann Wolf wieder voller Dynamik in seinen militärischen Aufgabenbereich.
Die Stabsarbeit wird immer umfangreicher.
Ich habe bisher geglaubt, für eine solche Arbeit ungeeignet zu sein – dem ist aber nicht so.

Am 13. Dezember wird mir aufgrund meiner Beteiligung an den Kämpfen zwischen Gumbinnen und Goldap das „Erdkampfabzeichen der Luftwaffe“ verliehen. Es entspricht in etwa dem „Sturmabzeichen der Infanterie“.

16. Dezember: In den frühen Morgenstunden des gestrigen Tages wurden unsere Stellungen von Erdkampfbombern angegriffen. Verluste hatten wir nicht. Aber eines steht fest: Unsere zweite Linie (Nelke-Stellung) ist den Sowjets bekannt.
Der Divisionsbefehl für die Übernahme der Stellungen in vorderer Linie ostwärts Girnen ist eingetroffen.
Die Kompanien sind marschfertig. Morgen, in aller Frühe werden wir den Stellungswechsel vornehmen.

17. Dezember: 3.00 Uhr: In Reihe, weit auseinandergezogen, marschieren die Kompanien über Brauersdorf und Alt Wusterwitz nach Girnen. Der Kommandeur fährt mit dem Stab voraus.
Der Bunker des Gefechtsstandes liegt etwa 500 Meter nordostwärts Girnen an einem Hinterhang. Die Kommandeure unterhalten sich –ich höre zu.
Die Nacht ist verhältnismäßig ruhig. Nur ab und zu fällt ein Schuss. Über Brückental stehen Leuchtkugeln.
05.10 Uhr: Die Spitzenkompanie trifft ein. Zugweise wird vorn abgelöst. Wir hoffen, dass der Iwan nichts merkt und sich ruhig verhält.
Die Stellungen liegen – der Geländeform jeweils angepasst – 400 bis 900 Meter vorwärts des Bataillonsgefechtsstandes mit Blick auf die durch die Ortschaft Brückental von SO nach NW verlaufende Reichsstraße 132.
Die abgelöste Truppe ist verständlicherweise bemüht, möglichst schnell den unmittelbaren Frontbereich zu verlassen.
Wir sind allein. Der Kommandeur ist mit zwei Meldern nach vorn zu den Kompanien gegangen. Ich bin dabei, den Gefechtsstand unseren Vorstellungen entsprechend einzurichten.
Die Drahtverbindung zur Division steht. Funkverbindung gibt es nicht. Ich frage mich was wir tun werden, wenn bei einem Angriff der erste Feuerschlag die Drahtverbindung unterbricht.

18. Dezember: Die Nachrichtenleute gehen noch vor Tagesanbruch die Leitungen ab.
11.10 Uhr: Ein Melder der 2. Kompanie trifft ein. Die Kompanie hat zwei Tote durch Scharfschützen.
Der Kommandeur hört sich den Melder an und wendet sich dann an mich: „Bringen Sie sofort einen Bataillonsbefehl zu Papier, in dem auf das Scharfschützenproblem hingewiesen wird. Ausfälle durch Leichtsinn oder Uner-

fahrenheit dürfen nicht vorkommen!" Nach Einbruch der Dunkelheit werden die Gefallenen aus dem Kompaniebereich nach hinten zum Bataillon gebracht. Der Spieß der Versorgungskompanie wird sie mitnehmen, wenn er Munition, Verpflegung und Post nach vorn gebracht hat.
Aus dem Rundfunk ist Erstaunliches zu hören. Das Oberkommando der Wehrmacht gibt bekannt: „Starke deutsche Kräfte sind am 16. Dezember um 5.30 Uhr in breiter Front aus dem Westwall nach einer kurzen, aber gewaltigen Feuervorbereitung zum Angriff angetreten und haben die vordersten amerikanischen Stellungen zwischen dem Hohen Venn und dem Nordteil Luxemburgs im ersten Ansturm überrannt. Die Angriffsschlacht nimmt, von starken Jagdfliegerverbänden geschützt, ihren Fortgang. ..."
Einen solchen Paukenschlag habe ich nicht mehr für möglich gehalten. Sollten wir vielleicht doch stärker sein als es bisher den Anschein hatte?

19. Dezember: Heute Morgen ist bei der 3. Kompanie ein Mann durch Kopfschuss gefallen. Hauptmann Wolf ist außer sich und befiehlt den Kompanieführer zu sich.

20. Dezember: Ich komme vom 4. Regiment „Hermann Göring" zurück. Der Fahrer hat den VW-Kübel gerade noch in den Splitterschutz fahren können, als der Iwan mit schwerer Artillerie das Umfeld unseres Gefechtsstandes abtastet. Mit einem Hechtsprung bin ich in Deckung gegangen. Ich warte die nächste Lage ab und springe dann in den Erdbunker des Gefechtsstandes.
Als ich mich aufrichte, die Erdbrocken vom Kampfanzug abklopfe und mich zurückmelden will, höre ich gerade noch wie der Kommandeur zum Nachrichtenoffizier sagt: „Die Heeresgruppe Mitte wäre auch dann zusammengebrochen, wenn es den 20. Juli nicht gegeben hätte!"
Ich bin einigermaßen überrascht. Über den 20. Juli, seine Hintergründe und Folgen, ist im Stabe bisher nicht gesprochen worden. Man kennt sich zu wenig.
Der Nachrichtenoffizier verlässt den Unterstand und steigt nach draußen. Hauptmann Wolf sieht mich an. Ich fühle, dass er von mir eine Äußerung zu den gerade noch gehörten Sätzen erwartet.
„Herr Hauptmann, ich meine, dass uns die Übersicht fehlt, um eine verbindliche Aussage machen zu können. Ich für meine Person muss diese Einschränkung machen." Was mich jedoch immer wieder bewegt ist die Tatsache, dass hier Soldaten aus alten preußischen Familien den Fahneneid

gebrochen haben. Die Vorväter der Treskow, Stülpnagel und wie sie alle heißen, haben bereits Friedrich dem Großen gedient. Ich kann mich nicht erinnern jemals gehört zu haben, dass Mitglieder dieser Familien einen Fahneneid gebrochen haben. Sie sind, wenn es sein musste, für ihren König in den Tod gegangen!"

„Herr Knoblauch, ganz gleich wie wir die Motive des Attentats bewerten, eines ist doch unstreitig: Der preußische König und der Führer sind keine vergleichbaren Größen. Die preußischen Offiziere verstanden sich als persönliche Sachwalter ihres Herrn. Sie fühlten sich als Vertreter ihres Königs, ganz gleich an welchem Ort und ganz gleich zu welcher Zeit. Die Sache ihres Königs war ihre Sache und umgekehrt. Das galt für den jüngsten Leutnant und den Feldmarschall gleichermaßen. Der Führer aber wird doch nicht vom Offizierkorps getragen. Das Offizierkorps – wenn man von Ausnahmen absieht – fühlt sich doch in erster Linie dem Reich verpflichtet. Ich wage auch zu sagen, dass die bisher gebrachten ungeheuren Opfer nicht für den Führer gebracht wurden, sondern für die Existenz des Reiches. Das wird auch für die nächsten Monate Gültigkeit haben. Das „Reich", Herr Knoblauch, ist unsere Bezugsgröße, nichts anderes! Und noch eines kann nicht übersehen werden: Im Königreich Preußen war der Offizier der erste Mann im Staate – heute ist es der Parteimann. Das verschiebt die Qualität der Bindung an das Staatsoberhaupt und berührt nicht zuletzt auch die Qualität des Eides an sich. Machen wir uns nichts vor, die Russen werden uns hier in Ostpreußen in wenigen Wochen zum letzten Kampf stellen. Wir werden diesen Kampf annehmen, obwohl wir wissen, dass die meisten von uns nicht überleben werden. Unser Handeln wird ganz sicher nicht vom Eid bestimmt, der uns auf Hitler verpflichtet. Wir werden hier in Ostpreußen stehen und wahrscheinlich untergehen, weil wir das Reich und seine Bevölkerung in einem letzten Akt soldatischer Pflichterfüllung vor den Russen zu schützen versuchen. Das ist keine Frage des Eides, sondern ausschließlich eine Frage der Selbstachtung. Ein letztes noch: Mir ist unfasslich, mit welchen Mängeln in der Planung Stauffenberg das Attentat durchgeführt hat. Noch härter aber fasst mich an, dass er das Leben seiner Offizierskameraden geopfert hat und sich selbst heraushielt. Das ist etwa so, wie wenn der Leutnant Schneider, um mich auszuschalten, Ihren Tod billigend in Kauf nimmt. Halten Sie so etwas für möglich?"

„Nein, Herr Hauptmann – in Verbindung mit der Person des Leutnant Schneider nicht! Aber es gibt ja – seit dem 20. Juli Vorgänge, die bis dahin nicht einmal intelligibel waren. Ich habe den Eindruck, dass das Offizierkorps

preußischer Prägung einen Tiefschlag erhalten hat – möglicherweise einen tödlichen. Die Zukunft wird das zeigen."
„Vielleicht haben Sie Recht. Beenden wir das Thema und verhalten wir uns in Zukunft so, wie wenn dies Gespräch nicht stattgefunden hat!"
„Es hat nicht stattgefunden, Herr Hauptmann!"
Ich wende mich meiner „Papierarbeit" zu. Die Tagesmeldungen der Kompanien sind eingegangen. Das Gespräch mit dem Kommandeur hat mich nachdenklich gestimmt. Ich komme von seinen Gedankengängen nicht los.

21. Dezember: Heute Nacht ist vor unseren Stellungen ein Spähtrupp der 3. Kompanie eingesetzt. Es ist erstaunlich, dass die Besetzung solcher Spähtrupps nicht befohlen werden muss. Es gibt immer noch Freiwillige für solche Unternehmen. Ganz sicher liegt das nicht daran, dass das gesamte Fallschirmpanzerkorps aus freiwilligen Reichsdeutschen besteht.

24. Dezember: Heiligabend! Nach Einbruch der Dunkelheit gehe ich nach vorn zu den Männern in die Hauptkampflinie. Über Brückental und Husarenberg stehen Leuchtkugeln. Mattes Licht liegt auf den weiten Schneeflächen.
Die Stimmung der Soldaten ist gut.
Kurz vor Mitternacht treffe ich wieder auf dem Gefechtsstand ein.

25. Dezember: Oberleutnant Kalff, Führer der 3. Kompanie, hat mich zu einer Tasse Kaffee eingeladen. Woher er die kostbaren Bohnen hat, weiß ich nicht. Ich verkneife es mir auch danach zu fragen.

26. Dezember: 3.00 Uhr! Ich bin im Graben der 2. Kompanie. Eine Gruppe unter dem Befehl eines Feldwebels steht bereit, um ein Haus zu sprengen, das 200 Meter vor den eigenen Stellungen steht und nachts hin und wieder vom Iwan besetzt ist. Die Nachbarn sind informiert. Es ist jetzt 3.15 Uhr. Die Männer des Stoßtrupps schwingen sich über den Grabenrand.
3.45 Uhr: Wir lauschen in die Nacht hinein. Ich hoffe, dass das Haus heute Nacht feindfrei ist. Ein Zusammenstoß mit den Russen bringt meist Verluste.
3.55 Uhr: Ein Paukenschlag zerreißt die nächtliche Ruhe. In den russischen Stellungen werden Leuchtkugeln abgeschossen. Maschinengewehre schießen in das Zwielicht des Vorfeldes.

Zehn Minuten später wird es vor unseren Stellungen lebendig. Der Stoßtrupp kommt zurück. Der Feldwebel meldet: „Haus gesprengt – ein Mann verwundet!"Der Verwundete ist Gott sei dank nur leicht verletzt.

27. Dezember: Starkes Schneetreiben hat eingesetzt. Die Männer in den kümmerlichen Löchern, die sie sich in die Grabenwände gewühlt haben, leiden unter den widrigen Witterungsbedingungen. Ich sorge dafür, dass das tägliche Getränk im heißen Zustand den vorderen Graben erreicht.

29. Dezember: Die Division hält Kontakt mit ihrem „Haus-Bataillon". Hauptmann Truckenmüller besucht uns – vermutlich auf Veranlassung des Ia.

30. Dezember: Aktivitäten der Sowjets vor unseren Stellungen lassen auf einen bevorstehenden Angriff schließen. Die Frage ist lediglich, ob es sich zunächst um örtlich begrenzte Angriffe handeln wird oder aber um die befürchtete Offensive, die den Einbruch in das Reichsgebiet erzwingen soll.
Die Division hat verstärkten Stellungsbau befohlen. Die Kälte verhindert jedoch jegliche Schanzarbeit. Sprengungen zum Zwecke der Vertiefung der Gräben sind unergiebig.

31. Dezember: 0.00 Uhr – Hauptmann Wolf hat Geburtstag. Aus der Tiefe seines Gepäcks zaubert er eine Flasche Armagnac. Alle unmittelbar Anwesenden nehmen einen „Schluck aus der Pulle". Im Halbdunkel erkenne ich den Ordonnanzoffizier, einige Nachrichtenleute, die Bataillonsmelder und auch den Nachrichtenoffizier.

1945 **1. Januar:** Gegen 1.00 Uhr schließe ich einen Bericht über den Stand des Stellungsbaues ab, der am Vormittag an die Division gehen wird.
Bevor ich mich hinhaue, um eine Mütze voll Schlaf zu nehmen, gehe ich noch einmal nach draußen. Es schneit.
Den ganzen Tag über liegt das Bataillon unter starkem Ganatwerferbeschuss und fataler Tätigkeit von Scharfschützen. Nach Einbruch der Dunkelheit löst der Russe uns gegenüber ab.

2. Januar: Mein Bunker brennt. Der überhitzte Kanonenofen hat eine Decke in Brand gesetzt. Nur mit Mühe gelingt es, das Feuer unter Kontrolle zu brin-

gen und schließlich zu löschen. Das am Nachmittag einsetzende Schneetreiben ist so dicht, dass die Sichtgrenze unter 30 Meter liegt.
Um 23.10 Uhr flackert MG-Feuer auf. Das wird bei der 2. Kompanie sein. Ich gehe nach draußen und lausche in die Nacht hinein: Es ist wieder ruhig geworden.
23.15 Uhr: Anruf von der 2. Kompanie: „Späh- oder Stoßtrupp vor unserer Stellung abgewehrt. Keine Verluste!"
Diese Aufklärungsaktionen der Russen weisen einmal mehr auf einen bevorstehenden Angriff hin.
Der Führung des Bataillons stellt sich die Frage, wie sich die jungen Soldaten unter der Belastung des Großkampfes verhalten werden. Für die meisten wird es der erste ernste Einsatz sein.

3. Januar: Die russische Artillerie klopft unsere Stellungen ab. Der Bataillonsgefechtsstand ist offensichtlich erkannt worden. Schwere Brocken gehen in der Nähe unserer Bunker nieder. Sand rieselt durch die Balkenlage der Abdeckung.
Der Kommandeur hat die nächtliche Grabenstreife verstärken lassen und ist nachts pausenlos unterwegs.
Um Überraschungen zu verhindern, haben wir jede Nacht eigene Spähtrupps vor der Front. Es geht dabei nicht um Aufklärung der sowjetischen Stellungen, als vielmehr um die Kontrolle des eigenen Vorfeldes.

4. Januar: 04.15: Ein Melder stolpert in meinen Unterstand: „Meldung von der 3. Kompanie. Der Iwan hat vor einer Stunde unsere Grabenstreife ausgehoben. Ein Fähnrich und ein Gefreiter sind wahrscheinlich in Gefangenschaft geraten. Kein Schuss ist dabei gefallen. Wir haben das erst gemerkt, als die nächste Streife ablösen wollte!"
„Und was ist inzwischen veranlasst worden?"
„Der Chef ist mit einer Gruppe ins Vorfeld gegangen. Die Spuren waren deutlich. Die beiden wurden durch den Schnee geschleift – auf dem Grabenrand wurden auch Blutspuren gefunden. 50 Meter vor unseren Stellungen lag die MPi des Fähnrichs!" Ich gehe hinüber zum Kommandeur, der sich gerade hingelegt hat, um eine Mütze voll Schlaf zu nehmen. Leider muss ich ihn wecken: „Herr Hauptmann, der Iwan war im Graben der 3. Kompanie und hat die Grabenstreife ausgehoben!"
Hauptmann Wolf greift nach seiner MPi, nimmt seine Mütze und wendet sich

beim Hinausgehen an mich: „Ich will mir das mal ansehen!“ Zusammen mit dem Melder der 3. Kompanie verschwindet er in der Dunkelheit.
Gegen 6.00 Uhr kommt der Kommandeur zurück. Neue Erkenntnisse gibt es nicht.
Für den Abend hat mich Dr. Naumann auf ein Glas Wein eingeladen. So etwas gibt es auch noch – trotz „Iwan“!
Die Belastungen der letzten Wochen haben mich doch stark strapaziert. Der fehlende Schlaf wirft mich fast um.

6. Januar: Es ist jetzt 3.00 Uhr! Hauptmann Wolf ist vorn im Graben. Ein Stoßtrupp der 2. Kompanie soll heute Nacht einen russischen Posten ausheben, der eine vorspringende „Nase“ des feindlichen Stellungssystems besetzt hält. Ich sitze im Gefechtsstand und bleibe in der Nähe des Feldfernsprechers.
3.50 Uhr! Meine innere Unruhe treibt mich nach draußen. Ich lausche in die Dunkelheit hinein. Jetzt müsste der Stoßtrupp eigentlich am Feind sein. Es bleibt ruhig. Nur hin und wieder fällt ein Schuss. Eine merkwürdige Ruhe. Hoffentlich laufen die Männer nicht in eine Falle.
4.40 Uhr: Der Kommandeur kommt zurück. Ich sehe ihn fragend an. Er stellt seine MPi in die Ecke und erzählt: „Stellen Sie sich vor, der Trippens springt mit seinen Männern in den Graben, und der Iwan ist gar nicht da!“
„Und was hat der Feldwebel Trippens dann gemacht?“
„Nun, das einzig Richtige in dieser verkorksten Situation – er ist lautlos zurückgekehrt!“
Der Kommandeur zieht sich zurück – er will schlafen. Für den Rest der Nacht bleibe ich am Telefon.

8. Januar: Völlig überraschend taucht heute Morgen der Kommandierende General bei uns auf. Er lässt sich von Hauptmann Wolf den Einsatz des Bataillons vortragen und stellt dann unvermittelt eine seiner berüchtigten Prüfungsfragen an mich: „Im Raume Girnen ist seit einigen Tagen eine 2 cm-Flak in Stellung gegangen. Zeigen Sie mir mal auf der Karte, wo die steht!“
Ich weiß nur ungefähr, wo die Flak steht und bin nicht in der Lage exakt zu antworten. Der General merkt natürlich sofort, dass ich nicht voll im Bilde bin und fragt den Kommandeur: „Hauptmann Wolf, Sie wissen sicher, wo die Flak steht?“
Nun, Hauptmann Wolf weiß es. Er ist ja auch häufiger unterwegs als ich.Der General schmunzelt und wendet sich wieder an den Kommandeur: „Wolf,

von Ihnen habe ich das auch erwartet – aber Ihr Adjutant hat keine Ahnung!“
Der „Kommandierende“ greift nach seiner weißen Pelzmütze, grüßt und geht. Wir sehen uns verblüfft an.

10. Januar: Gestern hatte ich bei der Versorgungskompanie zu tun. Ich habe die Gelegenheit genutzt, mit eigenen Augen die Flakstellung anzusehen, die dem General so viel Freude bereitet hat.
Die 3. Kompanie meldet zwei Tote durch Scharfschützen.
14.00 Uhr: Kompanieführerbesprechung. Der Kommandeur kommt gleich zur Sache: „Die häufigen Ausfälle durch Scharfschützen – heute morgen wieder zwei Tote – machen deutlich, dass die Männer sich immer noch zu unbekümmert in der Stellung bewegen. Machen Sie klar, dass Leichtsinn nicht mit Mut gleichzusetzen ist! Vom Chef der Versorgungskompanie möchte ich wissen, wie der letzte Divisionsbefehl, der sich mit der Bestattung der Gefallenen auf dem Soldatenfriedhof in Gumbinnen befasst, bisher zur Ausführung gekommen ist?“
Hauptmann Klingbeil ist angesprochen und berichtet: „Der Divisionsbefehl sagt, dass Schuhwerk, Uniformstücke und Tarnjacken der Gefallenen sicherzustellen sind. Die Bestattung erfolgt in Totenhemden, die von der Division geliefert werden sollen!“
Der Kommandeur unterbricht: „Was heißt hier geliefert werden sollen?“ Wenn ich Sie richtig verstanden habe, Herr Klingbeil, sind diese Totenhemden noch gar nicht eingetroffen. Wie sind die Gefallenen der letzten Tage bestattet worden?“
Ich merke, wie Hauptmann Klingbeil unangenehm berührt ist: „Herr Hauptmann, die Totenhemden sind tatsächlich noch nicht eingetroffen. Mir war es daher nur möglich, den ersten Teil dieses Divisionsbefehls auszuführen. Ich habe die Gefallenen entkleiden lassen!“
Der Kommandeur wird unruhig und unterbricht wieder: „Sie haben sie doch nicht etwa nackt beerdigen lassen?“
„Nein, Herr Hauptmann“, entgegnet Klingbeil mit bekümmertem Gesicht, „ich habe die Toten jeweils in Stroh, sozusagen in eine Strohmatte, wickeln lassen. Das Beerdigungskommando in Gumbinnen hat das nicht beanstandet!“
Eine Welle des Unmuts geht durch den Unterstand. Der Führer der 3. Kompanie, Oberleutnant Kalff, kann sich nicht mehr bremsen: „Eine Sauerei ist das!“ Hauptmann Wolf, innerlich auch angepackt, schaltet sich ein: „Herr Kalff, in der Sache bin ich Ihrer Meinung. Ich darf jedoch erwarten, dass Sie

sich nicht noch mal in der Wahl des Ausdrucks vergreifen!" Der Kommandeur fährt fort: „Wenngleich es mir persönlich auch egal ist, ob ich eines Tages als „Strohwisch" nach Gumbinnen reise, befehle ich, dass unsere Gefallenen in Ihrer Uniform bestattet werden – das gilt, bis die Totenhemden von der Division bei uns eingetroffen sind!"
Der Fall ist damit abgehakt. Die Totenhemden sind nie eingetroffen.

12. Januar: Die Kompanien melden übereinstimmend Bewegungen in den russischen Stellungen. Um 14.30 Uhr schießt der Iwan Nebelgranaten. Wir erwarten den sowjetischen Großangriff. Das Bataillon ist alarmiert.

Fallschirm-Panzerfüsilierbataillon 2 „Hermann Göring"

Kommandeur (Fhr.) Verwundet am 25.01.1945	Hauptmann Wolf
Adjutant Verwundet am 25.01.1945	Oberleutnant Knoblauch
Nachrichtenoffizier Vermisst nach dem 25.01.1945	Leutnant Schneider
Ordonanzoffizier Vermisst Januar/Februar 1945	Leutnant Küchel
Bataillonsarzt Verbleib unbekannt	Oberarzt Dr. Naumann
1. Kompanie Gefallen am 19.01.1945	Hauptmann Preuß
2. Kompanie Vermisst Januar/Februar 1945	Leutnant Rapp
3. Kompanie Verbleib unbekannt	Oberleutnant Kalff
4. Kompanie Verbleib unbekannt	Oberfähnrich Staguhn
5. Versorgungs-Kompanie Vermisst seit Februar 1945	Hauptmann Klingbeil

Die sowjetische Winteroffensive und der Untergang des Fallschirm-Panzerfüsilierbataillons 2 „Hermann Göring"

13. Januar: Ein ohrenbetäubendes Bersten und Krachen weckt mich aus dem Halbschlaf. Ich schaue auf meine Uhr: 07.01!
Vorsichtig trete ich in den Ausstieg meines Unterstandes. Es schneit etwas. Ich fühle, wie die Kälte in mir aufsteigt.
Das Artilleriefeuer links von uns hat sich verstärkt. Es greift langsam auch auf unsere Stellungen über. Ich springe in den Unterstand zurück, um die Kompanien per Telefon abzufragen. Die Verbindungen sind unterbrochen.
Hauptmann Wolf ist nach draußen gegangen und beobachtet mit dem Glas das Gelände vor unseren Stellungen westlich Brückental.
Solange das Artilleriefeuer in dieser Dichte anhält, ist die Führung des Bataillons unmöglich. Funkgeräte haben wir nicht.
Am frühen Nachmittag lässt die Kampftätigkeit nach. Die Störungssucher sind im Einsatz, um die Drahtverbindungen wieder in Ordnung zu bringen. Die Ausfälle halten sich noch in Grenzen.

14. Januar: Der Tag ist angebrochen. Russische Erdkampfbomber greifen im Tiefflug unsere Stellungen an.
Der linke Flügel des Bataillons liegt im Feuer schwerer Batterien.
Die Zeit schleicht nur langsam dahin. Mich bedrückt, dass unsere schwere Kompanie immer noch nicht voll ausgerüstet ist. Ohne Einschränkung einsatzfähig ist nur der Granatwerferzug.
Vor der Front der l. Kompanie – etwa 600 Meter südlich Husarenberg – schießen unsere Sturmgeschütze vier T-34 ab. Schwarzer Qualm liegt über dem Gefechtsfeld. Südostwärts von uns – bei Peterstal – sind deutsche Gegenstöße im Gange.
Es zeichnet sich schon jetzt ab, dass diese sowjetische Offensive Abnutzungscharakter hat, mit all ihren Verschleißerscheinungen. Zu verschleißen haben wir aber nichts mehr. Unser Handeln ist überwiegend von der Improvisation bestimmt. Kurz vor Ausbruch dieser Offensive – am 11. Januar – haben wir nördlich Girnen landwirtschaftliche Geräte, wie Eggen und Drillmaschinen, mit einem Lkw auf der Straße hin und her gezogen, um die Geräusche von Panzerketten vorzutäuschen. Es ist zum Heulen!

15. Januar: Die Offensive hat auch uns jetzt voll erfasst. Der Bataillonsgefechtsstand liegt im konzentrischen Feuer sowjetischer Geschütze. Erde rieselt durch die Balkenabdeckung des Unterstandes.
Ein Melder der 3. Kompanie steigt in den Unterstand. Hinter sich her zieht er am Ärmel einen Russen.
Was wir zu hören bekommen, ist nicht erfreulich. Der Iwan sitzt im Graben der Kompanie. Oberleutnant Kalff ist gerade dabei, einen Gegenstoß zusammenzukratzen. Die Verluste sind inzwischen stärker geworden.
Der Gefangene schaut ängstlich um sich. Ich drücke ihn auf eine Munitionskiste. Der Mann zittert vor Angst. Offensichtlich befürchtet er erschossen zu werden, wie das im ungekehrten Falle üblich ist.
Ein Verwundeter wird hereingetragen. Er blutet stark am Oberschenkel. Ich merke, wie der Iwan unruhig wird. Seine Augen flackern. Er greift in seine Brusttasche und holt eine kleine Briefmappe mit Bildern hervor. Eines der abgegriffenen Photos zeigt ihn im Kreise seiner vielköpfigen Familie. Mit Gesten will er deutlich machen, dass wir ihn seiner Familie erhalten sollen.
Der Kommandeur spricht ihn an: „Mann, du scheinst immer noch nicht begriffen zu haben, dass die Germanskis keine Gefangenen erschießen. Pass nur auf, dass dich später dein Kommissar nicht erwischt!“
Der Iwan hat kein Wort verstanden, wirkt jetzt aber ruhiger. Hat er vielleicht doch ...? Nach Einbruch der Dunkelheit wird er nach hinten abgeschoben.
Hauptmann Wolf spricht mich an: „Da wir keine Reserven haben, wird das Bataillon morgen Früh aus dem Stand heraus angreifen, um die Hauptkampflinie im vorderen Graben wieder zu besetzen. Unterstützung durch schwere Waffen haben wir nicht. Ich bin bei der 2. Kompanie dabei. Der Angriff beginnt um 4.30 Uhr. Stellen Sie sicher, dass die Kompanien informiert werden! Wenn ich ausfallen sollte, führen Sie das Bataillon, bis die Division eine Entscheidung fällt!“
Ich setze mich in eine Ecke des Unterstandes und bringe einen Bataillonsbefehl für den Angriff aufs Papier.
Kurz nach 20.00 Uhr gehen die Melder an die Kompanien ab. Sie haben den ausdrücklichen Befehl, nach Erledigung des Auftrages sich wieder bei mir zu melden. Ich will sichergehen, dass die Kompanieführer auch wirklich erreicht wurden.
Über der Front irrlichtert es. Leuchtkugeln hängen träge über dem Vorfeld. Hin und wieder ziehen Leuchtspurfäden der MG von hüben nach drüben und umgekehrt.

16. Januar: Der Kommandeur ist um 2.00 Uhr nach vorn zu den Kompanien gegangen. Einen exakten Frontverlauf gibt es nicht mehr.
4.30 Uhr: Ich stehe oberhalb meines Unterstandes und schaue über den Rand des Hanges, der dem Gefechtsstand einige Deckung gibt.
Schlagartig setzt 500 Meier vor mir eine wilde Schießerei ein – das Bataillon ist zum Angriff angetreten.
Jetzt höre ich auch Detonationen von Handgranaten – das bedeutet Nahkampf.
Noch ist es dunkel, noch ist nicht abzusehen, was sich vorn in den Stellungen abspielt. Ich gehe in den Unterstand zurück und greife zum Telefon. Die Verbindungen zur 1. und 3. Kompanie sind unterbrochen. Mit viel Glück bekomme ich die 2. Kompanie an die Strippe. Ein Gefreiter meldet sich. Zur Lage kann er wenig sagen. Der Kampf ist noch in vollem Gange. Das Feuergefecht ist im Telefon gut zu hören. Ich frage den Gefreiten nach den Ausfällen.
„Das Grabenstück, hier ist voller Toter und Verwundeter. Der Iwan ist in den eigenen Angriff hineingestoßen!"
Zu veranlassen ist in dieser Lage nichts. Die Sanitäter sind ohnehin im Einsatz.
Der Iwan reagiert. Mit seiner Artillerie riegelt er den Raum zwischen der vorderen Linie und dem Gefechtsstand ab. Der Gefechtslärm ist infernalisch. Mein Unterstand schwankt. Die Flamme der Kerze vor mir flackert.
Um 5.20 Uhr lässt das Feuer nach und ebbt dann ganz ab. Ich gehe nach draußen. Hauptmann Wolf kommt mir entgegen: „Knoblauch, das hat nicht geklappt. Dem Iwan ist ohne schwere Waffen nicht beizukommen. Die Kompanien haben erhebliche Verluste und große Mühe, die zurückgenommene Linie zu halten. Schicken Sie sofort einen Melder mit der neuen Lage zur 4. Kompanie nach Girnen, damit die 8cm–Werfer beim Nachstoßen der Russen dazwischenhalten können. Staguhn soll selbst entscheiden, wann er das Feuer eröffnet. Die Drahtverbindung ist unterbrochen!"
Einsetzendes Artilleriefeuer scheucht uns in den Unterstand. Zum 4. Regiment, links von uns, haben wir keine Verbindung mehr. Der letzte Spähtrupp ist ohne Ergebnis zurückgekommen.
8.10 Uhr: Auf der Treppe des Unterstandes steht ein Gefreiter: „Am linken Flügel sind Panzer durchgebrochen!"
Hauptmann Wolf und ich springen nach draußen. In der Tat, 500 Meter links von uns stehen drei T-34. Die Rohre zeigen in Richtung Husaren-Berg

(Höhe 121,8). Unternehmen können wir nichts. Wir sind nicht einmal in der Lage, den Nachbarn zu informieren; denn wir wissen nicht, wo er jetzt steht. Ich habe den Eindruck, dass unsere linke Flanke offen ist. Wenn der Iwan auf uns einschwenkt, hat er uns „im Sack“. Er schwenkt aber nicht.
Die Gefechtspause gibt uns die Möglichkeit, die Verwundeten zu bergen. Die gesamte Versorgungskompanie ist eingesetzt, um den Abtransport zum Verbandsplatz hinter Girnen vorzunehmen. Dr. Naumann und seine Sanis haben alle Hände voll zu tun.
Gegen Mittag treffen die Meldungen der Kompanien ein. Die Kampfstärken sind beängstigend zusammengeschrumpft. Die Ausfälle liegen bei über 50 Prozent.
Es ist wieder dunkel geworden. Der Gefechtslärm hat nachgelassen.
Die Nacht liegt hinter uns. Der Iwan hat nicht angegriffen. Seine Ausfälle sind ungewöhnlich hoch.
Am rechten Flügel, des Bataillons ist es merkwürdig ruhig geworden. Der Kommandeur lässt mich kommen: „Stellen Sie fest, Knoblauch, wo die rechte Flügelkompanie steht. Seit einer Stunde ist dort kein Schuss mehr gefallen!“
Mit drei Meldern und zwei Nachrichtenleuten ziehe ich los. In Deckung der Geländewelle, die auch den Bataillonsgefechtsstand abschirmt, gehen wir in Reihe nach Süden. Es schneit. Die Sicht liegt unter 20 Meter. Ich habe mir das Kartenbild gut eingeprägt, denn bei diesem Schneetreiben ist der Griff zur Karte sinnlos.
Nach 250 Metern stoßen wir auf eine Scheune. Wir pirschen uns langsam heran und lauschen. Der Schnee verschluckt jeden Laut. Eine unheimliche Stille umgibt uns.
Vorsichtig spähe ich um die Südecke der Scheunenwände. Plötzlich hören wir Wortfetzen vor uns. Schemenhaft tauchen Schatten auf. Der Schneefall ist so dicht, dass nicht zu erkennen ist, ob es sich um Russen oder Deutsche handelt.
Keine 20 Meter von uns gehen etliche Gestalten auf einem Feldweg nach Norden. Gestalten ohne Konturen.
Ich habe den Finger am Abzug meiner MPi. Einer meiner Männer kommt dicht zu mir heran: „Sollen wir schießen?“ Ich schüttele mit dem Kopf. Der Gedanke, möglicherweise eigene Kameraden zu erschießen, ist mir unerträglich.
Die Schatten sind im Schnee untergetaucht. Ich habe keine Entscheidung getroffen und bin unzufrieden mit mir!

Vorsichtig tasten wir uns weiter durch den Schnee. Wir überqueren einen Feldweg und treffen einige hundert Meter weiter auf ein Gehöft, das etwa auf der Mitte zwischen Girnen und Brückental liegt.
Wir haben Glück und stoßen auf die Reste der rechten Flügelkompanie. Der Kompanieführer informiert mich: „Der Iwan liegt 150 Meter vor uns in einer Schlucht. In der Nacht hat er zweimal versucht, uns auszuheben.
Solange wir Munition haben, werden wir ihn abwehren können. Die Kampfstärke der Kompanie beträgt 49 Mann!"
Vor vier Tagen war die Kompanie noch 120 Mann stark. Ich verabschiede mich und verspreche, für Munition und Verpflegung zu sorgen, soweit das in meiner Macht liegt.
Meinen Versuch, Verbindung mit dem rechten Nachbarn aufzunehmen, gebe ich an der Straße Girnen – Brückental auf.

18. Januar: 6.15 Uhr: Schlagartig einsetzendes Artilleriefeuer bringt uns auf die Beine. Mit ungeheurem Materialaufwand versucht der Iwan, unsere Stellungen zu zerschlagen. Das Gelände zwischen den Kompanien und dem Gefechtsstand, mit einer Tiefe von nur 200 Metern, liegt unter den pausenlosen Einschlägen schwerer Artillerie.
Kurz nach 7.00 Uhr lässt das Artilleriefeuer nach. Vor uns hämmern einige MG-42. Die russische Infanterie greift an.
Der Kommandeur geht nach draußen und beobachtet mit dem Fernglas das Geschehen auf dem Gefechtsfeld.
Reserven haben wir nicht mehr. Mir fällt auf, dass Hauptmann Wolf durch seine „Allgegenwärtigkeit" den Füsilieren den Rücken stärken will. Mehr kann er nicht tun!
Inzwischen sind Verwundete von vorn eingetroffen. Einige liegen in meinem Unterstand. Es ist meine große Sorge, dass wir möglicherweise vom Iwan überrollt werden, ohne dass wir die verwundeten Kameraden in Sicherheit bringen konnten.
Es ist jetzt 13.00 Uhr! Die Kompanien haben drei Angriffe in Bataillonsstärke abgeschlagen. Die eigenen Verluste sind hoch. Die Gefallenen können nicht mehr geborgen werden. Das ist immer das untrügliche Zeichen dafür, dass die eigene Front „weich" wird.

19. Januar: Mit Sonnenaufgang setzt wieder starkes Artilleriefeuer ein. Der Kommandeur hockt auf einer Kiste und blickt nachdenklich auf das vor

ihm liegende Kartenblatt. Draußen krachen die Einschläge sowjetischer Salvengeschütze. Dann geht die Zeltplane am Einstieg des Unterstandes zur Seite, und herein taumelt der Führer der 1. Kompanie.
Das unrasierte, übermüdete Gesicht des Kommandeurs ist plötzlich hellwach: „Wo ist Ihre Kompanie, Hauptmann Preuß?"
„Der größere Teil ist gefallen – der Rest geht zurück. Wir können uns nicht mehr halten!"
Der Kommandeur atmet schwer: „Preuß, und dann stehen Sie hier?"
Ohne ein Wort zu entgegnen stürzt Hauptmann Preuß nach draußen. Der Kommandeur sieht mich wortlos an.
Hier hat ein bewährter Kompanieführer für Augenblicke die Nerven verloren. Wer wird von sich behaupten wollen, dass ihm das niemals passieren wird? Mich belastet dieser Vorgang mehr als ich wahrhaben will.
Der Kommandeur geht wenig später hinaus zu den Kampfgruppen an den rechten Flügel des Bataillons.
Der Beschuss durch Salvengeschütze nimmt zu.
9.30 Uhr: Ein Melder der l. Kompanie stürzt atemlos zu mir in den Unterstand: „Der Iwan ist mit etwa 100 Mann in unserem Graben. Hauptmann Preuß ist beim Gegenstoß gefallen!"
Ich drücke den völlig ausgepumpten Mann auf eine Munitionskiste und frage: „Können Sie sagen, wo die 1. Kompanie jetzt steht?"
„Genau kann ich das nicht sagen. In den alten Stellungen ist niemand mehr. Ich glaube, wir sind schon auf der Höhe des Bataillonsgefechtsstandes!"
Ich greife zur MPi, um mir die Lage draußen anzusehen – da kommt Hauptmann Wolf herein. Ich melde den Tod von Hauptmann Preuß und informiere über die Situation bei der l. Kompanie.
Der Kommandeur ist bemüht, seine innere Bewegung über den Tod des Hauptmann Preuß unter Kontrolle zu behalten und spricht mich dann an: „Sie bleiben hier im Gefechtsstand und werden die Fäden in der Hand behalten. Ich gehe jetzt mit dem Melder hinaus zur l. Kompanie, um zu sehen, was da wirklich los ist!"
Das Feuer der sowjetischen Artillerie hält in unverminderter Stärke an.
Nach zwei Stunden ist der Kommandeur zurück: „Knoblauch, die 1. Kompanie gibt es nicht mehr. Die Grabenstücke, die ich noch einsehen konnte, sind voller Toter – Deutsche und Russen. Es fällt auch kein Schuss mehr. Die Verluste der russischen Infanterie sind offensichtlich so hoch, dass die Kraft zum Nachstoßen fehlt – vorläufig jedenfalls. Den linken Flügel des Bataillons

habe ich zurückgenommen und Front nach Norden machen lassen. Halten Sie das auf der Karte fest!"
Ich werde das ungute Gefühl nicht los, dass die Verbände rechts und links von uns gar nicht mehr in ihren Stellungen sind.
15.00 Uhr: Der Kommandeur lässt mich kommen: „Sie gehen mit den vier Nachrichtenleuten, die wir noch haben, an den rechten Flügel und klären dort die Lage. Die Häusergruppe zwischen Girnen und Brückental müsste eigentlich noch besetzt sein. Sollte das nicht so sein, nehmen Sie alle Männer, die Sie in diesem Raume noch antreffen und holen die Häusergruppe im schnellen Zugriff zurück. Wenn diese Außenposition fallen sollte, ist Girnen nicht zu halten!"
Ich melde mich ab, gehe zu den Nachrichtenleuten und erkläre was ich vorhabe. Wenige Minuten später stampfen wir in Reihe durch den hohen Schnee nach Südosten. Die Luft ist diesig, die Sicht schlecht.
Nach 200 Metern sehe ich vor uns ein Haus. Wir ziehen uns auseinander und nähern uns vorsichtig. In dieser ungeklärten Lage ist nichts unmöglich – hier könnte auch schon der Iwan sein.
Noch etwa zehn Meter – von links heult es heran: Stalinorgel!
Mit einem Satz sind wir am Haus und springen eine Kellertreppe hinunter in Deckung. Auf dem Boden des Kellers finden wir uns wieder. Draußen kracht es ununterbrochen. Mit der letzten Salve der Stalinorgel ist mir ein Stück Blech von der Stabilisierungsfläche einer Granate vor die Brust geschlagen. Meine Tarnjacke ist angesengt. Ich richte mich auf und muss überrascht feststellen, dass wir nicht allein sind. Etliche Landser kauern am Boden. Sie scheinen mit den Nerven am Ende zu sein.
„Wer führt hier?" Ein Feldwebel meldet sich. Ich erfahre, dass er und seine Männer um die Mittagszeit noch in dem vor uns liegenden Gehöft waren und dann vom Iwan herausgedrückt worden sind. Acht Mann sind gefallen. Die restlichen – es sind noch 14 – hocken hier im Keller.
„Alles mal herhören! Sobald es dunkel geworden ist, greifen wir an und besetzen das Gehöft wieder!"
Der Feldwebel macht den schwachen Versuch, auf die Schwierigkeiten eines solchen Unternehmens hinzuweisen. Ich blicke ihn an; er gibt auf.
Inzwischen ist es dunkel geworden.
„Fertig machen! Wir steigen jetzt aus dem Keller und verteilen uns nach rechts und links. In Schützenlinie nähern wir uns schrittweise dem Gehöft bis auf 30 Meter. Auf mein Zeichen springen wir dann geschlossen nach vorn. Wenn

der Einbruch gelingt, drücken wir durch bis zur anderen Seite des Gehöftes und sichern nach Osten! Auf geht's!"
Wir steigen nach oben. Obwohl es dunkel ist, erlaubt der Schnee eine relativ gute Sicht. Das Gelände vor uns ist ohne Deckung.
In Linie gehen wir mit äußerster Vorsicht Schritt für Schritt voran. Ich gehe in der Mitte. Die Flügel hängen immer wieder nach. Kein Schuss fällt!
Wenn der Iwan uns auflaufen lässt und erst im letzten Augenblick unter Feuer nimmt, haben wir keine Chance.
Wir sind auf 60 Meter herangekommen. Ich fühle, wie mir der Schweiß auf der Stirn steht. Noch 40 Meter – 30 – ich hebe den Arm und gebe das Zeichen zum Sprung.
Mit einem Satz erreiche ich die Buschreihe, die das Gehöft umgibt. Der Feldwebel ist neben mir. Es bleibt ruhig.
Mit Entsetzen sehe ich, dass die Männer den letzten Sprung nicht mitgemacht haben. Ich trete wieder aus den Büschen hervor und winke. Nur zögernd kommen sie näher.
„Soweit sind wir also schon", geht es mir flüchtig durch den Kopf. Diese Erfahrung ist für mich neu.
In zwei Gruppen dringen wir in das Gehöft ein. Ich gehe mit der rechten. Vorsichtig bewegen wir uns in Reihe an den Hauswänden entlang nach vorn.
Plötzlich fällt hinter mir ein Schuss. Ich drehe mich blitzschnell um und sehe wie aus einer Haustür, nur wenige Meter hinter mir, ein Russe der Länge nach aufs Gesicht fällt. Der Füsilier dahinter kommt auf mich zu: „Da haben Sie aber Glück gehabt. Ich habe den Iwan im letzten Augenblick erkannt, als er auf Ihren Rücken anlegte!"
„Vielen Dank!", mehr bringe ich nicht hervor.
Der Iwan ist also im Gehöft. Wir drücken durch bis an den Ostrand des bebauten Komplexes.
Auf der linken Seite des Hofes krachen plötzlich Handgranaten. Maschinenpistolen hämmern in die Dunkelheit hinein. Das ist der Feldwebel mit der anderen Gruppe.
Jetzt wird es auch vor uns lebendig. Der Iwan feuert zurück. Durch eine Tür bin ich mit einigen Männern in ein Haus eingedrungen. Wir sind hier einigermaßen gedeckt. Im Hof hat sich eine Schießerei entwickelt. Die Russen sind nur 30 Meter entfernt.
Das Feuer bricht ab, es wird auffallend ruhig. Ich schaue durch den Spalt der

leicht angelehnten Haustür. Im Innenhof ist nichts zu erkennen. Vorsichtig trete ich nach draußen – die Männer folgen.
Der Iwan ist zurückgegangen. Seine Gefallenen hat er liegenlassen. Wir gehen weiter vor und sichern dann den ostwärtigen Rand des Gehöftes.
Dem Feldwebel mache ich klar, dass diese Stellung zu halten ist. Wir kontrollieren gemeinsam die Postenpositionen und weisen die Männer ein.
Drei der Nachrichtenleute lasse ich zur Verstärkung zurück. Mit dem vierten trete ich den Rückweg zum Bataillon an.
Gefechtsstand 18.40 Uhr: Hauptmann Wolf hört sich meine Meldung an, setzt sich dann in eine Ecke des Unterstandes, bringt einen Bericht über die Lage des Bataillons zu Papier und ruft den Nachrichtenoffizier zu sich: „Schneider, Sie gehen nach Girnen hinauf, lassen sich von Staguhn ein Fahrzeug geben, fahren zur Division und geben diese Meldung ab!"
Leutnant Schneider nimmt die Meldung entgegen, steigt ins Freie und verschwindet in der Dunkelheit.
Ich finde Zeit, meinen Taschenkalender zur Hand zu nehmen, um die Ereignisse des Tages festzuhalten. Der Kommandeur sieht das und spricht mich an: „Seitdem ich das Bataillon führe ist mir aufgefallen, dass Sie Ihr Tagebuch mit ungewöhnlicher Akribie auf dem neuesten Stand halten. Es geht mich ja nichts an, aber was versprechen Sie sich davon?"
„Ich führe seit 1938 Tagebuch, weil ich es für richtig halte, die Ereignisse dieser Zeit festzuhalten – und zwar aus der Sicht des ‚kleinen Mannes'. Es werden später einmal kriegshistorische Werke herauskommen, jeder wird nachlesen können, wann und wo die X-te Armee im Einsatz war. Ich aber will festhalten, was sich auf unserer Ebene ereignet hat, und wie sich der Mensch in dieser Ausnahmesituation verhalten hat. Um das irgendwann einmal möglich zu machen, schreibe ich die täglichen Eckdaten und Vorgänge auf!"
Hauptmann Wolf nimmt das Wort wieder auf: „Und Sie glauben, dass Sie Ihre Aufzeichnungen aus Ostpreußen herausbringen werden? Sie kennen die Lage!"
„Obwohl die Lage denkbar schlecht ist, Herr Hauptmann, gehe ich davon aus. Wenn ich den Glauben daran nicht hätte, würde ich mich aufgeben und aufgeben werde ich mich nicht!"
Der Kommandeur nickt mir zu und wendet sich dann wortlos ab. Überzeugt habe ich ihn nicht.
Die Nacht war relativ ruhig. Die sowjetische Artillerie hat Girnen hin und wieder unter Feuer genommen. Von draußen dringt lebhafter Gefechtslärm zu

uns herein. Ich blicke auf die Uhr: 7.00! Es ist noch dunkel. Der Kommandeur greift zum Feldfernsprecher – nichts! Die Leitungen sind unterbrochen.
Von der 3. Kompanie trifft ein Melder ein: „Herr Hauptmann, der Iwan war bei uns im Graben. Wir haben ihn im Gegenstoß wieder geworfen. Unsere Verluste sind hoch. Der Kompanieführer meint, dass wir weitere Angriffe nicht abwehren können, wenn wir nicht verstärkt werden!"
Der Kommandeur nimmt seine MPi und spricht den Melder an: „Sie führen mich zur 3. Kompanie. Ich will sehen, was da los ist!"
Inzwischen ist es hell geworden. Das MG-Feuer vor der Front des Bataillons wird stärker und kommt näher. Wie die Lage bei den Nachbarn ist, wissen wir nicht. Zu erkennen ist nichts.
Gegen Mittag kommt der Kommandeur zurück: „Die Kompanien haben heute morgen vier Angriffe in Bataillonsstärke abgewiesen.
Es ist zu befürchten, dass weitere Angriffe nicht abgefangen werden können. Sie wissen, dass die 1. Kompanie gänzlich ausgefallen ist. Die Kampfstärken der übrigen Kompanien sind auf ein Minimum abgesunken. Mit Einbruch der Dunkelheit gehen wir auf den Höhenrücken nordwestlich Girnen zurück. Sie werden jetzt alle Schriftstücke, die sich hier beim Stabe befinden, vernichten lassen. Sie sind mir dafür verantwortlich, dass dem Iwan nichts in die Hände fällt!"
Hauptmann Wolf geht wieder hinaus zu den Kompanien.
Der Spieß von der Versorgungskompanie ist eingetroffen und bringt Munition und Verpflegung.
Zu meiner großen Überraschung hat er auch einen Brief für mich. Ich reiße den Umschlag auf. In der Hand halte ich einen flüchtig beschriebenen Zettel und meinen Brief, den ich Anfang Dezember 1944 an Jupp Reinardy geschrieben hatte. Ich nehme den Zettel – meine Hände zittern – und lese: Leutnant Reinardy am 26. Dezember über Krakau abgeschossen. Brief Zurück! Die Unterschrift ist unleserlich. Einen Augenblick steht für mich die Welt still. Jupp Reinardy ist tot. Wenn er tot ist, sind auch Gert Siller und Franzl Felician gefallen.
Viel später erst erfahre ich, dass mit meiner alten Besatzung zugleich der Eichenlaubträger Major Badorrek (Kommandeur FAG 3) nicht überlebt hat. Sie waren in Stubendorf/OS gestartet und wurden im Steigflug Richtung Südost von US-Fernjägern des Typs P 51-Mustang in der Nähe von Krakau abgeschossen. Ich fühle nur noch Leere in mir und steige schweren Schrittes in den Unterstand hinab. Die Einschläge vor dem Eingang des Gefechtsstandes

rufen mich in die Gegenwart zurück. Zwei meiner Männer tragen die papierenen Unterlagen des Stabes ins Freie. Ich zünde den Stapel an und sage den Füsilieren, dass sie darauf achten sollen, dass auch wirklich alles verbrennt.
Motorengeräusch lässt mich aufblicken.
Aus der Senke hinter unserem Unterstand fährt ein VW-Kübel auf uns zu. Dem Wagen entsteigt ein Offizier. Beim Nähertreten erkenne ich Major Sandrock, Kommandeur der Sturmgeschützabteilung 2 „Hermann Göring“.
Ich gehe dem Major entgegen und melde. Der Sturmgeschützkommandeur zeigt sich überrascht: „Was machen Sie denn da?“ Er weist auf das lodernde Feuer.
„Herr Major, ich habe Befehl, alle Geheimsachen zu vernichten. Mit Einbruch der Dunkelheit werden wir auf eine Stellung nördlich Girnen ausweichen!“
„Sie drücken sich vornehm aus. ‚Ausweichen‘ heißt in Ihrer Lage nichts anderes als ‚zurückgehen‘, oder glauben Sie ernstlich, diese Stellung irgendwann wieder zu besetzen? Sie sind sich hoffentlich im Klaren darüber, dass diese Maßnahme nicht im Sinne der Division ist!“
„Herr Major, ich führe hier einen Befehl aus. Ihre Bedenken gebe ich an meinen Kommandeur weiter, sobald er von vorn zurück ist!“
Trotz der Kontroverse bleibt Major Sandrock verbindlich: Er grüßt und fährt ab. Ich bin sicher, dass die Division in Kürze weiß, dass das Füsilierbataillon seine Stellungen um 500 Meter nach Westen verlegt.
16.00 Uhr: Ich zeige den Bataillonsmeldern das Haus auf dem Hang hinter uns: „Sie gehen jetzt zurück und besetzen das Haus da drüben. In einer Viertelstunde komme ich nach!“
Hauptmann Wolf kommt von vorn zurück. Ich berichte über den Besuch des Major Sandrock.
Der Kommandeur geht gar nicht darauf ein, sondern wendet sich an mich: „Geben Sie mir bitte Ihr EK I. Ich brauche es zur Verleihung auf dem Gefechtsfeld an einen Gefreiten der 2. Kompanie. (Er selbst hat gestern einem Obergefreiten sein eigenes EK aus ähnlichem Anlass verliehen.) Ohne sein Durchhalten am MG wäre seine Kompanie verloren gewesen und wir wahrscheinlich auch. Er hat selbst dann noch auf die nachstoßenden Russen gefeuert, als die Kameraden seines MG-Trupps gefallen waren, und seine Stellung umgangen war. Im Gegenstoß haben ihn Teile seiner Kompanie herausgehauen. Und nun gehen Sie sofort in die neue Stellung zurück. Ich komme in einer Stunde nach!“
Das Gelände zwischen Gefechtsstand und der Straße Girnen – Husarenberg

fällt leicht ab. Von der Feindseite bin ich hier nicht einzusehen. Jenseits der Straße steige ich den Hang empor. Die Steigung ist so stark, dass ich nur langsam vorankomme.
Auf halber Höhe haben mich die Russen bemerkt – Granatwerferfeuer setzt ein. Ich werfe mich in den feuchten Schnee und warte ab.
Nach einigen Minuten springe ich auf und steige auf dem Hang weiter. Wieder setzen die Granatwerfer ein – wieder gehe ich in Deckung. Ich brauche 40 Minuten für die Überwindung von 250 Metern.
Total erschöpft komme ich auf der Kuppe des Berges an. Hier verläuft die Straße, die von Girnen nach Norden über den Husaren-Berg (Höhe 121,8) nach Plicken führt.
Ich werfe einen Blick zurück auf das tieferliegende Gelände, das wir bisher unter hohen Verlusten verteidigt haben und frage mich, warum wir nicht diese Höhe von vornherein bezogen haben. Hier ist weites Schussfeld. Die Bekämpfung des angreifenden Gegners aus überhöhten Stellungen bietet sich geradezu an.
In einem kleinen Gehöft ziehen wir unter. Der Keller ist ausgebaut und mit Balken abgestützt. Hauptmann Böttchers Pioniere (Fallschirm-Panzerpionierbataillon 2 „Hermann Göring“) haben solide Arbeit geleistet.
Die vor dem Gefechtsstand verlaufenden Gräben sind voller Schnee.
18.00 Uhr: Der Kommandeur trifft mit den Resten der Kompanien ein. Die Verteilung auf die Stellungen geht schnell vor sich.
Ich bringe die neue Lage zu Papier, Hauptmann Wolf unterschreibt und Leutnant Schneider fährt mit der Meldung zur Division.
21.00 Uhr: Der Kommandeur hat sich hingelegt, um die bekannte Mütze voll Schlaf zu nehmen.
Mir ist heute Nachmittag zum ersten Male aufgefallen, dass die permanenten Belastungen nun auch bei ihm an die Substanz gehen.
22.30 Uhr: Die Treppe herunter in unseren Keller stolpert ein Ordonnanzoffizier der Division: „Ich möchte den Kommandeur sprechen!“
Ich schalte mich ein: „Tun Sie mir den einzigen Gefallen und lassen Sie den Kommandeur schlafen. Wir brauchen ihn in einer einigermaßen frischen Verfassung, wenn morgen der Zirkus wieder losgeht!“
„Herr Knoblauch, Sie haften mit Ihrem Kopf, wenn hier etwas schiefgeht. Die Division geht heute Nacht zurück. Ich habe den ausdrücklichen Befehl, dem Kommandeur die Absetzbewegung persönlich zu übermitteln!“
Ich bitte nochmals: „Lassen Sie den Hauptmann Wolf schlafen!“

„Nun gut, Sie werden unterschreiben, was ich jetzt an Sie weitergebe und für Ihren Kommandeur bestimmt ist. Um 1.00 Uhr verlässt das Füsilierbataillon die Stellung und geht zurück über Alt-Wusterwitz, Schulzenwalde, Bahnfelde (Jucknischken), Wildhorst (Schakumehlen), Angerhöh (Szuskehmen) und bezieht bis 6.00 Uhr bei Angermühle die vorbereiteten Uferstellungen an der Angerapp. Granatwerfermunition kann noch einmal empfangen werden im Karlswalder Forst. Schulzenwalde ist bis 4.00 Uhr zu halten und die Kreuzung von Eisenbahn und Straße bei Bahnfelde bis 6.00 Uhr zu sperren. Das Absetzen soll lautlos erfolgen – also nichts abbrennen und kein Feuerwerk!“
Ich mache meine Notizen und übernehme den Rückzugsweg sowie die neuen Stellungen an der Angerapp in meine Karte. Ich unterschreibe „in Abwesenheit des Kommandeurs“. Auf der Treppe nach oben wendet sich der Ordonnanzoffizier nach einmal um: „Sie kannten doch den Oberleutnant Planert vom 3. Regiment. Er ist vor einigen Tagen gefallen!“
Hauptmann Wolf schläft. Ich halte das für richtig und mache den Bataillonsbefehl für die Absetzbewegung fertig. Dann gehen die Melder ab an die Kompanien.
23.10 Uhr: Der Kommandeur rührt sich und ist schnell auf den Beinen: „Gibt es etwas Neues, Knoblauch?“
„Jawohl, Herr Hauptmann! Das Bataillon geht zurück auf die Angerapp-Stellung bei Angermühle. Der Divisionsbefehl ist um 22.30 Uhr durch den Ordonnanzoffizier überbracht worden. Ich habe mir erlaubt, einen entsprechenden Befehl an die Kompanien zu geben!“
„Geben Sie den Befehl mal her!“ Hauptmann Wolf liest, gibt mir das Papier zurück und befiehlt: „Sie fahren sofort voraus nach Angermühle und beziehen den Gefechtsstand. Die Masse des Bataillons wird vermutlich gegen 5.00 Uhr in Angerhöh eintreffen. Der Nachhutzug erreicht den Anschluss an das Bataillon bei Sonnenaufgang. Sorgen Sie dafür, dass die Einweisung ab Straßengabel Nordrand Angerhöh klappt!“ Ich bin entlassen, rufe meinen Fahrer und ab geht die Fahrt durch die Nacht in Richtung Alt-Wusterwitz.

21. Januar: Von der Front hinter uns weht der Wind nur schwachen Gefechtslärm bis zu uns herüber.
Die Orientierung in der Dunkelheit ist schwierig. Wenn wir uns im Schnee festfahren, hat das üble Folgen. Straßen und Wege sind leer. Ich frage mich, auf welchen Wegen die anderen Bataillone wohl zurückgehen. Oder gibt es in diesem Abschnitt keine „anderen“ mehr?

Nachdem wir uns bei Alt-Wusterwitz zunächst verfahren haben, erreichen wir um 0.35 Uhr den Bahnübergang in Bahnfelde. Hier also wird die Nachhut die nachstoßenden Russen noch einmal zum Stehen bringen so hoffe ich.
Kurz hinter Wildhorst fahren wir uns in einer Schneeverwehung fest. Ich steige aus. Wir brauchen 20 Minuten, um wieder flott zu sein.
1.00 Uhr: Vor uns tauchen in der Dunkelheit die Umrisse von Häusern auf. Am rechten Straßenrand steht ein schneeverkrustetes Ortsschild.
Ich lasse halten. Mit dem Kolben meiner MPi schabe ich den Schnee ab und lese: Angerhöh.
Wir fahren weiter. Rechts der Straße liegt ein großer Hof, vermutlich ein Gut. Der Ort ist leer. In der Mitte des Dorfes biegen wir nach rechts ab und erreichen nach 400 Metern die Straßengabel am nördlichen Ortsausgang. Hier werde ich also in einigen Stunden das Bataillon in Empfang nehmen.
Ich weise den Fahrer auf den linken Ast der Straßengabel ein und nach weiteren 800 Metern überqueren wir die Angerapp bei Angermühle.
Die Mühlengebäude liegen unmittelbar an der Brücke auf der rechten Straßenseite am Westufer der Angerapp. Ich lasse halten. Mit der Taschenlampe in der Hand betrete ich die Räume der Mühle. Einladend ist das nicht, aber immer noch besser, als kein Dach über dem Kopf. Bis zum Eintreffen des Bataillons werden noch einige Stunden vergehen.
Ich nutze die Zeit und gehe mit dem Fahrer hinaus in die Stellungen. Die Gräben liegen oberhalb des Steilufers der Angerapp. In die steilen Uferwände sind Stollen getrieben worden. Das Ganze sieht sehr massiv aus. Gemessen an dem, was wir bisher hatten, ist die Angerapp-Linie eine fürstliche Einrichtung.
In dieser Stellung verteidigten im Ersten Weltkrieg deutsche Soldaten ihre Heimat gegen die anstürmenden Regimenter des Zaren. Damals mit einigem Erfolg! Wir dagegen sind heute in einer hoffnungslosen Lage im Kampf gegen die Massen der Roten Armee.
Rechtzeitig fahre ich hinaus an die Straßengabel nördlich Angerhöh. Es ist jetzt 5.20 Uhr! Die Spitze des Bataillons taucht in Angerhöh auf und kurz darauf rollt der Wagen des Kommandeurs heran: „Wie sehen die Stellungen aus, Knoblauch?“
„Die Stellungen sind in guter Verfassung, Herr Hauptmann! Gutes Schussfeld und starke Unterstände!“
Ich fahre mit dem Kommandeur an die Stellungen heran. Er sieht sich um und nickt zustimmend. In Reihe kommt jetzt das Bataillon aus der Dunkelheit

auf uns zu. Die Männer gehen gleich in die Stellungen und richten sich ein. Wie lange wir noch Zeit haben, wird davon abhängen, ob die Nachhut den Iwan aufhalten kann.
Der Kommandeur spricht mich an: „Ich werde mich um die Besetzung der Stellungen kümmern, gehen Sie nach Angerhöh zurück und nehmen Sie die Nachhut in Empfang, wenn es soweit ist. Mich finden Sie in der Mühle jenseits der Angerapp!"
Ich fahre nach Angerhöh zurück und warte am Ostausgang des Ortes. Die Zeit schleicht nur langsam dahin. Der Fahrer und ich laufen auf der Straße auf und ab. Wir frieren beide gleichermaßen. Nur mit äußerster Mühe und im Bewusstsein meiner Verantwortung gelingt es mir, mich nicht in den Wagen zu setzen und einzuschlafen. Ich mache mir nichts mehr vor: Ich bin physisch am Ende!

5.55 Uhr: Die trügerische Stille wird von MG-Feuer unterbrochen. Ich lausche in die Nacht hinein. Das kann bei Bahnfelde sein. Hoffentlich kann sich die Nachhut rechtzeitig vom Feind lösen.
„Haben Sie noch was zu essen, Herr Oberleutnant?" Es ist das erste Mal, dass ich darauf angesprochen werde.
„Nein, habe ich nicht. Ich habe aber noch eine Packung Zigaretten. Wenn Sie darauf wert legen, bitte!" Er nimmt die Packung und verschwindet hinter einer Hauswand, um sich einen Glimmstengel anzuzünden.
7.40 Uhr: Es ist immer noch dunkel. Auf der verschneiten Straße tauchen Gestalten auf und kommen langsam auf uns zu.
Ist das unsere Nachhut oder die russische Infanteriespitze? Ich rufe den Fahrer: „Lassen Sie den Motor an. Wenn das der Iwan sein sollte, fahren wir mit voller Pulle ab! In Deckung einer Hausecke rufe ich die Gestalten an: „Wer kommt da?"
„Füsilierbataillon!" kommt es zurück.
Ich gehe den Männern entgegen. Der Zugführer berichtet: „Der Iwan ist nur zögernd bis Schulzenwalde gefolgt. Wir haben uns ohne Feindberührung absetzen können. Bei Bahnfelde ist es dann zu einem heftigen Feuergefecht gekommen. Nur mit Mühe hat sich der Zug lösen können. Es ist auch nicht möglich gewesen, über Wildhorst (Schakumehlen) auszuweichen. Um nicht abgeschnitten zu werden, sind wir zunächst auf der Straße nach Dingelau (Glasgirren) zurückgegangen und über Gudwainen im Eilmarsch nach Angerhöh marschiert!" Die Männer des Nachhutzuges stehen um mich her-

um. Ihren Gesichtern ist anzusehen, was sie hinter sich haben. Einige können kaum noch auf den Füßen stehen.
Der Zugführer spricht mich an: „Wir sollten hier nicht stehen bleiben. Der Iwan ist nur wenige Minuten hinter uns!"
Maschinengewehre und Munitionskästen lasse ich auf dem VW verladen und gehe dann mit den Männern der Nachhut in Richtung Angermühle.
Inzwischen ist es 8.00 Uhr geworden. Über dem Karlswalder Forst dringt die Sonne durch den Morgendunst.
Wir haben die Stellungen auf dem Ostufer der Angerapp erreicht. Während ich die Männer einweise, setzt MG-Feuer aus Richtung Wiekmünde ein. Noch auf dem Rande des Grabens stehend, erhalte ich plötzlich einen Schlag vor den Bauch. Ich komme mir vor, wie von einem Pferd geschlagen und falle in den hinter mir verlaufenden Graben.
Mit Erstaunen stelle ich fest, dass ich nicht verwundet bin. Ein Geschoss hat meine Meldetasche durchschlagen und ist in einem Päckchen Briefe steckengeblieben.
Über die Straße bei Angermühle gehen in den Vormittagsstunden noch weitere Truppen zurück – stark angeschlagene Verbände ohne schwere Waffen. Die Landser sehen genauso heruntergekommen aus, wie wir.
Um die Mittagszeit setzt Artilleriefeuer ein. Der Kommandeur hat in richtiger Einschätzung der Lage den Gefechtsstand inzwischen in einen der Stollen im Steilufer der Angerapp verlegen lassen.
Unsere Stellungen sind so gut ausgebaut, dass wir den kommenden Tagen mit Zuversicht entgegensehen.
Am Nachmittag trifft der Befehl für die nächste Absetzbewegung ein. Wir sind maßlos enttäuscht!
Wenn eine Stellung, wie die hier an der Angerapp, kampflos aufgegeben wird, muss die Gesamtlage schlecht sein.
Aber wer von uns weiß das schon. Wir wissen nicht einmal, was 1.000 Meter nördlich oder südlich von uns los ist.
Nach Einbruch der Dunkelheit fahre ich über Kieselheim, Großpreußenbruch nach Gr. Datzen. Ostwärts Königsgarten überquere ich die Eisenbahnlinie Angerapp – Insterburg und stoße nach 5 Kilometern auf die Ortschaft Ballethen.
Wir sind hier nicht allein. Am Ortsrand ist eine 7,5cm-Pak in Stellung gegangen – eine tröstliche Feststellung.
Nach Stunden trifft das Bataillon ein und geht sofort in Stellung. – Links von

uns stehen Teile vom 4. Regiment „Hermann Göring“. Der Iwan ist schnell nachgestoßen. Noch in den Abendstunden versucht er, in Ballethen einzudringen, wird aber abgewiesen.

22. Januar: 2.00 Uhr: An der Straße nach Köskeim ist das Schießen unserer MG-42 zu hören. Der Kommandeur ist sofort munter und geht mit einem Melder nach draußen. Der Rest des Stabes macht sich zur Rundum-Verteidigung bereit.
Vorsichtig trete ich mit meinen Männern in die Nacht hinaus. Noch im Bereich der Haustür schlägt uns MPi-Feuer entgegen. Wir haben eine wild um sich schießende Gruppe von Russen vor uns – Entfernung 15 Meter.
Ich habe mich hinter einen Gartenzaun fallen lassen und eröffne das Feuer auf die sich trotz der Dunkelheit vom Schnee abhebenden Gestalten. Um mich herum blitzen die Mündungsfeuer aus den Waffen meiner Männer auf. Dann wird es still. Mit der Detonation der letzten Handgranate tritt Ruhe ein – eine tödliche Ruhe.
Der in der Haustür zusammengebrochene Füsilier ist tot. Eine MPi-Garbe hat ihm die Brust aufgerissen. Von den Russen hat keiner überlebt.
Gegen 3.00 Uhr bricht das Feuer im gesamten Ortsbereich ab. Der Iwan hat vor unseren Stellungen schwere Verluste hinnehmen müssen.
Kurz vor Tagesanbruch versucht er es noch einmal und bleibt wieder im Feuer der Füsiliere liegen. Das Bataillon hat fünf Tote.
Die Stunden schleichen nur langsam dahin. Jeder empfindet, dass unsere Lage eine hoffnungslose ist. Gesprochen wird darüber nicht. Ich ertappe mich dabei wie ich abschätze, was ich tun werde, wenn der letzte Schuss gefallen ist, und der Iwan vor der Tür steht. Das Wort „Gefangenschaft“ wage ich nicht einmal zu denken.
Überraschenderweise trifft der Führer der Versorgungskompanie mit einem Lkw bei uns ein. Munition und Verpflegung sind schnell verteilt.
Es ist wieder dunkel geworden. Bis auf wenige Posten haben die Männer tagsüber geschlafen. Jetzt ist größte Wachsamkeit geboten.
Nordwestlich von uns ist Artilleriefeuer zu hören. Das könnte westlich Insterburg sein. Über unseren Stellungen hängen Leuchtkugeln.

23. Januar: 02.20 Uhr: Ganz plötzlich setzt ein heftiger Schusswechsel ein. Wir stürzen nach draußen.
Im trüben Schein der Leuchtkugeln sind die angreifenden Russen auf der

Schneefläche gut zu erkennen. Unsere MG hämmern ununterbrochen dazwischen.
Knapp 20 Minuten dauert dieser Spuk, dann wird das Urräh-Gebrüll dünner und hört schließlich auf. Es tritt Stille ein. Wir haben zwei Verwundete. Im Vorfeld schreit ein Russe. Nach einigen Minuten geht das Schreien in ein Winseln über – dann verschluckt der Ostwind die letzten Geräusche. Mich fröstelt.
Vor wenigen Monaten noch waren wir bemüht, verwundete Russen zu bergen, wenn sie unmittelbar vor unseren Stellungen lagen. Seitdem die Rotarmisten es jedoch für richtig halten, unsere Männer mit täuschenden Schmerzensschreien in die tödliche Falle zu locken, läuft hier nichts mehr. Die Brutalität des Kampfes hat die letzte Steigerung erfahren.
Vor Sonnenaufgang versucht es der Russe noch einmal. Die Angreifer brechen 20 Meter vor unseren Stellungen tödlich getroffen zusammen. Nur wenige schaffen es, sich in die Dunkelheit zurückzuziehen.
Ich habe den Eindruck, dass die Hartnäckigkeit der Angriffe jetzt nachlässt. Vermutlich sollte festgestellt werden, ob wir diese Stellung ernsthaft halten oder ob nur noch Nachhuten unser Absetzen sichern.
Die Zeit will nicht vergehen. Es ist inzwischen 18.00 Uhr geworden. Der Befehl für den Rückzug in die Masuren-Stellung ist eingetroffen. Für die Füsiliere bedeutet das einen Fußmarsch von 38 Kilometern über schlechte Straßen, durch feuchten Schnee und den Iwan im Genick.
Mit zwei Meldern fahre ich voraus, um die neue Stellung nördlich Nordenburg zu erkunden. Wenig später lösen sich die Kompanien lautlos und setzen sich nach Westen ab.
Wir fahren in die Dunkelheit hinein. Nach acht Kilometern lasse ich zum ersten Male halten. Ich bin nicht sicher, ob wir noch auf dem richtigen Wege sind. Die Ortschaft Trempen haben wir vor zehn Minuten durchfahren. Ein Blick auf die Karte – im Schein meiner Taschenlampe – zeigt mir, dass jetzt – Ernstburg kommen müsste.
Wir fahren weiter. Ernstburg kommt nicht. Ich gebe noch fünf Minuten hinzu und lasse abermals halten. Links von uns stehen ein paar Scheunen. Das könnte ein Vorwerk sein – aber wo sind wir hier?
Meinen Marschkompass habe ich gestern Nacht bei dem Feuergefecht mit den Russen in Ballethen verloren. Der Himmel ist verhangen. Eine Orientierung nach den Sternen scheidet also auch aus. Die Straße ist leer, fragen kann ich niemand. In der Ferne ist Gefechtslärm zu hören. – Dort muss Osten sein.

Ich drehe meine Karte hin und her und entscheide mich für die Weiterfahrt; denn hier können wir nicht überwintern.
Die Straße führt durch einen tiefverschneiten Wald. Weit und breit kein Mensch.
Ich lasse wieder halten und steige aus, um mir die Oberfläche der Straße anzusehen. Die Spuren sind frisch. Wir fahren wieder an und überqueren nach einer halben Stunde eine Bahnlinie.
Mitternacht ist lange vorüber. Wir stoßen auf ein Dorf. Inmitten des Ortes bemerke ich hinter einem schlecht verdunkelten Fenster einen schwachen Lichtschein. Wir halten an.
Meine Männer bleiben bei laufendem Motor im Fahrzeug: Ich gehe auf das Haus zu und trete – den Finger am Abzug meiner P-38 – vorsichtig ein. Was ich zu sehen bekomme, überrascht mich und erfreut mich zugleich. Ich habe ein Kommando vom Fallschirm-Panzerartillerieregiment 2 „Hermann Göring" getroffen. Der das Kommando führende Hauptmann ist mir von Divisionsplanspielen bekannt. Die Artilleristen sehen genau so wild und heruntergekommen aus wie ich.
Auf einem Herd sehe ich einen Topf mit einem heißen Getränk – mein Blick wird immer wieder von diesem Topf angezogen. Der Hauptmann bemerkt das und fordert mich auf, zuzugreifen.
„Vielen Dank, Herr Hauptmann. Draußen sind noch zwei meiner Männer. Sie haben sicherlich keine Bedenken, wenn ich die zwei ...?"
„Schon gut, holen Sie Ihre Männer rein!"
Wir schlürfen Tee, den die Bewohner dieses Hauses bei ihrer Flucht vor den Russen zurückgelassen haben – Zucker haben wir nicht.
Der Hauptmann spricht mich an: „Was machen Sie denn in dieser verfluchten Gegend?"
„Das könnte ich Sie auch fragen, Herr Hauptmann! Ich will bei der Wahrheit bleiben; ich habe mich total verfranzt. Ich weiß im Augenblick nicht, wo hinten oder vorn ist!"
„Das macht mir aber Spaß, mein Lieber! Ich meine mich zu erinnern, dass Sie früher beim fliegenden Personal waren. Sie waren doch Fernaufklärer. Entschuldigen Sie, aber es freut mich ungemein zu hören, dass auch Aufklärer mal die Orientierung verlieren!"
„Die Freude ist leider einseitig. Ich wäre dankbar, wenn Sie mich anhand der Karte einweisen würden!"
Überschlägig schätze ich ab, wie lange das Bataillon benötigt, um die Masuren-

Stellung zu erreichen und glaube, dass ich meinen Männern und mir noch 30 Minuten Erholung in der Wärme dieses Hauses gönnen sollte.
Wir verabschieden uns dann von den Artilleristen und treten wieder ins Freie. Der Hauptmann geht mit vor die Haustür und spricht mich noch einmal an: „Wissen Sie übrigens, dass der Iwan bereits über Insterburg hinaus ist? Das Ganze sieht nach einer großen Schweinerei aus. Halten Sie die Ohren steif – viel Glück!“
„Vielen Dank, Herr Hauptmann, das Glück haben wir alle nötig!“
Ein eisiger Wind schlägt uns entgegen. Leichtes Schneetreiben hat eingesetzt. Nach Luftlinie haben wir noch gut zwölf Kilometer vor uns.
Zehn Minuten sind vergangen; ich habe wieder den Eindruck, den richtigen Weg verfehlt zu haben. Es ist zum Verzweifeln.
Ich lasse halten und den Motor abstellen. Wir lauschen in die Nacht hinein. Halblinks von uns meine ich in der Ferne Motorengeräusche zu hören. Ich entschließe mich, in Richtung dieser Geräusche weiterzufahren.
Der Weg auf dem wir fahren ist denkbar schlecht. Wir kommen nur langsam voran.
Wieder ist eine halbe Stunde vergangen. Quer zu unserer Fahrtrichtung scheint eine größere Straße zu verlaufen. Wir fahren vorsichtig heran. Vor uns rollen Fahrzeuge aller Art – eindeutig deutsche Fahrzeuge.
Ich trete an einen haltenden Lkw heran und frage den Fahrer: „Sagen Sie, wohin führt diese Straße?“
Der Landser sieht mich misstrauisch an und meint dann: „Wohin die Straße führt, weiß ich nicht. Ich weiß nur, dass sie von Angerapp kommt!“
Diese Antwort genügt mir. Wir stehen jetzt an der Straße, die von Angerapp nach Westen verläuft und nördlich Nordenburg, bei Pentlack, auf die Reichsstraße 139 stößt.
Wir fädeln uns in das Marschband ein und fahren nach Westen weiter. Nach einer halben Stunde haben wir die Reichsstraße 139 erreicht, biegen nach links ab und fahren nach Pentlack hinein. Auf der rechten Straßenseite liegt ein Gehöft. Wir scheren aus der Kolonne nach rechts aus und erreichen über Bruchort das Gut Plattau. Hier soll ich, so hat der Kommandeur befohlen, den Gefechtsstand einrichten.
Wir fahren in den Gutshof hinein. Mit meinen Meldern gehe ich auf die Häuser zu. Im Wirtschaftsgebäude bemerke ich Licht. Wir treten ein. Zwei Soldaten einer fremden Einheit stehen vor einem großen Tisch, auf dem etliche Essenkanister stehen. Sie sind gerade dabei, sich abzusetzen.

Oktober 1944: Die deutsche Hauptkampflinie an der Straße Weidengrund – Hochfließ im Feuer der sowjetischen Artillerie.

Pionier-Brücke über die Rominte bei Hochfließ. Mangels Zugmaschinen müssen LKWs die 8,8cm-Flak ziehen.

Bei Gumbinnen abgeschossenes sowjetisches Flugzeug, vermutlich eine IL-2.

Bei einem deutschen Gegenstoß eroberte sowjetische Flak-Stellung im Oktober 1944.

Oberleutnant Karl Rossmann führte die 16./Flakregiment (mot.) „Hermann Göring", später als Major das Fallschirm-Panzerregiment 1 „Hermann Göring".

Major Hans Sandrock, Kommandeur der Sturmgeschützabteilung 2 „Hermann Göring".

Major im Generalstab Heinz-Herbert Schweim, Ia der Fallschirm-Panzergrenadierdivision 2 „Hermann Göring".

Oberst, später Generalmajor Erich Walther, Kommandeur der Fallschirm-Panzergrenadierdivision 2 „HG". Er ist am 26. Dezember 1948 im sowjetischen KZ Buchenwald verhungert.

Oberst Paul Conrath (mit Karte) Kommandeur des Flakregiments (mot.) „Hermann Göring“,
später als Generalmajor war er Kommandeur der Panzerdivision „Hermann Göring“.

Major Constantin Hahm, Kommandeur der II./Fallschirm-Panzerregiments „Hermann Göring“.

Oberst Waldemar Kluge, Kommandeur des Fallschirm-Panzergrenadierregiments 4 „Hermann Göring“.

Herbst 1944: Eine Kompanie deutscher Soldaten marschiert durch Gumbinnen.

Der Bismarckturm westlich der Plickener Berge wurde am 21. Januar 1945 von der 14.(Pi.)/Fallschirm-Panzergrenadierregiment 4 „Hermann Göring" gesprengt.

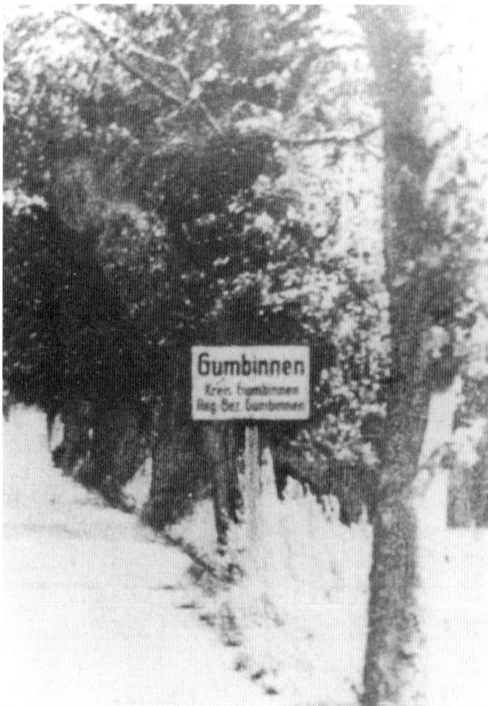

Ortsschild von Gumbinnen in Ostpreußen im Herbst 1944.

Die 8,8 cm-Flak war bis Kriegsende eine sehr wirkungsvolle Waffe gegen Boden und Luftziele.

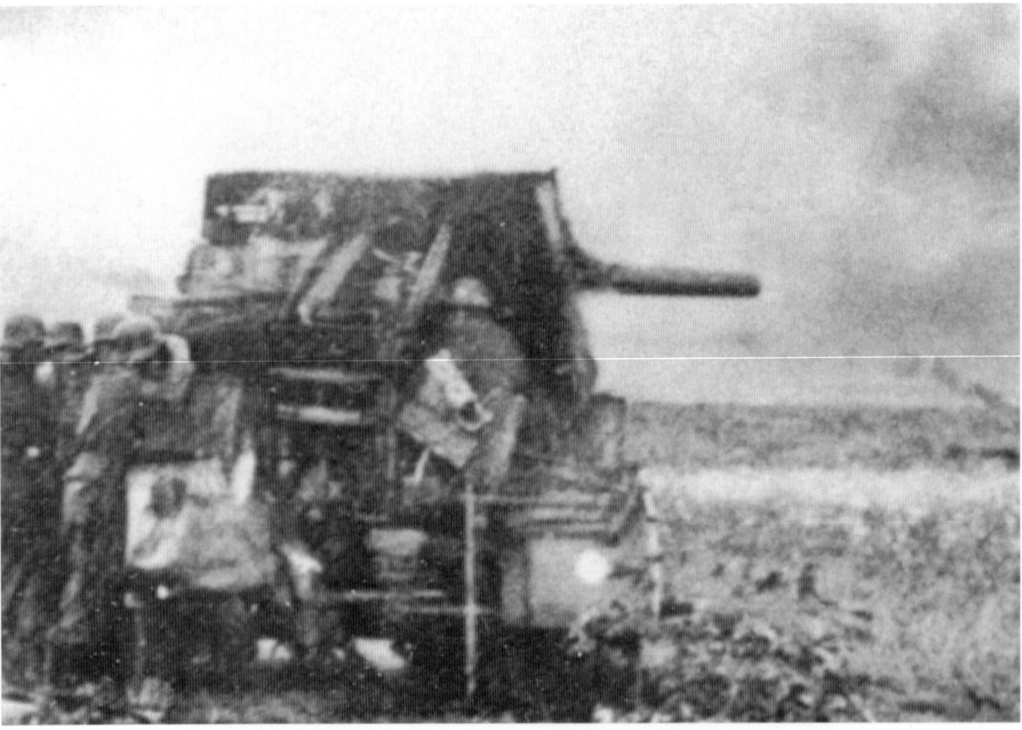

Beim Feuern vom Fahrgestell aus, war die „8,8“ nicht ganz so treffsicher, wie wenn sie abgeprotzt war. Wenn die Situation es erforderte, musste es aber auch so gehen.

BEZUGSPREISE: Monatlich RM. 2.— einschl. RM. 0.25 Trägerlohn, durch die Post vierteljährlich RM. 6.63 einschl. RM. 1.08 Zustellgebühr. Einzelverkaufspreis RM. 0.10.
Verlag: NS.-Presse Württemberg G. m. b. H., Zweigniederlassung Donau-Bodensee-Zeitung. Friedrichshafen a. B.

Wangen (Allgäu)
2 Friedrichshafen
3 Ravensburg

KREIS-AUSGABE

4 Saulgau
5 Sigmarin
6 Biberach

Nr. 258 Donnerstag, den 2. November

Auf dem Blutacker von Nemmersdorf

Zeugen bestätigen vor internationalem Ausschuß die bolschewistischen Bestialitäten

dnb. **Berlin**, 1. November. Unter dem Vorsitz des Landesdirektors von Estland, Dr. Mäe, trat ein „internationaler Ausschuß für die Untersuchung der bolschewistischen Verbrechen in Ostpreußen" zusammen, dem als Vertreter von Spanien Universitätsprofessor Dr. Puentes Rojo, für Holland Herr Lestrieux Hendrichs, für Italien Herr Petro Avanzini, für Schweden Herr Calais, für Dänemark Herr Hermansen, für Serbien Herr Najdenowic und für Lettland Frau Straudmanis angehörten.

Dieser Ausschuß nahm an Hand von Zeugenaussagen noch einmal die Nachprüfung der bestialischen Mordtaten der Bolschewisten an den durch den plötzlichen sowjetischen Panzervorstoß überraschten Bewohnern von Nemmersdorf und Tutteln vor. Die Zeugenvernehmung unterstrich die Ergebnisse, die die Untersuchungen an Ort und Stelle ergeben haben, und bestätigte, daß die sowjetischen Mordbanditen alle Dörfer des Gebiets, das nur etwa 48 Stunden in ihrem Besitz war, geplündert, zerstört und die wenigen dort noch verbliebenen Menschen in grauenhaftester Weise gemordet, die Frauen geschändet und die Kinder viehisch abgeschlachtet haben.

In einleitenden Worten schilderte Dr. Mäe die Erfahrungen, die das estnische Volk bei der dreimaligen Besetzung des Landes mit dem bolschewistischen Mordsystem gemacht hat. Die dann folgende Vernehmung der Zeugen bewies, daß der blutige Mordterror in den ostpreußischen Orten in der gleichen un-

„Der internationale Ausschuß für die Untersuchung der von den Bolschewisten in Ostpreußen begangenen Verbrechen hat nach Verhör von 18 Zeugen folgendes festgestellt:

In den von den Bolschewisten vorübergehend besetzten ostpreußischen Grenzgebieten sind in zahlreichen Orten gleichartige Verbrechen von den verschiedensten bolschewistischen Truppenteilen begangen worden. Es ist dabei festgestellt, daß mit einer Ausnahme die Zivilpersonen sämtlich getötet worden sind, ohne Rücksicht auf Alter oder Geschlecht. Sie wurden aus nächster Nähe erschossen, und zwar nach Besetzung der Ortschaften durch die Bolschewisten, ohne daß irgendwelche Kampfhandlungen stattfanden. Die jüngeren Frauen sind nachweislich fast sämtlich vergewaltigt worden, die Kinder durch Nahschüsse getötet. Außer Schußwunden konnten auch Stichwunden festgestellt werden und Verletzungen, die von Aexten oder Spaten herrühren. An einigen Leichen war der Ausschuß nicht erkennbar. Die den Tod verursachenden Schüsse erfolgten durch kleinkalibrige Waffen. Solche kleinkalibrige Waffen besitzen in der Sowjetarmee ausschließlich Offiziere und Kommissare. Die Plünderungen und Zerstörungen erfolgten ohne jeden Sinn und Zweck.

Der Ausschuß stellt fest, daß alle Tatsachen den völkerrechtlichen Normen der Kriegführung widersprechen und daß die Verbrechen jedem menschlichen Gefühl Hohn sprechen."

Ein NS-Artikel über die sowjetischen Greueltaten in Ostpreußen 1944. Tatsächlich fanden internationale Untersuchungen darüber statt, der Kriegsverlauf verhinderte jedoch jede Sühne.

Eine 2 cm-Vierlingsflak bei Gertenau im Herbst 1944.

Ein abgeschossener T 34 im Graben vor Nemmersdorf 23. Oktober 1944.

Diesen schweren Stalin-Panzer hat es im Januar 1945 bei Hochfließ erwischt.

Dieser T 34 ist mit der gesprengten Angerapp-Brücke bei Nemmersdorf abgestürzt.

Ein T 34-85 ausgebrannt beim Husarenberg.

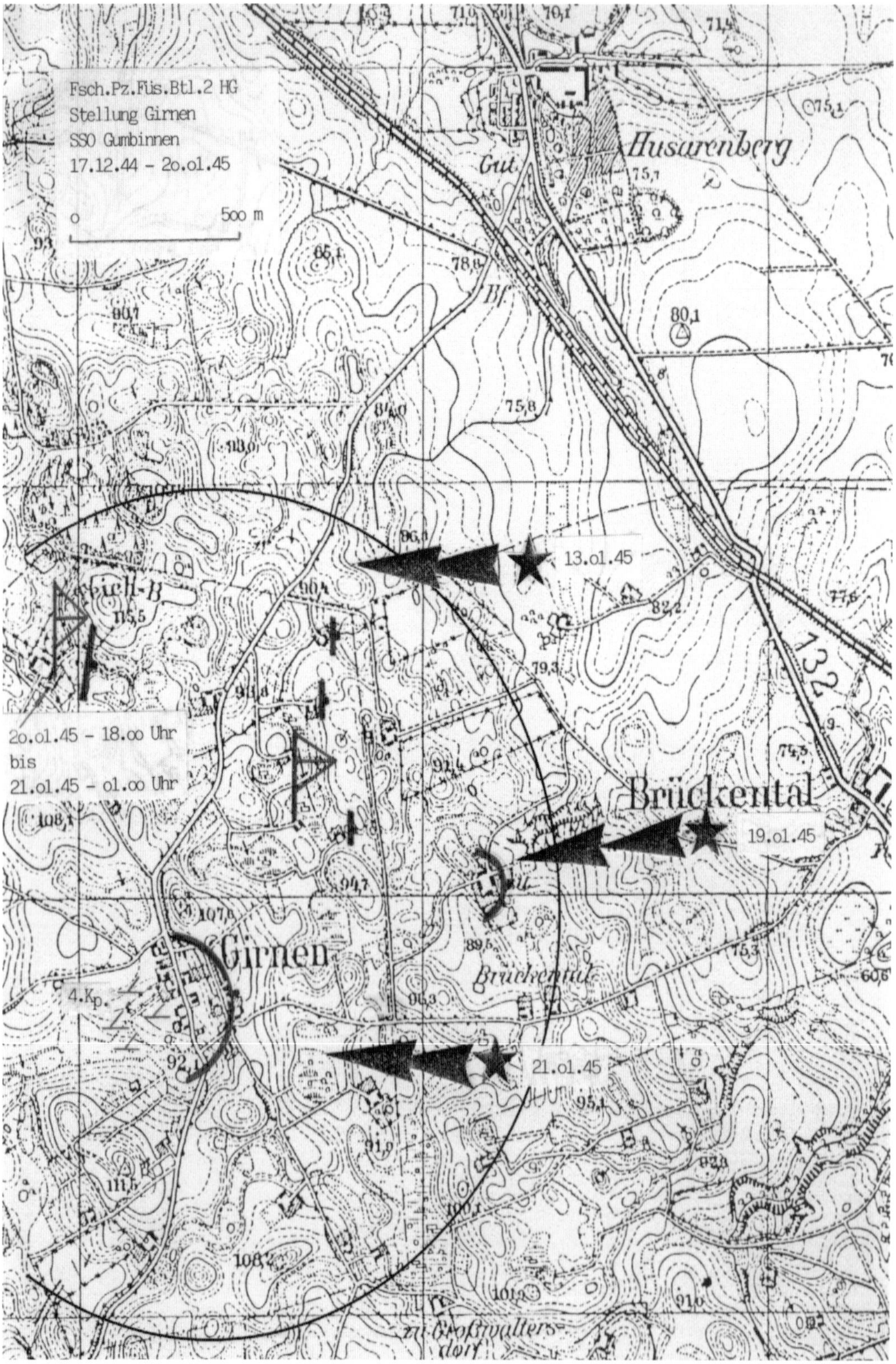

Karte: Falschirm-Panzerfüsilierbataillon 2 „Hermann Göring" in der Stellung Girnen SSO Gumbinnen vom 17. Dezember 1944 - 20. Januar 1945.

Zusammengesetzte Luftbilder eines deutschen Nahaufklärers von Girnen 1944.

Reichsstraße 138 Ohldorf – Samfelde.

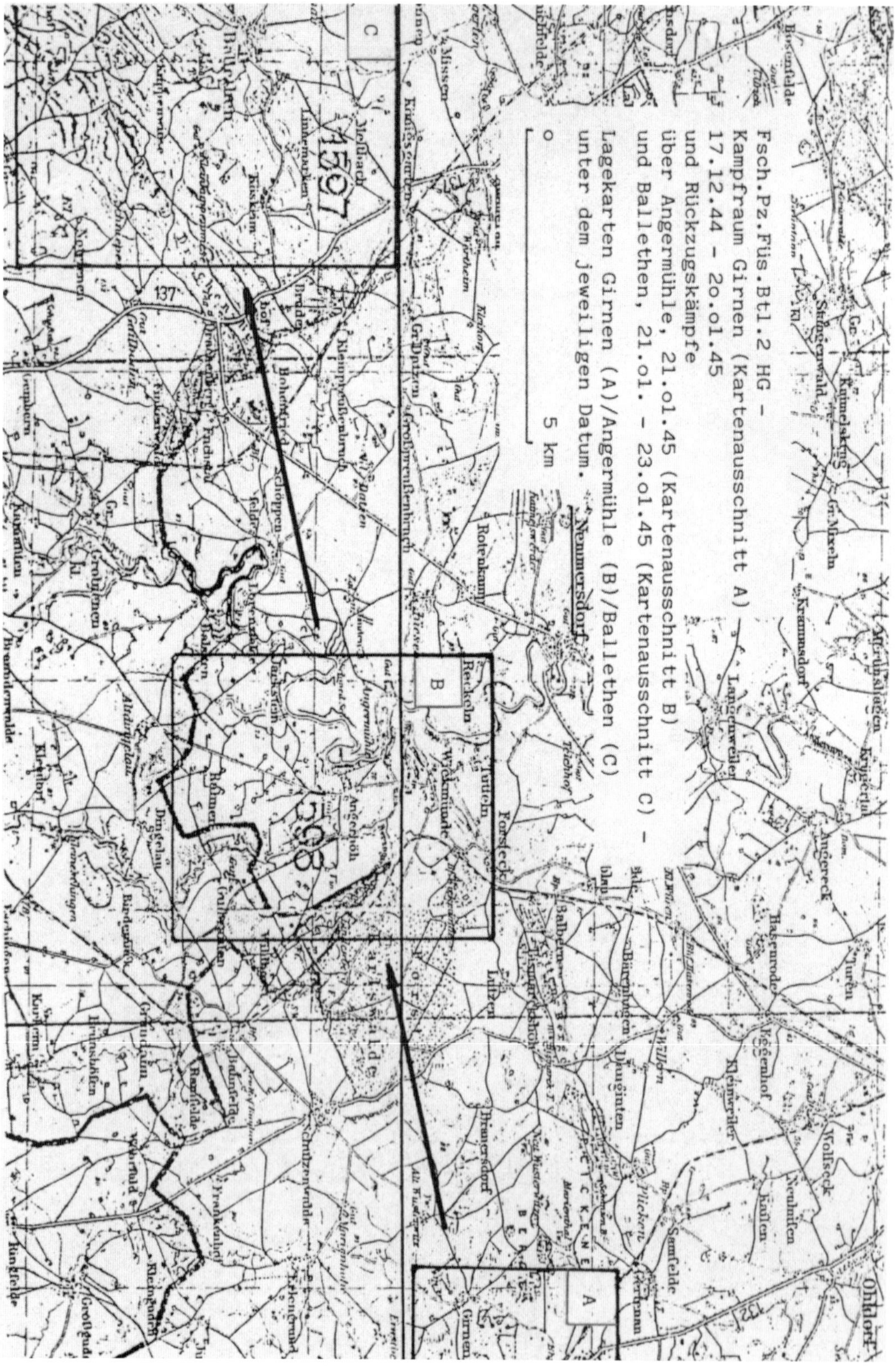

Karte: Falschirm-Panzerfüsilierbataillon 2 „Hermann Göring" im Kampfraum Girnen; Rückzugskämpfe über Angermühle und Ballethen.

7,5 cm-Pak 40 beim Abwehrkampf im Januar 1945 in Ostpreußen.

Panther-Panzer der „Hermann Göring" bei einem Gegenstoß.

Schützenpanzer der Panzergrenadiere der „Hermann Göring“ bei Friedland im Januar 1945.

Sturmgeschütz III-G im Abschnitt des Fallschirm-Panzerfüsilierbataillons 2 „Hermann Göring“ bei Girnen am 20. Januar 1945.

Januar 1945: Oberleutnant Knoblauch vor dem Gefechtsstand des Fallschirm-Panzerfüsilierbataillons 2 „Hermann Göring".

Vor dem Gefechtsstand des Fallschirm-Panzerfüsilierbataillons 2 „Hermann Göring", Stellung Girnen im Dezember 1944. Von links: Oberleutnant Knoblauch – Bataillonsadjutant, Leutnant Küchel – Ordonnanzoffizier, Hauptmann Wolf – Bataillonsführer, Oberleutnant Kalff – Führer 3. Kompanie.

Oberleutnant Karl Knoblauch im Januar 1945 vor der großen sowjetischen Winteroffensive 12. Januar 1945.

Auch in schwieriger Lage versuchte Karl Knoblauch seinen Humor zu bewahren.

Karl Knoblauch vor dem Gefechtsstand des Fallschirm-Panzerfüsilierbataillons 2 „Hermann Göring" am Vortag der sowjetischen Winteroffensive vom 12. Januar 1945.

Meine Männer treten näher und sehen sich den Inhalt der Kanister an. Auch ich bin neugierig geworden.
Die Kanister sind randvoll mit gebratenen Gänsekeulen. Offensichtlich ist hier der gesamte Gänsebestand des Gutes abgeschlachtet worden. Ich bin bemüht, einen kleinen Teil dieser Köstlichkeiten für uns abzuzweigen.
Ein älterer Obergefreiter hält das für anmaßend und bringt das mir gegenüber auch zum Ausdruck: „Halt die Schnauze und verschwinde!"
Meine Männer schalten sich schnell ein: „Sollen wir die Kerle auseinandernehmen, Herr Oberleutnant?"
Der Obergefreite wird blass. Er hat in mir keinen Offizier vermutet. Dienstgradabzeichen sind von der Tarnjacke verdeckt.
Ich bleibe ruhig und entscheide: „Von den zehn Kanistern bleibt einer hier. Nehmen Sie den Rest und tauchen Sie unter!"
Die Landser suchen beschleunigt das Weite. Sie müssen einige Male gehen, um die Kanister nach draußen in ihr Fahrzeug zu bringen.
Inzwischen ist es 5.30 Uhr geworden. Ich fahre mit meinen Männern an den Wald ostwärts des Gutes heran. Zu Fuß gehen wir durch die verschneiten Schneisen bis an den jenseitigen Rand des Waldes. Hier sollen ausgehobene Stellungen sein.
6.20 Uhr: Unsere Suche nach den Stellungen ist bisher vergeblich gewesen. Wenn ich die Stellungen bis zum Eintreffen des Bataillons nicht gefunden habe, wird es erheblichen Ärger geben.
Ich entschließe mich, am ostwärtigen Waldrand nach Süden, in Richtung Forsthaus Bruchort, zu gehen. Nach etwa 100 Metern stoße ich auf drei Männer, die mit einem MG in einem Schneeloch hocken. Ich trete heran und frage: „Wer sind Sie denn?"
„Wir sind vom Volkssturm und sollen diese Stellung halten, bis reguläre Truppen eingetroffen sind. – 40 Mann sind hier an diesem Waldrand und warten auf Ablösung!"
„Da haben Sie aber Glück, die ‚Regulären' werden in einer Stunde hier sein. Und jetzt sagen Sie mir nur noch, was Sie da für ein sonderbares Maschinengewehr haben?"
„Das ist ein belgisches MG; belgische Munition haben wir leider nicht!"
Ich bin sprachlos und verabschiede mich. Die beiden Melder hinter mir unterhalten sich über das soeben Gehörte. Der eine meint: „Wer das hier zu verantworten hat, gehört vor ein Kriegsgericht. Die alten Männer mit ihrer kümmerlichen Bewaffnung haben gegen den Iwan doch keine Chancc!"

7.10 Uhr: Auf dem Weg von Pentlack her taucht die Spitze des Bataillons auf. Vorn geht ein Oberfähnrich, die Männer folgen in Reihe. Ich frage nach dem Kommandeur.
„Hauptmann Wolf geht oder fährt am Ende des Bataillons. Ich schätze, dass er in 20 Minuten hier eintreffen wird!"
Die Männer, die in Reihe an mir vorbeiziehen, sind am Ende ihrer Kraft – die Gesichter ausdruckslos. Mir fällt auf, dass keiner mehr spricht. Apathisch tritt der jeweilige Hintermann in die Spur des Vordermannes.
Dem Oberfähnrich gebe ich einen Melder mit, damit die Stellungen am Waldrand ohne Zeitverlust bezogen werden können.
Die nächste Kompanie oder das was davon übrig geblieben ist, zieht an mir vorüber. Dasselbe Bild, dieselben ausgelaugten Gestalten.
Der Wagen mit dem Kommandeur wühlt sich durch den Schnee, kommt auf mich zu und hält: „Knoblauch, wo sind die vorbereiteten Stellungen?"
„Die Stellungen verlaufen hier am Waldrand, Herr Hauptmann. Aber vorbereitet ist nichts. Die Gräben sind zugeschneit. Einige alte Männer vom Volkssturm kauern in den Schneelöchern und warten darauf, von uns abgelöst zu werden!"
„Weisen Sie den Rest des Bataillons ein, und schicken Sie die ‚Volksstürmer' nach Hause. Die Verantwortung will ich nicht auch noch übernehmen. Ich fahre jetzt nach Gut Plattau und erwarte Sie dort, wenn der letzte Mann in der Stellung ist. Beeilung ist geboten. Der Iwan wird spätestens in einer halben Stunde hier sein!"
Die Verhältnisse in den Stellungen sind katastrophal. Die tiefen Gräben sind voller Schnee und schwer aufzufinden. Ich spreche mit den Kompanieführern und erkläre ihnen, wo der Gefechtsstand des Bataillons ist.
8.00 Uhr: Die hinter den tiefhängenden Wolken aufgehende Sonne kommt nicht durch. Ich bin am linken Flügel des Bataillons, dort, wo der Wald nur 150 Meter von der parallel zur Hauptkampflinie laufenden Straße Pentlack – Kl. Gnie entfernt ist. Drüben auf der anderen Straßenseite liegt das Forsthaus Klein Pentlack.
„Gehen Sie in Deckung", ruft mir ein Landser zu, „der Iwan ist drüben im Straßengraben!"
Mit einem Satz tauche ich unter. Ein Blick durch den Feldstecher zeigt mir, dass uns gegenüber mindestens 100 Mann in Stellung gegangen sind.
Die eigenen Kompanien sind gefechtsbereit, davon habe ich mich überzeugt. Die MG sind besetzt, der Rest ist vor Erschöpfung eingeschlafen. Ich gehe

mit meinem Melder durch den verschneiten Forst zurück nach Gut Plattau. Wir sind hier völlig ohne schwere Waffen. Uns fehlt auch die Pak, die unsere Stellung in Ballethen verstärkt hat – jenes Geschütz, das den mit hoher Geschwindigkeit auf uns zufahrenden Spähwagen der Sowjets abschoss. Ich werde dies Ereignis nicht vergessen. Das Spähfahrzeug wurde gleich von der ersten Granate getroffen. Entfernung 80 Meter! Es zerplatzte wie eine Blechschachtel. Aus der Rauchwolke des brennenden Wracks heraus rollten zwei Räder über die Schneefläche auf uns zu. Die Besatzung hatte die „Himmelfahrt" angetreten.
Der Kommandeur ist in voller Aktion. Mit Einbruch der Dunkelheit wird die Versorgungskompanie warme Verpflegung bringen. Ich verspreche mir davon eine deutliche Verbesserung der Stimmung.
Hauptmann Wolf spricht mich an: „Vor wenigen Minuten hat sich hier der für den Volkssturm zuständige Parteimensch verabschiedet. Ich habe ihm empfohlen, mit seinen unzureichend ausgerüsteten Männern gleich weit genug zurückzugehen. Wissen Sie, im Grunde tut mir dieser Mensch leid; ein armes Schwein. Er geht bösen Zeiten entgegen und glaubt immer noch, dass wir Ostpreußen halten können. Wenn der Iwan ihn in seiner Uniform erwischt, ist er ohnehin dran! Übrigens, mir gefällt gar nicht, dass der Gefechtsstand so weit abgesetzt ist. Aber im Forst können wir uns nicht niederlassen; da habe ich überhaupt keinen Einfluss auf die Ereignisse. Die Nachrichtenleute sind gerade dabei, die Strippen zu den Kompanien zu legen!"
Ich denke an die total überforderten Männer vorn in den Gräben und stelle fest, dass das System von „Befehl und Gehorsam" auf allen Ebenen noch intakt ist.
Der Gefechtslärm nimmt zu. Vom Waldrand gegenüber dem Forsthaus Pentlack her ist das Schießen unserer MG-42 zu hören, und jetzt detonieren auch die ersten Werfergranaten bei uns im Gutshof. Die Fensterscheiben zerspringen, Putz fällt von der Decke.
Der Kommandeur ist vorn in den Stellungen. Nördlich von uns ist stärkeres Artilleriefeuer zu hören. Das könnte bei Hochlindenberg sein, zwei Kilometer von hier. Ich schaue auf meine Karte. Das Gelände zwischen Gut Plattau und Hochlindenberg ist nicht besetzt. Wenn der Iwan hier durchsickert, haben wir ihn bald im Rücken. Verhindern können wir das nicht.
15.50 Uhr: Hauptmann Wolf kommt von vorn zurück und gleich darauf trifft ein Ordonnanzoffizier ein: Die Bataillonsadjutanten werden für 16.30 Uhr zum Befehlsempfang zur Division befohlen.

Ich nehme mein Kartenbrett und rufe den Fahrer. Wir besteigen den Kübel des Kommandeurs und warten in der Deckung einer Scheunenwand. In einer Feuerpause wirft der Fahrer den Gang hinein und gibt Gas. Wie eine Rakete schießen wir aus dem Gutshof hinaus auf die Straße nach Ellernbruch. Es ist inzwischen dunkel geworden. Hinter uns liegt das Werferfeuer der Russen. Nur mühsam kommen wir auf den verschneiten Straßen und Wegen voran. Nach 20 Minuten bin ich nicht mehr sicher, ob ich noch auf dem richtigen Wege bin, und nach weiteren fünf Minuten weiß ich, dass wir uns verfahren haben. Ich lasse wenden. Wir fahren zurück und setzen erneut an.

Kurz vor Neusobrost lasse ich halten, um nochmals meine Karte im schwachen Schein meiner Taschenlampe einzusehen. Mein Blick geht dabei mehr zufällig auf die Schneefläche hinaus. Rechts von mir sehe ich im abendlichen Bodendunst Gestalten, die sich langsam nach Westen bewegen. Russen? – Ich zögere zunächst, erkenne dann aber die runden Steppmützen und langen Mäntel. Die Rotarmisten sind nur 40 oder 50 Meter entfernt. Auch links von uns ist Bewegung im Gelände. Wir stecken mitten in einer Kompanie, die zu beiden Seiten der Straße nach Westen vorgeht.

Ich veranlasse meinen Fahrer, unseren Wagen vorsichtig in Bewegung zu setzen. „Nur nicht festfahren", ist mein einziger Gedanke. Erst hinter Neusobrost können wir aufatmen.

Die Zeit ist mir davongelaufen. Der Befehlsempfang bei der Division hat ohne mich begonnen.

Um 17.10 Uhr treffe ich beim Divisionsstab ein. Das Gehöft macht einen verlassenen Eindruck.

Ich steige aus dem Kübel und trete auf den Posten zu, der vor der Stabsunterkunft steht: „Wo finde ich den Ia?"

„Geh'n Sie nur hinein, die Besprechung ist schon beendet!"

Im Flur stoße ich auf Major Schweim, der mich trotz der mäßigen Kerzenbeleuchtung erkennt: „Knoblauch, wo kommen Sie denn jetzt erst her?"

„Ich habe mich verfahren, Herr Major. Ich bitte um Entschuldigung!"

Der Major schiebt mich durch eine Tür, und ich stehe vor dem Divisionskommandeur, Oberst Walther.

Ich melde und berichte zugleich über die „eingesickerten" Russen ostwärts Neusobrost. Die Gesichtszüge des Oberst bleiben ohne Regung. Er eröffnet mir mit dürren Worten: „Das Füsilierbataillon ist ab sofort der 21. Infanteriedivision unterstellt und zwar dem Grenadierregiment 45. Das Regiment nimmt mit Ihnen Verbindung auf. Ihr Abschnitt wird im Süden und Norden

um je 500 Meter verbreitert. Informieren Sie Ihren Kommandeur, und sorgen Sie dafür, dass alles Erforderliche veranlasst wird! Wie stark ist Ihr Bataillon noch?"
„Die leichten Kompanien waren heute Morgen noch etwa 20 Mann stark, die schwere etwa 35 Mann!"
Der Oberst sieht seinen Ia an und gibt mir dann die Hand: „Es könnte sein, dass die Russen Ihren Rückweg bereits blockiert haben. Sollte das zutreffen, lassen Sie Ihren Wagen stehen und versuchen zu Fuß bis zu Ihrem Bataillon durchzukommen. Klären Sie Ihren Fahrer über die neue Lage auf, insbesondere über die Unterstellung beim Grenadierregiment 45. Einer von Ihnen muss durchkommen!"
Der Kommandeur – ich meine ihm das anzusehen – geht davon aus, dass das Füsilierbataillon in seiner jetzigen Stellung sterben wird.
Ich steige in den VW, der Fahrer lässt den Motor an – die Rückfahrt beginnt.
Über Neusobrost zurückzufahren, scheint mir aussichtslos zu sein. Ich halte es für besser, den Weg über Gr. Sobrost – Waldeck zu nehmen, obwohl diese Strecke tief verschneit ist und längere Zeit nicht befahren wurde.
Im Schritttempo fahren wir weiter. Ob auch hier die sowjetische Infanterie „eingesickert" ist, wissen wir nicht; niemand kann das ausschließen. Die Nerven sind angespannt. Meine MPi liegt auf den Knien.
Die Stille um uns ist beinahe schmerzhaft. Von Nordenburg herüber trägt der Wind lebhaftes MG-Feuer. Hier und dort steigt eine Leuchtkugel auf.
Nach einer guten halben Stunde erreichen wir ohne Zwischenfall Waldeck. Der Ort ist leer. Mein Fahrer beschleunigt unaufgefordert unseren VW. Er ist – wie auch ich – bemüht, aus der Unübersichtlichkeit dieses Dorfes herauszukommen. Die leeren Fensterhöhlen der wenigen Häuser sehen uns feindselig an.
Als wir das letzte Haus hinter uns haben, stoßen wir auf einen Wald. Ich meine jetzt auch zu wissen, woher der Ortsname kommt. Der Fahrer nimmt Gas weg und hält. Er sieht mich fragend an. Wieder einmal stehe ich vor einer Entscheidung über „Sein oder Nichtsein". Einmal mehr muss ich nicht nur über mich sondern zugleich auch über das Schicksal eines anderen entscheiden. Dieser andere wird meine Entscheidung hinnehmen, ganz gleich, ob diese richtig oder falsch ist; und wer kann in dieser Situation schon letztgültig sagen, was richtig oder falsch ist?
Ich atme tief durch und stoße meinen Fahrer an: „Weiter!"

Langsam und schwerfällig kämpft sich der VW durch den Schnee. Rechts von uns haben wir den Waldrand. Wenn wir etwas aus der Spur kommen, streifen die Zweige unser Fahrzeug. Links des Weges liegt eine offene Schneefläche. Ich fühle, wie unter meiner Mütze der Schweiß ausbricht.
Endlich tritt der Wald rechts von uns vom Weg zurück. Wir rollen langsam auf den Westrand von Ellernbruch zu.
Vor uns, auf der Dorfstraße, bewegt sich etwas – und gleich darauf: „Halt wer da?"
„Nicht schießen!", gebe ich zurück.
Ein Zug von „Hermann Göring"-Grenadieren sichert Ellernbruch rundum, wie das so schön heißt, wenn niemand mehr weiß, wo hinten und vorn ist. Der Zugführer, ein Feldwebel, der mich anspricht, weiß bereits von den Russen bei Neusobrost.
Ich frage nach dem Weg Richtung Plattau. „Immer geradeaus und an der nächsten Straßengabel links abbiegen", wird mir gesagt. „Die Straße liegt hin und wieder unter Feuer. Bei Tageslicht kann sich dort ohnehin niemand sehen lassen. Der Iwan hat den Weg Bruchort – Plattau erreicht!"
Der Feldwebel begleitet uns bis zum Ortsausgang und wünscht uns dann „Gute Fahrt".
Die Schneedecke auf der Straße ist fest; wir kommen schnell voran und haben nach knapp zwei Kilometern die Häuser von Plattau vor uns. Wenig später fahren wir an den Gutshof heran und hinein in einen Granatwerferüberfall. Mein Fahrer – auch er hat das Heranheulen der Granaten gehört – tritt hart auf das Gaspedal. Der „Kübel" schießt nach vorn und kommt kurz darauf nach einer scharfen Bremsung im Gutshof zum Stehen. Wir können gerade noch rechtzeitig in Deckung gehen, ehe die nächste Lage krachend in die Dächer der Gebäude schlägt.
Ich melde mich beim Kommandeur zurück und informiere über die neue Lage. Als ich über die Verbreiterung des Verteidigungsabschnittes berichte, will Hauptmann Wolf sich einschalten – schüttelt aber nur den Kopf und greift nach einer Zigarette.

25. Januar: Die Nacht ist ruhig. Immer wieder flackert Gefechtslärm auf, aber ernsthafte Angriffe der Russen erfolgen nicht.
6.10 Uhr: Am linken Flügel, gegenüber von Kl. Pentlack, ist ein heftiges Feuergefecht im Gange, und gleich darauf läutet der Fernsprecher – ein Gefreiter am Apparat: „Der Iwan war eben bei uns im Graben. Wir haben

ihn abwehren können, (und nach einer kleinen Pause) es ist keiner zurückgekommen!"
Kurz nach 7.00 Uhr treffen vier Verwundete ein. Sie sind Gott sei Dank gehfähig. Nachdem der Sani sie verbunden hat, werden sie in Richtung Dreimühl abgeschoben. Noch ist es dunkel – sie werden den Verbandsplatz erreichen.
12.10 Uhr: Der Iwan wird aktiv. Unser Gehöft liegt unter Artilleriebeschuss. Durch die zerschossenen Fenster zieht der Wind. Auf der offenen Fläche zwischen Plattau und Hochlindenberg geht russische Infanterie nach Westen vor. Niemand kann sie aufhalten. Auch südlich von uns, bei Bruchort, verstärkt sich der Gefechtslärm. Der Iwan lässt uns einfach in den Waldstellungen stehen. Er weiß, dass wir ihm früher oder später kampflos in die Hände fallen werden.
Das Verhältnis zwischen Gefechtsstärke und Auftrag ist untragbar geworden. Etwa 80 Füsiliere in der Front sollen einen Abschnitt von fast zwei Kilometern halten – ohne schwere Waffen.
Der Kommandeur handelt. Die in der Nordspitze des Waldes gegenüber Kl. Pentlack liegenden Männer nimmt er auf Gut Plattau zurück – Front nach Nordosten.
Um 13.30 Uhr gehen die restlichen Teile des Bataillons kämpfend auf das Gutsgehöft zurück.
Der Iwan steht vor der Tür. Ich höre deutlich, wie die Explosivgeschosse (Knallerbsen) an den Wänden der Gebäude zerplatzen.
Der Kommandeur stürzt nach draußen. Er rafft die in seiner Nähe in Deckung liegenden Männer zusammen und wirft die Russen, die in die Häuser auf der anderen Straßenseite eingedrungen sind, im Nahkampf hinaus.
Der Iwan hat schwere Verluste. Auch drei Füsiliere sind gefallen.
Der Hauptmann kommt zurück: „Gehen Sie die Hauptkampflinie ab, und versuchen Sie zu klären, wie stark wir noch sind!"
Ich gehe nach draußen. An der Nordwestecke des Herrenhauses liegen ein Russe und zwei Füsiliere – tot! Dem einen hat ein Granatsplitter den gesamten Unterkiefer abgerissen. Ich muss wegsehen.
Es gibt nicht mehr viel zu klären. Zehn Minuten später stehe ich wieder vor dem Kommandeur: „Herr Hauptmann, die Gefechtsstärke des Bataillons liegt unter 50 Mann. Die Munition geht zu Ende!"
Vor zwölf Tagen waren wir noch über 600 Mann stark.
Der Hauptmann wendet sich wieder an mich: „Veranlassen Sie, dass den Gefallenen die restliche Munition abgenommen wird!"

Draußen flackert der Gefechtslärm wieder auf. Der Kommandeur nähert sich dem Fenster. In diesem Augenblick trifft ihn ein Infanteriegeschoß von vorn in die Schulter – auch der Arm ist verletzt; er kommt ins Schwanken. Ich kann ihn gerade noch fassen und mit Hilfe eines Melders auf ein im Raum stehendes Sofa legen. Sein Gesicht ist blass; Blut sickert durch die Tarnjacke.
Ich rufe nach einem Sanitäter. Wenig später ist der Kommandeur verbunden.
Hauptmann Wolf spricht mich noch einmal an: „Knoblauch, übernehmen Sie das Bataillon. Ich wünsche Ihnen und den Männern alles Gute!"
Dass dieser Augenblick einmal kommen würde, habe ich immer befürchtet. Es ist nicht die Führungsaufgabe, die mich belastet, es ist die Wucht der Verantwortung, die ich beinahe körperlich fühle. Eine Verantwortung, die zwei Komponenten hat: Die eine den Männern gegenüber und die gegenüber dem militärischen Auftrag.
Hauptmann Wolf wird in einem trogähnlichen Schlittengefährt von zwei Männern – in Deckung des Gehöftes – aus dem Gefahrenbereich gezogen.
Der Gefechtslärm schwillt wieder an, und gleich darauf ist der Iwan im Gehöft.
Ich springe an die Tür, die über eine breite Freitreppe in den Hof hinunterführt.
Am Fuße der Treppe – zehn Meter vor mir – zwei Russen. Sie sind wie ich gleichermaßen überrascht. Ich sehe in verzerrte Gesichter, reiße meine MPi hoch und überwinde die Schrecksekunde schneller – das haben sie nicht überlebt.
An der Südostecke des Gehöftes ist ein Rudel Russen eingebrochen – sie schießen wild um sich. Ich hetze die Treppe empor und erreiche die Tür im letzten Augenblick. Hinter mir splittert die Türfüllung unter den Garben der Maschinenpistolen.
Aus der Tiefe des Zimmers heraus verschaffe ich mir durch ein Fenster die Übersicht über das Geschehen im Hof.
Aus der Deckung einer Scheune mir gegenüber schießt ein MG-42 in den Haufen der Russen. Wenig später ist die Lage bereinigt.
Vorsichtig trete ich in den Hof hinaus. Die Verluste der Russen sind enorm. Wir haben zwei Tote.
Ich gehe die Stellungen ab. Überall sprechen mich die Männer an: „Die Munition geht zu Ende!"
Die Lage ist verzweifelt. Von der oberen Stufe der Freitreppe des Gutshauses schaue ich nach Westen. Im Feldstecher sehe ich sowjetische Infanterie und Panzerrudel. Vor den Stellungen des 4. Regiments bei Dreimühl brennen zwei

T-34. Der Iwan ist mit seinen Spitzen also schon drei Kilometer hinter uns. Bei Hochlindenberg zieht eine Panzerkolonne kampflos nach Westen. Südlich von hier sind die Russen an Ellernbruch vorbeigestoßen und gehen zügig auf Waldeck vor. Mir wird der Kragen eng, und ich fühle den tödlichen Griff an meinem Halse. Die in meiner Nähe stehenden Männer sehen mich mit verkniffenem Gesicht wortlos an. Sie wissen, dass ihr Schicksal jetzt von meinem Entschluss abhängt. Wenn ich mich zum „Halten" der Stellung entschließe, werden sie kommentarlos hierbleiben, den Kampf fortführen, sterben oder in die Hände der Russen fallen. Ich rufe den Leutnant Schneider und den Oberfähnrich Staguhn und entscheide anders: „Das Bataillon bricht nach Westen durch. Staguhn, Sie werden die Reste der Kompanien in dem Walde 2.000 Meter hinter uns einfangen und dann versuchen, Anschluss an deutsche Verbände zu finden. Sorgen Sie dafür, dass kein Verwundeter zurückbleibt. Vergessen Sie nicht, dass wir seit gestern zum Grenadierregiment 45 gehören. Ich bleibe mit Leutnant Schneider und zwei Füsilieren hier; wir decken das Absetzen!"

Mein Absetzbefehl ist eine klare Entscheidung ohne Zustimmung des Regiments. Möglicherweise muss ich das höheren Orts verantworten. Meine hochkommenden Bedenken verdränge ich; die auf mich einstürzenden Ereignisse lassen weitere Überlegungen nicht zu.

Schneider, zwei Bataillonsmelder und ich veranstalten mit der Restmunition ein täuschendes Feuerwerk. Einmal auf der linken Seite des Hofes, dann auf der rechten.

Die Reste des Bataillons sind bereits 600 Meter hinter uns – einzeln und in Reihe. Ich schaue auf meine Uhr: 15.40! Hoffentlich merkt der Iwan nicht zu früh, was hier gespielt wird.

Aus der Deckung heraus beobachte ich, wie von Osten her der Iwan wieder angreift. Ein ganzes Bataillon wird das sein – Entfernung nur noch 400 Meter. Jetzt gibt es nichts mehr zu täuschen. Ich rufe Schneider und den Füsilieren zu: „Sofort absetzen!"

Ich wende mich um und sehe die beiden Männer quer über den Hof laufen. MG-Feuer setzt ein. Gleich von der ersten Garbe erfasst, stürzen sie zu Boden – tot! Ich habe einen widerlichen Geschmack im Munde.

In Deckung einer langgestreckten Scheune hetze ich nach Westen. Schneider sehe ich auf der anderen Hofseite. Jetzt schießt auch sowjetische Pak in den Innenhof. Die Granaten bersten an einer Hauswand.

Den Hof habe ich nach Westen verlassen, da setzt Infanteriefeuer von rechts

ein – Entfernung nur 100 Meter. Das Feuer zwingt mich in Deckung hinter einen großflächigen Dunghaufen. Ich merke, wie mir jetzt schon die Luft knapp wird.
Wiederholte Versuche, aus dieser Lage herauszukommen, misslingen. Immer wieder hält mich das dichte Feuer hinter dem Dunghaufen fest.
Angst steigt in mir auf, ordinäre Angst. Ich fühle, dass ich eine nicht abwendbare Entscheidung treffen muss – und zwar sofort.
Es geht darum, ob ich mich hier hinter diesem Dunghaufen gefangennehmen lasse und anschließend erschossen werde, oder ob ich das Schicksal herausfordere und die Flucht über die deckungslose Fläche antrete.
Ich lasse mein Kartenbrett liegen und stoße die MPi mit der Mündung in den Ackerboden. Dann springe ich wildentschlossen auf und stürze davon.
Von rechts schlägt mir Feuer entgegen. Ich laufe weiter, Schleier vor den Augen. Wenn ich jetzt die Nerven verliere, bin ich ein toter Mann. Ich laufe, soweit der weiche Ackerboden und der tauende Schnee das zulassen.
Ein Blick nach rechts lässt mich fast erstarren. Aus einem Graben, der parallel zu meiner Fluchtrichtung verläuft, ist eine Kompanie Russen aufgestanden und bewegt sich schießend auf mich zu.
Ich laufe weiter. Meine Schritte werden kürzer. Ich merke, wie meine Kräfte nachlassen und dann reißt bei mir der Film. Ich fühle noch, wie ich zu Boden gehe.
Wie lange ich ohne Besinnung im Schneematsch gelegen habe, weiß ich nicht. Wie von weit her höre ich jemand rufen: „Steh'n Sie auf!" Dann die Feuerstöße aus einer MPi.
Als ich wieder klar bin, sehe ich, dass Leutnant Schneider neben mir aufrecht stehend die Russen mit seiner MPi in Schach hält.
Die Angst bringt mich wieder auf die Beine. Im Munde habe ich Blutgeschmack. Ich spucke aus und muss dann stark husten. Wieder habe ich Blut im Munde.
Schneider und ich hetzen weiter. Die Russen sind nähergekommen. Deutlich erkenne ich ihre unrasierten Gesichter, die offenen flatternden Mäntel und höre das unter die Haut gehende „Urräh – Urräh – Urräh".
Sie schießen aus der Hüfte. Um uns pfeift und summt es. Dass wir noch nicht getroffen wurden, grenzt an ein Wunder.
Meine Kräfte verlassen mich wieder – ich kann nicht mehr. Meine Knie knicken ein; ich falle. Das ist also das Ende, so denke ich. Aber Schneider sollte versuchen, sich zu retten. Ich rufe ihn an: „Schneider, hauen Sie ab!" Mehr

ist bei mir nicht mehr drin. Ich verliere wieder die Besinnung. Als ich zu mir komme, wechselt Schneider gerade das Magazin seiner MPi. Ich raffe mich mühsam auf. Wir stampfen durch den nassen, mit Schneematsch bedeckten, schweren Ackerboden.
Wieder habe ich den Mund voller Blut – ich spucke aus. Mit jedem Hustenanfall wird die Blutung stärker. Meine Lungenverwundung von 1943 ist offensichtlich aufgebrochen.
Wir haben noch 100 Meter bis zur letzten, rettenden Geländewelle vor dem Wald, in dem wir untertauchen wollen und bewegen uns jetzt hinter der sowjetischen Infanteriespitze, die auf Dreimühl vorstößt. Die zweite Welle der Russen, die uns von Gut Plattau gefolgt ist, haben wir im Genick.
Die Russen schießen wieder. Auch eine Pak hält hin und wieder auf uns. Plötzlich spüre ich einen Stich an der Brustseite unter dem linken Arm. Ich merke, wie das Blut warm über die Rippen läuft und sich am Hosenbund staut. Noch kann ich gehen. Die Angst hält mich auf den Beinen und treibt mich vorwärts.
Der Wald – wir haben ihn erreicht. Langsam beginne ich zu begreifen, dass wir dem Iwan entwischt sind – vorerst!
Die Russen sind wahrscheinlich bis „Oberkante Unterlippe" mit Wodka aufgefüllt – sonst hätten sie uns treffen müssen.
„Mensch Schneider, ohne dich wäre ich erledigt gewesen!", sprudelt es aus mir hervor.
„Und ich hätte dich nicht hängen lassen!", entgegnet Schneider.
Wir merken beide, dass wir – ohne Einleitung – plötzlich „Du" zueinander sagen.
Im Walde tasten wir uns weiter nach Westen vor. Immer wieder bleiben wir stehen und lauschen. Wo mag Staguhn mit den Resten des Bataillons sein? Inzwischen ist es dunkel geworden. Der Wald ist mir unheimlich. Hier und dort knackt es im Unterholz. Ich schlage Schneider vor, auf die freie Fläche vor dem Südrand des Waldes hinauszutreten und vorsichtig nach Süden vorzufühlen. Irgendwo müssen doch deutsche Truppen sein.
Einige hundert Meter vom Waldrand abgesetzt, gehen wir Schritt für Schritt nach Süden vor.
Nach einigen Minuten fasst mich Schneider an den Arm und weist wortlos nach vorn. Auf der nassen Schneefläche ist voraus ein schwarzer Fleck zu erkennen. Das könnte ein Schuppen sein – oder aber auch ein Panzer.
Langsam kommen wir näher – wir haben beide den Finger am Abzug.

Nach weiteren 30 Metern höre ich, wie der Sicherungsflügel eines Karabiners umgelegt wird und gleich darauf: „Halt wer da?"
„Nicht schießen, Deutsche!"
Wir kommen vorsichtig näher und stoßen dann auf ein deutsches Sturmgeschütz.
Oben in der Luke gibt sich ein Leutnant zu erkennen: „Wer sind Sie und woher kommen Sie?"
„Oberleutnant Knoblauch, Füsilierbataillon 2 ‚Hermann Göring' – dies ist der Leutnant Schneider. Seit gestern gehören wir zum Grenadierregiment 45. Wir sind den Russen gerade von der Schippe gerutscht. Wir kommen aus dem Walde da drüben!"
„Mensch, das kann doch nicht wahr sein. Der Wald ist voller Russen. Ich habe den Auftrag, gegen den Wald zu sichern, um die Straße Nordenburg – Gerdauen für die zurückgehenden Verbände offenzuhalten. Ich fahre in zehn Minuten ab. Sie können mitfahren. Ich bringe Sie zum Regiment!"
Endlich ist es soweit. Der Fahrer lässt den Motor an. Ich bekomme einen Platz im Sturmgeschütz und Schneider klammert sich auf der Oberfläche fest.
Schaukelnd geht es zur Hauptstraße zurück. Ich hocke auf einer primitiven Sitzgelegenheit und versuche immer wieder zu verhindern, mit dem Kopf gegen die Stahlplatten zu schlagen. Von draußen zieht kalte Luft durch die Schlitze des Geschützes und verhindert, dass ich vor Erschöpfung einschlafe. Was um mich herum passiert, bekomme ich nicht mehr mit.
Im Unterbewussten merke ich, dass das Sturmgeschütz hält, und dann auch der Motor abgestellt wird.
Der Sturmgeschütz-Leutnant klopft mir auf die Schulter: „Wir sind da. Wir stehen vor dem Gefechtsstand des Grenadierregiments 45 in Wandlacken!"
Ich spüre meine Schwäche. Schneider hilft mir, den Stahlkasten zu verlassen. Dem fremden Leutnant winke ich noch einmal zu: „Vielen Dank!"
Schneider und ich betreten den Regimentsgefechtsstand. Im Halbdunkel eines mit Kerzen mäßig aufgehellten Raumes sind einige Offiziere und Soldaten. Auf einem Tisch liegt eine Landkarte.
Aus einem Sessel erhebt sich ein Oberst – ein großer Mensch. Er trägt das Ritterkreuz. Das ist ganz sicher der Kommandeur der 45er.
Ich melde: „Oberleutnant Knoblauch und Leutnant Schneider vom Füsilierbataillon 2 ‚Hermann Göring'. Wir haben das Absetzen des Bataillons in Gut Plattau gedeckt und jetzt den Anschluss verloren. Ich bitte Herrn Oberst…"
Weiter komme ich nicht. Die Schwäche hat mich wieder gepackt, ich werde

ohnmächtig. Wie lange ich ohne Besinnung war, weiß ich nicht. Als ich zu mir komme, spricht mich der Oberst an: „Der Leutnant Schneider hat inzwischen berichtet, was vorgefallen ist. Sie lassen sich von Ihrem Bataillonsarzt, der übrigens auch hier in Wandlacken eingetroffen ist, die notwendigen Papiere geben und suchen die nächste Verwundetensammelstelle auf. Leutnant Schneider wird das Bataillon übernehmen. Er ist nach dem jetzigen Stand meiner Information der letzte Offizier der Füsiliere. Ihre Männer sind in Linde untergekommen. Das ist gut 1.000 Meter nördlich von hier. Ich lasse Sie hinfahren!"

Ich suche Dr. Naumann auf, der mich verarztet und mir den „Verwundetenzettel" gibt. Die Brustkorbverletzung ist harmlos: Eine vier Zentimeter lange Wunde unter dem linken Arm, wie mit einem Skalpell aufgeschlitzt. Die Lungenblutung ist weitaus unangenehmer. „Keine körperliche Belastung, nicht laufen!", rät der Arzt, obwohl er weiß, dass dieser Rat wirklichkeitsfremd ist.

Ein Wagen bringt Schneider und mich nach Linde. Die Füsiliere sind in Einfamilienhäusern untergebracht. Sprechen kann ich niemanden mehr. Die Männer liegen in einem todähnlichen Schlaf.

Auch Schneider und ich versuchen zu schlafen – trotz der aufgepeitschten Nerven.

26. Januar: Es ist jetzt kurz nach 8.00 Uhr. Ich höre, wie draußen ein Wagen vorfährt. Jemand ruft nach dem Leutnant Schneider. Schneider geht auf die Dorfstraße hinaus und kommt gleich darauf wieder zurück: „Ich muss zum Befehlsempfang nach Wandlacken. Das Bataillon soll um 9.00 Uhr von hier aus nach Osten angreifen. Wir werden einem Kampfgruppenkommandeur unterstellt, der 600 Meter nördlich Linde seinen Gefechtsbunker hat. Bring doch bitte die Männer auf die Beine. Ich beeile mich!"

Die Männer zu wecken, ist nicht ganz einfach. Ich lasse antreten. In Reihe gehen wir die Ortsstraße entlang nach Norden, dem Kampfgruppenkommando entgegen. Im Astrauer-Forst, rechts von uns, ist Gefechtslärm zu hören.

Der Kommandeur der Kampfgruppe, ein Hauptmann, sitzt in einem kleinen Betonbunker. Ich gehe hinein und informiere über die Ankunft des Füsilierbataillons.

Der Hauptmann zeigt sich unter der Last seiner Verantwortung nervös und gereizt. Er erteilt ohne jede Einführung den Auftrag „sofort", gewissermaßen aus dem Stand heraus, gegen den Westrand des Forstes Astrau anzutreten.

Ich habe einige Mühe ihm klarzumachen, dass ich gar nicht mehr zum Ba-

taillon gehöre, und Leutnant Schneider in wenigen Minuten mit den letzten Befehlen des Regiments hier eintreffen wird.
Die Wellen der Auseinandersetzung schlagen hoch. Um die Konfrontation mit dem Kampfgruppenkommandeur nicht ausufern zu lassen, verlasse ich den Bunker. Im Eingang des Gefechtsstandes stoße ich auf Dr. Naumann und spreche ihn auf die Kontroverse mit dem Hauptmann an: „Doktor, tun Sie mir den Gefallen und machen Sie dem Kommandeur da drinnen klar, dass ich gar nicht mehr in der Lage bin, auch nur zehn Meter zu laufen!"
In diesem Augenblick wird ein Verwundeter hereingebracht. Er liegt auf einer Trage. Sein Gesicht ist blassgrün.
Dr. Naumann wendet sich den Trägern zu: „Was hat er?"
„Bauchschuss, Herr Oberarzt!"
Dr. Naumann sieht sich den Verwundeten an. Unterhalb des Nabels ist ein kleines Einschussloch. Die Wunde ist ohne Blutung. Der Arzt tastet die Bauchdecke ab und schiebt zu meiner Überraschung plötzlich ein Spitzgeschoss aus der Wunde heraus. Es hat flach unter der Bauchdecke gelegen und keine weiteren Verletzungen angerichtet.
Der Verwundete erkennt die glückliche Wendung seines Zustandes – sein Gesicht nimmt wieder eine gesunde Farbe an.
Auf der Straße rollt ein Sturmgeschütz heran. Auf der Abdeckung sitzt Leutnant Schneider. Das Geschütz hält, Schneider springt ab und kommt auf mich zu: „Wir greifen sofort an. Der Waldrand dort drüben ist zu gewinnen, ehe sich der Iwan weiter verstärkt!"
Wir verabschieden uns von einander. Ich wünsche Gert Schneider alles Gute und trete meinen Weg zur Verwundetensammelstelle an.

Der Weg aus dem ostpreußischen Kessel ins Reich

In den Räumen eines kleinen Hauses hocken und liegen Verwundete. Ein warmes Getränk wird ausgegeben. Alle warten auf ihren Abtransport mit Sankas.
16.00 Uhr: Bis jetzt ist kein Sanka gekommen. Ich werde unruhig. Wenn der Iwan bei Wandlacken durchbricht, wird er uns hier vereinnahmen.
Der Wind trägt Gefechtslärm bis zu uns heran. Ich suche den Oberfeldwebel auf, der hier die Fäden in der Hand hat: „Rechnen Sie noch mit dem Abtransport der Verwundeten durch Sankas oder andere Fahrzeuge?"
Er sieht mich bekümmert an: „Ich glaube nicht mehr daran, Herr Oberleutnant!"
Das genügt mir. Ich lasse mir eine trockene Scheibe Brot geben, verlasse das Haus und nehme die Straße nach Gerdauen unter die Füße. Gepäck habe ich schon lange nicht mehr.
16.40 Uhr: Es ist dunkel geworden. Vor mir, rechts der Straße, liegt ein kleiner Ort. Ich komme näher heran und lese auf dem Ortsschild: Prätlack.
Hinter einem abgedunkelten Fenster sehe ich einen schwachen Lichtschein. Ich trete an das Haus heran, klopfe und gehe hinein. In der Küche treffe ich auf ein Ehepaar mit Tochter. Den Mann schätze ich auf 50 Jahre, die Tochter wird wohl 15 Jahre alt sein. Das Alter der Frau kann ich nicht schätzen. Sie sitzen an einem großen Tisch und starren in die flackernde Flamme einer fast heruntergebrannten Kerze. Bei meinem Eintritt steht der Mann auf und schiebt mir einen Stuhl hin.
Diese Menschen sind auf der Flucht. Es ist ihnen anzusehen, dass sie in einer hoffnungslosen Lage sind und vor einer schweren Entscheidung stehen. Um die „Sprachlosigkeit" der Situation zu überspielen, spreche ich Eltern und Tochter zugleich an: „Wollen Sie hier nächtigen oder gehen Sie heute noch weiter nach Westen?"
„Wir wissen das noch nicht", entgegnet der Mann im rauhen ostpreußischen Dialekt.
„Wir wissen gar nichts mehr!" Er ist aufgestanden und geht schweren Schrittes im Raum hin und her. Plötzlich bleibt er stehen und wendet sich an mich: „Ihnen kann ich das ja sagen. Ich bin Ortsgruppenleiter gewesen – gar nicht weit von hier. Die Bewohner unseres Dorfes sind vor einer Woche schon getreckt. Ich bin mit meiner Familie geblieben; man kann ja als Ortsgruppenleiter

nicht einfach weglaufen – und schon gar nicht mit dem ersten Treck. Jetzt sind wir hier und wissen nicht, wie es weitergehen soll. Bis zuletzt habe ich geglaubt, dass uns der Führer nicht im Stich lassen wird!“ Leise fügt er hinzu: „Er hat uns verraten!“

Ich bin betreten über die Worte dieses Mannes, der mein Vater sein könnte. Dieser Mensch hat nicht nur seine Heimat verloren; er hat den Glauben an alles verloren, was für ihn bisher unantastbar war und das ist weit schlimmer!

Um das Gespräch nicht versickern zu lassen, frage ich nach dem Weg Richtung Gerdauen – Schippenbeil.

Der Mann greift nach seiner Aktentasche. Beim Herausnehmen einer Landkarte fällt eine Pistole vom Kaliber 7,65 auf die Tischplatte.

Wir sehen uns an, und mein Gegenüber nimmt das Gespräch mit dem Hinweis auf die Pistole wieder auf: „Auch das sollen Sie wissen. In die Hände der Russen fallen wir nicht!“ Ein Ausspruch, den ich in den letzten Monaten häufig gehört habe.

Dieser Lage bin ich nicht gewachsen. Diesen Menschen kann ich nicht helfen. Ich stehe langsam auf; an der Tür wende ich mich noch einmal um und sehe in tieftraurige Augen. Ohne Worte des Abschieds trete ich ins Freie. Mich fröstelt!

Am Straßenrand hält ein Lkw. Der Fahrer, ein Unteroffizier, ist bereit mich mitzunehmen.

Wir fahren über Altendorf nach Gerdauen. Am Ortseingang werden wir gestoppt. An den Brustschilden ist schon von weitem zu erkennen, dass hier eine Kontrolle durch Feldgendarmerie stattfindet. Der Fahrer des Lkw zeigt seinen Fahrbefehl und ich meinen Verwundetenzettel. Wir bekommen keine Schwierigkeiten und können weiterfahren.

Gerdauen liegt hinter uns. Wir sind jetzt auf der Straße nach Bartenstein. Nach weiteren zehn Kilometern hält der Fahrer seinen Lkw an: „Herr Oberleutnant, ich bin hier bei meiner Truppe. Weiter fahre ich nicht!“

Ich bedanke mich und steige aus.

Auf der Straße ziehen in langer Kolonne Treckfahrzeuge nach Südwesten. Die Temperatur ist gefallen. Die Feuchtigkeit auf der Straßendecke ist spiegelglatt gefroren. Unter diesen Umständen komme ich nur langsam weiter. Um mich vor dem scharfen Wind etwas zu schützen, bleibe ich im Windschatten eines der Treckfahrzeuge. Den Zugpferden sind Tücher um die Hufe gebunden, um die Rutschgefahr zu vermindern. Mit mir gehen noch andere Soldaten, einzeln oder zu zweit, in Richtung Schippenbeil.

Das, was ich hier vor Augen habe, ist deprimierend: Die apathisch dahinlatschenden Landser einer sich auflösenden Armee und die Kolonne der Treckfahrzeuge mit Menschen, die gerade im Begriff sind, ihre Heimat zu verlieren und einer ungewissen Zukunft entgegengehen.
Wir kommen durch einen kleinen Ort. Der alte Mann auf dem Bock des Treckfahrzeuges neben mir sagt, dass es sich um Dietrichsdorf handelt.
Nach einer weiteren halben Stunde fühle ich, wie meine Kräfte nachlassen. Meine Beine wollen mich nicht mehr tragen. Ich stehe vor der totalen Erschöpfung. Wenn ich hier zusammenbreche, wird es keine Hilfe mehr geben. Ich kann das Schritttempo der Pferde nicht mehr halten und bleibe stehen. Der Treck zieht weiter. Hinter mir am Horizont leuchtet es auf – Artilleriefeuer.
Trotz der Dunkelheit erkenne ich rechts der Straße – etwas abgesetzt ein Gebäude und gehe langsam darauf zu, eine Scheune.
Für mich steht fest, dass ich hier erst einmal bleiben muss, um einigermaßen wieder zu Kräften zu kommen. Der Hunger macht sich bemerkbar.
Vorsichtig öffne ich die Tür der Scheune und trete ein. Zu meiner großen Überraschung ist der Innenraum angefüllt mit Soldaten. Der Boden ist dicht belegt. Ich habe Schwierigkeiten, meine Füße aufzusetzen, ohne einen Liegenden zu berühren.
Ich ziehe die Tür hinter mir zu. und bleibe erst einmal stehen, um zu lauschen. Obwohl ich nichts sehe fühle ich, dass die Scheune randvoll mit Menschen angefüllt ist. Die Ausdünstungen sind umwerfend.
Ich gehe in die Hocke und habe nach einer Viertelstunde einen Platz auf dem Boden erobert.
Trotz meiner Erschöpfung kann ich zunächst nicht schlafen. Ich denke über meine Lage nach. Wenn ich aus dem ostpreußischen Kessel herauskommen will, brauche ich hinreichend physische Kraft und den Mut zum Risiko. Wer sich von den Ereignissen treiben lässt, wird ganz sicher untergehen.
Vor Erschöpfung schlafe ich schließlich ein.

27. Januar: Die Kälte schüttelt mich. Ich wache auf und schaue auf das Leuchtzifferblatt meiner Uhr: Kurz nach 5.00 Uhr! Ich richte mich langsam auf, taste mich vorsichtig an die Tür heran und trete ins Freie. Es ist noch dunkel.
Vor der Scheune bringe ich meine steifen Beine in Schwung und gehe dann zur Straße zurück.
Weit hinter mir hängen Leuchtkugeln am Himmel. Südlich von hier ist

Gefechtslärm zu hören. Wenn die Landser in der Scheune nicht rechtzeitig aufwachen, werden sie vom Iwan geweckt.
Die Straße ist leer. Weit und breit kein Mensch und auch kein Fahrzeug. Ich gehe langsam weiter und stoße vor Schippenbeil auf einen am Straßenrand abgestellten Lkw. Der Fahrer nimmt mich mit.
6.30 Uhr: Wir laufen in Bartenstein ein. Vor dem Ortslazarett steige ich aus. Das Lazarett ist überfüllt. Ich bekomme einen Platz auf einer Matratze auf dem Fußboden und seit Tagen das erste warme Essen, eine Graupensuppe. Dann haue ich mich auf meine Matratze und schlafe gleich ein.
Unruhe im Hause weckt mich. Ich gehe in den Flur hinaus und erkundige mich nach der Lage. Ein Sanitätsfeldwebel sagt mir, dass heute morgen die gehfähigen Verwundeten mit einem improvisierten Lazarettzug in Richtung Haff abgeschoben werden.
„Warum diese Eile?" will ich wissen.
„Die Russen haben gestern Lötzen genommen und sind im Vormarsch auf Rastenburg – nur noch zwei Tagesmärsche bis Bartenstein. Ich habe gehört, dass der Iwan bei Elbing steht. Wenn das so ist, sind wir vom Reich abgeschnitten!" – In der Tat!
Die Gehfähigen gehen in langer Reihe hinaus zum Bahnhof. Viele unter ihnen haben Bein- oder Fußverwundungen. Sie sind eigentlich gar nicht gehfähig. Die verständliche Angst vor dem Iwan hat sie mobil gemacht.
Auf dem Bahnhof steht ein Zug mit Güterwagen. Wir klettern hinein. In den Wagen liegt Stroh – altes, muffiges Stroh.
Ich lege mich gleich, lang, um auszuruhen; denn ich sage mir, dass es wichtig ist, jetzt Kräfte zu sammeln für die Anstrengungen, die zweifellos, noch bevorstehen.
11.30 Uhr: Der Zug fährt an. Die Temperatur ist gestiegen, starker Schneefall hat eingesetzt. Wir kommen nur langsam voran. Woran das liegt, ist nicht zu erkennen.
Wir fahren über Heilsberg und treffen gegen 22.00 Uhr in Landsberg/Ostpreußen ein. Der Zug hält.
Ich nehme meine kleine Ostpreußenkarte und meine Taschenlampe zur Hand. Mir fällt auf, dass wir nach Norden und nicht nach Westen fahren. Sollte Wormditt schon von den Russen eingenommen sein?
Nach einer Stunde fährt der Zug wieder an. Der Hunger macht sich immer stärker bemerkbar. Zu trinken gibt es auch nichts.
Kurz vor Mitternacht halten wir auf freier Strecke. Ich versuche zu schlafen.

28. Januar: Der Hunger weckt mich. Es ist 7.00 Uhr! Wir stehen immer noch auf freier Strecke inmitten eines Waldes. Es schneit ununterbrochen. Ich friere erbärmlich. Der Wind trägt Gefechtslärm bis zu uns heran.
An der Wagenwand auf einer Kiste sitzen ein Generalstabsmajor des Heeres und ein älterer Hauptmann. Dem Gespräch der beiden Offiziere entnehme ich, dass die 4. Armee, der wir angehören, eingekesselt ist. Die Russen stehen bei Königsberg und haben westlich Frauenburg das Frische Haff erreicht. So deutlich und exakt habe ich das bisher noch nicht gehört.
Die Verwundeten, die wie ich hier auf dem Boden des Waggons liegen, haben das Gespräch mitgehört. Die Reaktionen sind unterschiedlich. Der eine Teil zeigt sich apathisch in der trügerischen Sicherheit des Eisenbahnwaggons. Der andere Teil zeigt Unruhe und sucht in Gesprächen nach Möglichkeiten, der drohenden Gefangenschaft zu entgehen.
Erst am Nachmittag geht unsere Fahrt weiter. Gegen 20.00 Uhr fahren wir durch Zinten.
Der Zug ist wieder zum Stehen gekommen. Ich klettere vom Waggon und nehme eine Handvoll Schnee, um meinen Durst zu löschen. Der aufkommende Wind jagt mich wieder in den Wagen zurück. Ich lege mich hin und versuche zu schlafen. Vergeblich. Ich denke an mein Bataillon und an Gert Schneider. Ich denke an die Gefallenen, von denen nicht einmal die Namen bekannt sind. Wahrscheinlich ist auch niemand mehr am Leben, der die Angehörigen benachrichtigen könnte.

29. Januar: Im Schritttempo fahren wir durch Heiligenbeil und laufen am frühen Morgen auf der Rampe von Braunsberg ein. Inzwischen ist es hell geworden.
Es wird durchgesagt, dass der Zug heute nicht mehr entladen wird. Das bedeutet zugleich, dass es heute weder zu essen noch zu trinken gibt.
Ich steige aus und sehe mich ein wenig um. Eine Waschgelegenheit gibt es hier nicht.
Um die Mittagszeit gehe ich dem Stadtrand entgegen. Der Zwang zur Untätigkeit macht mich nervös.
In der Hoffnung mich waschen zu können, klingele ich an einer Wohnungstür. Eine Frau mittleren Alters öffnet. Ich trage meinen Wunsch nach einer Waschmöglichkeit vor.
„Kommen Sie nur herein“, werde ich aufgefordert.
Im Flur steht eine Garderobe mit Spiegel. Ich blicke hinein und sehe nur

noch einen Schatten meiner selbst. Die freundliche Frau öffnet die Tür zum Badezimmer, gibt mir Seife und Handtuch und erwähnt, dass dort auch noch ein Rasierapparat von ihrem Sohn wäre, der seit einem halben Jahr in der Normandie vermisst ist.
Während ich mich rasiere, geht mir durch den Kopf, dass es nur noch Tage dauern wird, bis sich vor diesem Spiegel ein Iwan rasiert. Sicherlich wird er sich in dieser Wohnung nicht nur rasieren. Ein unerträglicher Gedanke.
Als ich gehen will und mich bedanke, spricht die Frau mich noch einmal an: „Ist Ihnen bekannt, wie die Lage in Ungarn ist? Mein Mann ist dort, und ich habe schon längere Zeit keine Post mehr bekommen!"
„Das tut mir leid. Aber über die Lage in Ungarn bin ich nicht informiert. Wir wissen kaum, was hier in Ostpreußen im Einzelnen passiert. Es ist nur bekannt, dass wir eingeschlossen sind!"
Als ich mich verabschiede, schaue ich in ein sorgenvolles Gesicht.

30. Januar: Wir liegen immer noch in den Güterwagen an der Rampe in Braunsberg. Die Schienen werden auch für nachfolgende Züge nicht frei gemacht – es gibt keine Züge mehr!
Korschen soll schon in der Hand der Russen sein. Ihre Panzerspitzen stehen bei Heilsberg.

31. Januar: Endlich werden wir aufgefordert, ein Lazarett aufzusuchen. In langer Kolonne gehen wir hinein in die Innenstadt.
Die Situation im Lazarett ist katastrophal. Niemand kann dafür. Die Verhältnisse sind einfach stärker als der gute Wille der Verantwortlichen.
Die Verwundeten liegen nicht nur in Betten sondern auch auf den Fußböden der Räume und in den Fluren am Boden. Mir wird ein Sitzplatz auf einer Treppe zugewiesen.
Zu Mittag gibt es eine dünne Suppe.
Katholische Ordensschwestern und das unermüdliche Sanitätspersonal sind bemüht, den Verwundeten Erleichterung zu verschaffen. Das Lazarettpersonal wird hier aushalten, bis die Russen vor der Tür stehen, obwohl keineswegs sicher ist, ob diese bewundernswerte Haltung den Exitus der Verwundeten, wie er bei dem Zugriff sowjetischer Verbände beinahe üblich ist, verhindern wird. Am Abend wird bekannt, dass die Gehfähigen im Fußmarsch über das Eis des Frischen Haffs die Nehrung erreichen sollen. Ich kann nur hoffen, dass eine solche Entscheidung bald fällt – solange das Eis noch trägt.

1. Februar: Die Nacht habe ich sitzend im Treppenaufgang des Lazarettes verbracht. In den Fluren und Räumen steht der widerliche Geruch einer Mischung aus Schweiß, Äther, Urin und Eiter.
Um mir einen Überblick zu verschaffen, soweit das überhaupt möglich ist, gehe ich hinaus an den Stadtrand. Von Frauenburg her kommen Trecks und fahren nach Braunsberg hinein. Ich spreche einen alten Mann an und erfahre, dass die Trecks nach Elbing wollten, aber hinter Frauenburg bereits auf die Kesselfront gestoßen sind.
Jetzt will er erst einmal ein Lazarett aufsuchen, denn seine Enkeltochter wird heute oder morgen ein Kind bekommen.
Ein ständiges Grollen liegt in der Luft. Der Kampflärm rückt näher. Ich werde immer unruhiger. Die Nähe der Russen ist fühlbar geworden.
In fataler Regelmäßigkeit tragen die Sanitäter diejenigen an mir vorbei, die die Bürde dieses Lebens abgestreift haben – ihnen bleibt vieles erspart!
12 Uhr: Die innere Unruhe treibt mich wieder nach draußen.
Zu meiner Überraschung treffe ich auf Treckfahrzeuge, die gestern Morgen Braunsberg nach Osten verlassen haben und jetzt wieder in Richtung Frauenburg ziehen. In den Gesichtern dieser treckenden Menschen steht das Entsetzen. Schlachtflieger haben den Treck bei Grünau zusammengeschossen.
Im Lazarett herrscht Untergangsstimmung. Dem Sanitätspersonal ist die Nervosität anzusehen. Einzig und allein die Ordensschwestern zeigen Gelassenheit – und gerade sie gehen, bei der Mentalität der Rotarmisten, einem furchtbaren Schicksal entgegen.

2. Februar: Die Nacht ist herum. Die Fensterscheiben vibrieren, die Einschläge des Artilleriefeuers sind beängstigend nahegerückt.
Ich suche das Geschäftszimmer auf, um mich nach den Möglichkeiten eines Abtransportes zu erkundigen. Ein Stabsarzt spricht mich in barschem Tone an: „Was wollen Sie hier?"
„Als gehfähiger Verwundeter suche ich nach einer Möglichkeit, den ostpreußischen Kessel zu verlassen!"
Der Arzt dreht sich zu mir um: „Wir bleiben hier und Sie werden auch hier bleiben!"
Ich bin erbost: „Ihre Meinung teile ich nicht, Herr Stabsarzt! Sie haben hier eine Aufgabe – ich habe keine!"
Ich entschließe mich, ein anderes Lazarett aufzusuchen. Dort angekommen,

wird gerade eine Marschgruppe von Verwundeten zusammengestellt. Ein Oberarzt ist zuständig.
Ich trage mein Anliegen vor. Der Arzt nickt zustimmend: „Sie kommen gerade recht und werden die Gruppe führen. Es sind 40 Verwundete. Abmarsch nach Frauenburg, wenn die Sonne untergegangen ist – das wird gegen 18.00 Uhr sein. Wir hoffen, dass das Eis noch trägt!"
Endlich ist es soweit. Ich lasse antreten und zähle selbst ab: Es sind jetzt 43! Dunkelheit umgibt uns. Ein scharfer Wind bläst uns vom Haff entgegen. Auf der Reichsstraße 1 gehen wir in mäßigem Tempo in Richtung Frauenburg. Von marschieren kann keine Rede sein. Unter den Verwundeten befinden sich viele Bein- und Fußverletzte.
Das Marschtempo wird immer langsamer. Die Männer sind der völligen Erschöpfung nahe. Eine Marschpause ist bei der gegebenen Witterung einfach unmöglich.
Gegen 21.00 Uhr tauchen die ersten Häuser von Frauenburg auf. Für neun Kilometer haben wir drei Stunden gebraucht. Hier in Frauenburg hat im 16. Jahrhundert Kopernikus gelebt. Für uns, die wir unter Aufbietung der letzten Kräfte uns über die Straße nach Frauenburg quälen, ist jedoch ohne Bedeutung, ob sich die Sonne in einer Bahn um die Erde oder aber die Erde in einer Bahn um die Sonne bewegt. Für uns ist nur noch von Interesse, ob heute Nacht das Eis auf dem Haff noch trägt!
Der Ortskommandant weist uns auf dem Dachboden eines Hauses in der Nähe des Haffs eine Lagerstatt zu.
Die Männer hauen sich hin und schlafen gleich ein. Ich suche die Kommandantur auf, um mich nach der Lage zu erkundigen. Ein älterer Hauptmann erklärt mir, dass noch gar nicht feststehe, ob wir den Marsch über das Haff antreten können. Das Eis ist brüchig geworden. Außerdem steht Wasser auf der Eisfläche – an einigen Stellen bis zu 60 Zentimetern.
Der Hauptmann entlässt mich mit den Worten: „Ich werde Sie informieren, wenn ich eine Chance für Sie sehe!"
Ich gehe zurück zu meinen Verwundeten und versuche zu schlafen. Durch die undichten Ziegellagen pfeift der Wind. Artilleriefeuer dringt bis zu uns herüber.

3. Februar: Mitternacht ist vorüber. Unten im Hause wird nach mir gerufen. Ich raffe mich auf und steige die Treppe hinab in den unteren Flur. Ein Gefreiter steht vor mir: „Der Ortskommandant hat den Weg über das Haff frei-

gegeben. Ich soll Ihnen noch sagen, dass Sie die Nehrung vor Sonnenaufgang erreicht haben müssen. Wenn Sie das nicht schaffen, geraten Sie in das Feuer der Russen!“
Ich bringe die mir anvertrauten Verwundeten auf die Beine. An der windabgekehrten Seite des Hauses spreche ich die Männer noch einmal an: „Wir gehen jetzt über das Eis des Haffs. Das sind etwa 15 Kilometer bis Kahlberg. Jeweils drei Mann bleiben zusammen und haken sich unter. Ich habe mir sagen lassen, dass der Sturm auf der freien Fläche des Eises so stark ist, dass der Einzelne umgeblasen wird. Jeder achtet auf seinen Nebenmann. Auf geht's!“
Schon nach wenigen Minuten stehen wir am Haff. Matt schimmert das auf dem Eise vom Winde bewegte Wasser. Sturmähnliche Böen schlagen uns entgegen.
Vor uns liegen 15 Kilometer! Hinter uns wuchten schwere Brocken nach Frauenburg hinein. Ich setze den ersten Fuß in das eisige Wasser. Es reicht bis zu den Knien. „Ob das Eis tragen wird?“, fragt niemand!
Der Sorge um die Orientierung bin ich bald enthoben. Im Wasser auf dem Eise liegen die Relikte derjenigen, die vor uns den Versuch gemacht haben, das Haff zu überqueren, um den Russen zu entkommen.
Tote Pferde und Menschen, Fahrzeuge und Gepäckstücke markieren den Weg, der hinüber zur Nehrung führt.
Eine Stunde sind wir jetzt auf dem Eis. Die Kälte des Wassers spüre ich nicht mehr. Wer hier schlapp macht, ist erledigt.
Die Kolonne hat sich weit auseinandergezogen. Ich weiß nicht, wer vor mir ist und auch nicht, wer nach mir noch kommt. Sturmböen peitschen mir ins Gesicht. An meinen rechten Arm hat sich ein Landser gehängt. Wir stützen uns gegenseitig und kämpfen uns gemeinsam durch das Wasser und den Sturm.
Um 04.10 Uhr liegt vor uns die für die Haffschifffahrt offengehaltene Fahrrinne. Wir stoßen auf einen hölzernen Übergang. Der Landser neben mir spricht mich an: „Was hätten Sie gemacht, wenn wir diesen Übergang nicht gefunden hätten?“
„Mann, das fragen Sie mich besser, wenn dieser Krieg einmal zu Ende ist und wir überlebt haben – falls wir überleben!“
6.00 Uhr: Ich fühle, wie die Kräfte nachlassen. Die Angst vor den Russen treibt mich weiter. Sturmböen werfen uns fast um.
7.00 Uhr: Der Landser neben mir: „Ich kann nicht mehr!“
„Ich kann auch nicht mehr! Aber wir beide zusammen können und schaffen

das!“, bringe ich mühsam hervor, obwohl ich keineswegs sicher bin. Mit dem Mute der Verzweiflung setzen wir Fuß für Fuß.
Das Wasser wird flacher – vielleicht noch 30 Zentimeter tief. Vor uns in der Dunkelheit ist ein Treck eingebrochen. Zwei Wagen sind halb weggesackt. Pferde liegen verendet davor. Als wir dicht herangekommen sind, sehen wir auch drei Tote, einen Mann und zwei Frauen.
Im Osten hellt sich der Horizont auf. Der Strand der Nehrung wird im Bodendunst sichtbar. Wir mobilisieren die letzten Kräfte und beschleunigen unsere Schritte.
08.30 Uhr: Ich setze den Fuß auf die Nehrung – vor uns Kahlberg. Hinter mir kommen noch einige Landser – wenige, zu wenige! Wer in dieser Nacht im Eis versunken ist, vor Erschöpfung zusammengebrochen und im flachen Wasser ertrunken ist, wird wohl niemals bekannt werden.
In mir steigt Kälte auf. Die nassen Füße, der kalte Wind und der leere Magen tun ihr übriges. Wir gehen nach Westen weiter. Rechts des Weges liegen in langer Reihe – dicht bei dicht – diejenigen, die in den letzten Tagen die Flucht vor den Russen nicht überlebt haben, die im Feuer sowjetischer Jagdbomber umgekommen sind. Am Schuhzeug sehe ich, dass es mehr Zivilpersonen als Soldaten sind. Der Anblick der toten Kinder lässt mich innerlich vereisen.
Nach sechs Kilometern haben wir Pröbbernau vor uns. Hier ist vorerst Schluss. Die Kräfte reichen nicht mehr.
In einem Dorfgasthaus kommen wir unter und erhalten auch ein heißes Getränk. Wer das hier noch organisiert, ist mir schleierhaft.
Bei mir sind noch 19 Mann meines Verwundetentransportes. Wir legen uns früh hin, um zu schlafen und um Kräfte für den Weitermarsch zu sammeln.

4. Februar: Um 9.00 Uhr rufe ich meinen Transport zusammen: „Alles mal herhören! Wir setzen uns jetzt in Marsch, um endlich von der Nehrung herunterzukommen. Wer schneller ist als ich, braucht auf mich nicht zu warten. Es geht möglicherweise um Minuten, um dem Zugriff der Russen zu entgehen!“
In langer Reihe ziehen wir nach Westen. Nach einer halben Stunde sind nur noch wenige bei mir. Der Marsch in den nassen Schuhen ist eine Katastrophe.
Vor mir geht ein älteres Ehepaar. Er könnte ein pensionierter Lehrer sein. Hinter sich her ziehen beide einen kleinen Handkarren mit einem Koffer. Die Frau trägt eine pralle Tasche und er einen Rucksack offensichtlich transpor-

tieren sie das, was sie nach einem langen Leben voller Arbeit für rettenswert halten. Wir sind kurz vor Vogelsang, als ich hinter mir das Geräusch eines tieffliegenden Flugzeuges höre. Ich rufe: „Deckung!“
Mir fallen fast die Augen aus dem Kopf: Ich sehe am Rumpf einer Ju 188 das Balkenkreuz und die Zeichen 5 F + M, die Kennung der 4.(F)/14. Die Kameraden der Münchhausen-Staffel sind so nahe und können doch nicht helfen.
12.15 Uhr: Das Pensionärs-Ehepaar ist wieder in mein Blickfeld gekommen. Müden Schrittes gehen die beiden alten Leute vor mir her. Sie haben alles stehen und liegenlassen. Der Mann trägt lediglich noch seinen Rucksack. Was mag in diesen Menschen vor sich gehen? Ein Schicksal unter tausenden!
Gegen 16.00 Uhr haben wir Bodenwinkel vor uns.
Die Masse des Flüchtlingsstromes, der von der Nehrung kommt, ergießt sich in das freie Gelände westlich des Frischen Haffs. Eine unübersehbare Menge von Menschen – Soldaten und Flüchtlinge – kommt hier zum Stehen. Auffallend ist, dass sich die meisten jetzt in Sicherheit wiegen.
Ich lege eine Pause von wenigen Minuten ein. Fünf Mann sind bei mir. Von innerer Unruhe getrieben, zwinge ich mich wieder auf den Weg.
Stutthof! Wie es jetzt weitergehen könnte, ist nicht zu erkennen. Ich versuche zu klären, wer hier zuständig ist – ein hoffnungsloses Unterfangen.
Die um mich herum stehenden, sitzenden und liegenden Menschen sind größtenteils so apathisch, dass sie zu Reaktionen aus eigenem Antrieb nicht mehr fähig sind. Die meisten wissen gar nicht, wo sie sich befinden.
Wie ein fernes Gewitter dringt Artilleriefeuer aus südlicher Richtung zu uns herüber.
Es ist dunkel geworden. Wenn jetzt nicht bald etwas geschieht, werden wir in Kürze den Russen kraft- und saftlos in die Hände fallen. Ich nehme meine Karte zur Hand und überlege, wie ich den Anschluss an noch kämpfende Verbände finden kann. Das wird immer noch besser sein, als tatenlos zu warten, bis man vom Iwan vereinnahmt wird und das kann nicht mehr lange dauern.
Gegen Abend – es ist fast 19.00 Uhr – werden wir aufgefordert, in Richtung Bahnhof zu gehen. Ich bin sofort hellwach und registriere, dass trotz Untergangsstimmung immer noch geführt wird – eine tröstliche Feststellung.
Um.19.20 Uhr besteige ich mit vielen anderen den Zug einer Kleinbahn. Wir alle schöpfen Hoffnung. 21.00 Uhr: Wir stehen immer noch auf dem

Bahnhof in Stutthof. Die aufgekommene Hoffnung klingt ab. Nach zwei Stunden zermürbenden Wartens erwäge ich ernstlich, den Zug zu verlassen, als die Lokomotive plötzlich Dampf macht. Der Zug fährt tatsächlich an. Es ist jetzt nach 23.00 Uhr.
Der Schienenstrang läuft fast parallel zur Reichsstraße 129 nach Süden. Wir kommen nur langsam voran. Der Zug hält immer wieder auf freier Strecke. Vor uns im Süden leuchtet es am Horizont auf. Dort ist die Front, und das ist nicht mehr weit von hier.

5. Februar: Nach längerer Fahrt kommt der Zug zum Stehen. Wir werden aufgefordert, auszusteigen. Am Bahnhofsgebäude lese ich: Tiegenhof! Müde wälzt sich die träge Masse der Verwundeten und Versprengten aus den Waggons. Draußen werden Anweisungen in scharfem Befehlston gegeben: „Antreten – ohne Rücksicht auf Dienstgrad!"
Ich schiebe mich zielstrebig nach vorn, um zu sehen, was hier vorgeht. Am Bahnsteigende steht ein Kommando der Waffen-SS, Maschinenpistolen im Anschlag. Wer keinen Verwundetenzettel hat, wird aussortiert. Ich werde mit vielen anderen auf einen Nebenbahnsteig abgeschoben und aufgefordert, einen dort stehenden Kleinbahnzug zu besteigen.
Gegen 3.00 Uhr ist der Sortiervorgang auf dem Bahnsteig beendet. Der Zug fährt langsam an und verlässt den Bahnhof von Tiegenhof. Wir sollen nach Dirschau gebracht werden.
Nach einiger Zeit merke ich, dass wir nach Westen fahren, der Weichsel entgegen. Über Neuteich wäre zweifellos näher. Sollte Neuteich bereits in den Händen der Russen sein?
Im Schritttempo rollen wir durch die Nacht. In den Abteilen ist es saumäßig kalt. Jede Nacht geht einmal vorüber – auch diese.

Inzwischen ist es hell geworden. Es ist 8.00 Uhr früh. Wir halten auf einem kleinen Bahnhof. Ich steige aus, um mir Bewegung zu verschaffen. Ein Eisenbahner sagt mir, dass wir hier in Lichtenau sind – acht Kilometer bis Dirschau. Die Front ist hörbar nahe.
Dirschau! – „Alles aussteigen!" tönt es unmissverständlich über den Bahnsteig. – In langer Reihe gehen bzw. „latschen" wir durch die Stadt, dem Ortslazarett entgegen. Viele können allein nicht mehr gehen, sie stützen sich gegenseitig oder benutzen einen Ast als Krücke.
Der Zug der Verwundeten ist ein Bild des Jammers. Strandgut einer zerschla-

genen Armee, die sich noch einmal aufgebäumt hat, den sichtbar werdenden Niedergang des Reiches abzuwenden.
Am Straßenrand stehen Einwohner – alte Männer, Frauen und Kinder. Entsetzen steht in ihren Gesichtern beim Anblick der total Erschöpften. Sie ahnen die Katastrophe, die auf sie zukommt, der sie nicht entrinnen können. Die von der Roten Armee bei Nemmersdorf, Schulzenwalde und anderswo angerichteten Massaker an Frauen und Kindern sind auch hier bekannt geworden – und der Iwan steht nur noch wenige Kilometer vor Dirschau.
Die schwachen Sperrverbände werden bis zum letzten Hauch kämpfen – die Katastrophe werden sie nicht verhindern können.
Endlich im Lazarett! Zu meiner großen Überraschung erhalte ich ein Bett, ein richtiges Bett. Die Bettbezüge sind zwar nicht mehr sauber – am Ende durchblutet, aber was macht das schon?
Ich ziehe die Schuhe aus und lege mich lang. Meine Erschöpfung, die ich erst jetzt so richtig spüre, lässt mich sofort in einen tiefen Schlaf versinken.
Irgend jemand rüttelt mich. Nur langsam komme ich zu mir. An meinem Bett steht ein Sanitätsgefreiter. Ich kenne ihn nicht.
„Stehen Sie auf, Herr Oberleutnant! Unten im Hof wartet ein Sanka. Ein Platz ist noch frei. Wir fahren zum Bahnhof. In einer halben Stunde fährt ein Zug weiter ins Reich."
„Vielen Dank! – Ich bin aber so fertig, dass ich jetzt erst einmal ausruhen will."
Der Gefreite ist hartnäckig: „Sie sollten mitkommen, Herr Oberleutnant, dies wird der letzte Zug sein!"
„Nein, vielen Dank, ich will nicht!"
Der Gefreite zieht die Schultern hoch und geht.
Ich merke, dass ich in einem Zustand bin, in dem ich die mich umgebende Gefahr nicht mehr richtig einschätzen kann.
Eine halbe Stunde später steht der unbekannte Gefreite wieder an meinem Bett: „Herr Oberleutnant, ich habe noch einen Platz im Führerhaus des Sanka frei. Dies ist ganz sicher die letzte Möglichkeit, den Bahnhof zu erreichen!"
Der Urinstinkt der Selbsterhaltung ist inzwischen wieder in mir wachgeworden. Ich raffe mich auf, ziehe meine Schuhe an und gehe mit dem Gefreiten hinunter in den Hof.
Der Sanka fährt mich, zusammen mit anderen Verwundeten, zum Bahnhof. Ich bedanke mich bei dem Fahrer des Sanka und steige in den Zug, der kurz darauf abfährt – ein erhebendes Gefühl. Gleich hinter Dirschau kommt der Zug

schon wieder zum Stehen. Ich habe den Eindruck, dass die Verkehrsführung nicht weiß, welche Strecken noch frei sind. Erst nach Einbruch der Dunkelheit geht es weiter, langsam, viel zu langsam.
Kurz nach Mitternacht laufen wir in Karthaus ein und halten. In den Abteilen ist es bitterkalt.
Erst am Nachmittag geht es weiter. Wenn wir dies Tempo beibehalten, wird uns der Iwan ganz sicher einholen.
An der Küste entlang fahren wir nach Westen; immer die Angst im Genick, dass uns die russischen Panzerspitzen überrollen könnten.

Heute ist der 10. Februar, 8.00 Uhr morgens. Wir stehen vor Hamburg und halten. Schwere Luftangriffe haben die Verkehrsverbindungen erheblich angeschlagen.
Auf der Strecke zwischen Karthaus und Hamburg haben sich menschliche Tragödien in den Waggons abgespielt.
Verwundete, die medizinisch nicht versorgt werden konnten, sind z. T. an Sepsis gestorben. Sie sind schlicht und einfach im Dreck umgekommen. Höhepunkt dieser Ereignisse war die Geburt eines Kindes. Die 17-jährige Mutter wurde auf einer kleinen Bahnstation südlich der pommerschen Küste mit ihrem Neugeborenen ausgeladen.
Gegen Abend fahren wir durch Hamburg. Die Hansestadt liegt in Trümmern.

11. Februar: Langsam schleichen die Stunden dahin. Um 23.00 Uhr laufen wir in Oldenburg (i.O.) ein und werden zu unserer großen Überraschung gleich ausgeladen. Das Geheul der Luftschutzsirenen begleitet unseren Transport ins Lazarett.
Das Aufkommen an Verwundeten ist so stark, dass die Verantwortlichen dem Ansturm nicht mehr gewachsen sind.

14. Februar: Seit Wochen höre ich erstmals wieder Nachrichten. Gestern haben alliierte Bomberverbände in Großangriffen Dresden bombardiert. Die Verluste unter der Bevölkerung sollen ungewöhnlich hoch sein. Unsere Front im Westen steht unter starkem Druck. Es sieht böse aus!
Ich bekomme Urlaub und fahre nach Hannover. In der Nacht vom 18. zum 19. Februar treffe ich bei meiner Familie ein. Zum ersten Male sehe ich meinen Sohn. Er wurde am 10. Februar in Hahnenklee/Harz geboren. Nachdenklich

stehe ich an seinem Körbchen. Er weiß noch nichts von der Katastrophe, in die er hineingeboren wurde, und ich erkenne meine Hilflosigkeit. Welche Erwartungen hatte ich an die Geburt meines Sohnes geknüpft? Hohe Erwartungen! Was geblieben ist, ist die Feststellung, einen Stammhalter zu haben für den Fall, dass mich dieser Krieg in seiner Endphase doch noch aus dem Verkehr zieht.

20. Februar: Das Reich liegt unter pausenlosen Luftangriffen anglo-amerikanischer Bomber. Um Breslau wird gekämpft. Die Stadt scheint eingeschlossen zu sein. Die Bevölkerung lebt zwischen Wohnung, Arbeitsplatz und Luftschutzbunker.

21. Februar: Ich bin bemüht, hier in Hannover einen Platz in irgendeinem Lazarett zu bekommen, um in der Nähe meiner Familie zu sein. Die Chance ist nur gering.
20.55 Uhr: Fliegeralarm. Das Sirenengeheul ist widerlich. Unser Sohn wird in ein Kissen gelegt und dann in einer Reisetasche untergebracht. Das restliche Fluchtgepäck steht immer bereit.
Beschleunigt streben wir und die Bevölkerung aus der Umgebung dem Bunker in der Wallenstraße zu. Der Betonklotz vermittelt das Gefühl trügerischer Sicherheit. Die Menschen hocken übermüdet auf Bänken und hoffen, dass auch diese Nacht ohne Volltreffer vorübergeht.
Die Luft ist schlecht und verbraucht – gesprochen wird wenig. Ich fühle, wie hin und wieder fragende Blicke auf mich gerichtet sind. Die Frage: „Wie lange sollen wir das noch aushalten?“ steht unausgesprochen im Raum.
Es gibt auch Blicke, die mich fragen: „Warum macht Ihr Soldaten nicht einfach Schluss?“ Aber auch diese Frage wird nicht ausgesprochen.
Der Arbeiter mir schräg gegenüber und die vielen anderen im Halbdunkel des Bunkerraumes werden morgen Früh wieder an ihrem Arbeitsplatz stehen und Rüstungsgüter produzieren – trotz dieser quälenden Fragen.

1.15 Uhr: Entwarnung! Müde und zerschlagen gehen wir in unsere Wohnung zurück.
Die Reichspost ist trotz der zerbombten Verkehrsverbindungen – mit einiger Einschränkung – noch intakt.
Erst heute erfahre ich, dass mein Fliegerkamerad Peter Presber im April 1944 als Jäger (1./Jagdgeschwader 3) im Kampf mit alliierten Bombern über dem

Reichsgebiet abgeschossen wurde. Presber war der Sohn des Schriftstellers Rudolf Presber, des Dichters der „Gekrönten Liebe“, ein feinsinniger, sensibler Mensch, ein zuverlässiger Kamerad. Er war anders als wir, die wir das Klima im Offizierkorps der 4.(F)/14 prägten; er wäre so gern wie wir gewesen. Ihm fehlte die rauhe Schale des „Landsknechts“. Nun ist er im Luftkampf gefallen. Vielleicht hat er für den Bruchteil einer Sekunde daran gedacht – als er den Gegner im Fadenkreuz hatte – dass er ein Leben oder auch mehrere auslöschen wird. Diesen Anflug von Menschlichkeit hat er mit seinem Leben bezahlt. Hass kannte er nicht!

3. März: Es ist jetzt 2.00 Uhr früh. Wir kommen aus dem Luftschutzbunker. Alliierte Bomber haben Hannover angegriffen. Auch die Außenbezirke der Stadt hat es diesmal getroffen. Zwischen Barthold-Knaust-Straße und der Straße „Am Haselbusch“ sind Bomben eingeschlagen. Mehrere Häuser sind stark beschädigt. In meinem Elternhaus sind fast alle Fensterscheiben gesplittert und die Dachziegel in den Garten gerutscht.

6. März: 20.45 Uhr! Fliegeralarm! Alles wie gehabt: Sohn in die Reisetasche, Fluchtgepäck in die Hand und im Eiltempo zum Luftschutzbunker.
Vor dem Bunkertor stauen sich die Menschen. In den Himmel hinein greifen die Lichtbündel der Scheinwerferbatterien. In der Ferne schießt bereits die Flak. – Eile ist geboten!
In der Menschentraube hinter mir meint ein Zeitgenosse, über die gar nicht komische Situation witzeln zu müssen:
„Liege im Bett mit meiner Annett’. Arsch kaum warm: Fliegeralarm!“
Wir haben gerade auf den Bänken Platz genommen, da schreit in der hinteren Ecke des Raumes eine Frau auf: „Mein Kind, mein Kind!“
Sie stürzt an uns vorbei und stolpert die Treppe hinab nach unten. Ich gehe der Frau nach, um helfen zu können, falls das nötig sein sollte.
Am Ausgang kommt sie mir mit dem Kind im Arm entgegen. Tränen laufen über ihre Wangen. Was war passiert? Sie hatte ihr erst zwei Monate altes Kind in ein Kopfkissen gelegt und fest an sich gedrückt. In dem Gedränge am Eingang ist es ihr aus dem Kissen gerutscht, ohne das zu merken. Hunderte von Menschen sind darüber hinweg gestiegen; auch jener, der mit seiner Annette im Bett lag. Das Kind wurde nicht verletzt! Beim Anblick der Scheußlichkeiten dieses Krieges habe ich oft die Frage gestellt, ob es einen gnädigen Gott überhaupt gibt. Nach diesem Vorfall habe ich diese Frage bejaht!

7. März: Das Oberkommando der Wehrmacht gibt bekannt: „... In Köln sind heftige Straßenkämpfe entbrannt. ... Seit Beginn des Großangriffs zwischen Roer und Rhein am 23. Februar wurden über 700 feindliche Panzer abgeschossen. ..."

Am 8. März ist dem Wehrmachtbericht zu entnehmen: ... An der Ahr entwickelten sich lebhafte Gefechte mit feindlichen Panzerkräften, deren Spitzen bis Remagen vorstießen ...
Nacht für Nacht verbringen wir im Bunker.
In stoischer Haltung nimmt die Bevölkerung die ungeheure Belastung des Luftterrors hin.
Vor einigen Tagen wurden über Lautsprecher im Bunker Freiwillige gesucht, die bei den Löscharbeiten in der Nähe helfen sollten. Ich habe mich gemeldet und bin hinausgegangen in die Nacht, dorthin, wo die Brände den Himmel erleuchteten.
Über uns zogen britische Kampfverbände nach Berlin. In der Pyrmonter Straße brannten einige Einfamilienhäuser. Über eine Sprossenleiter erreichte ich ein Fenster im ersten Stock eines dieser Häuser.
Heiße Glut wehte mir entgegen. Von unten gab mir jemand einen Schlauch nach oben, und gleich darauf hielt ich den Wasserstrahl in das brennende Dachgebälk.
Gerade hatte ich den Eindruck gewonnen, dass ich das Feuer unter Kontrolle bekommen würde, da wurde ich von unten angerufen: „Sind Sie wahnsinnig. Sie können doch mein Haus nicht unter Wasser setzen – kommen Sie herunter!"
Ich bin zögernd abgestiegen – das Haus brannte bis auf die Grundmauern ab!

Es ist mir nicht gelungen, in einem hannoverschen Lazarett unterzukommen. – Ich fahre am 19. März nach Oldenburg zurück.

Der uns umgebende Fliegeralarm ist permanent. Tag und Nacht fliegen alliierte Verbände ein und bombardieren fast ohne Gegenwehr die Reichshauptstadt und andere Großstädte.

Am 22. März ist im Rundfunk zu hören: „... Bei Oppenheim wurden feindliche Panzerspitzen vernichtet. In Worms wird erbittert gekämpft ..."

Am 24. März wird bekannt, dass unsere Truppen in Ungarn nördlich des Plattensees Angriffe der Sowjets zum Stehen gebracht haben.

Gilt als Passierschein! Служит пропуском

AN DIE SOLDATEN

der 14 Kp. des Pz. Gr.-Rgt. der Division

HERMANN - GÖRING

Vor einiger Zeit bekamt Ihr zur Auffüllung 10 Mann von der 4. Abtlg. des Art. Rgts. Eurer Division. Am 27. [illegible] kamen zu Euch die Obgefr. BEHREND und BEHLEND, die Ge[illegible] [illegible]SCHKAR, ZALTEN, VOSS, SCHLÜTER und weitere. [illegible] Abteilung.

Keiner von ihnen hatte vorher bei der Infanterie gedient. Warum wurden sie jetzt bei der Infanterie eingesetzt?

- **WEIL** HITLER keine Reserven mehr hat!
- **WEIL** HITLER es an Menschen mangelt.
- **WEIL** HITLER nicht mehr genügend Technik zur Verfügung steht!

Die großen Verluste an Geschützen, Panzern, Kraftfahrzeugen und anderem Kriegsmaterial, die die Deutschen während der letzten russischen Frühlingsoffensive davongetragen haben, ist Hitler nicht mehr imstande, aufzufüllen.

Die Artilleristen sind ohne Geschütze geblieben.

Ein Passierschein der sowjetischen Propaganda, die sich sogar an einzelne Kompanien richtete! Jeder wusste jedoch was ihm in sowjetischer Gefangenschaft blühte, deutsche Überläufer waren selten.

Der Ordonnanzoffizier des Fallschirm-Panzerfüsilierbataillons 2 „Hermann Göring", Leutnant Küchel.

Leutnant Gert Schneider, Nachrichtenoffizier des Fallschirm-Panzerfüsilierbataillons 2 „Hermann Göring" wird seit den Rückzugskämpfen im Februar 1945 zwischen Wandlacken und Heiligenbeil vermisst.

Blick in Richtung Girnen, der T 34 im Vordergrund wurde bereits im Oktober 1944 abgeschossen.

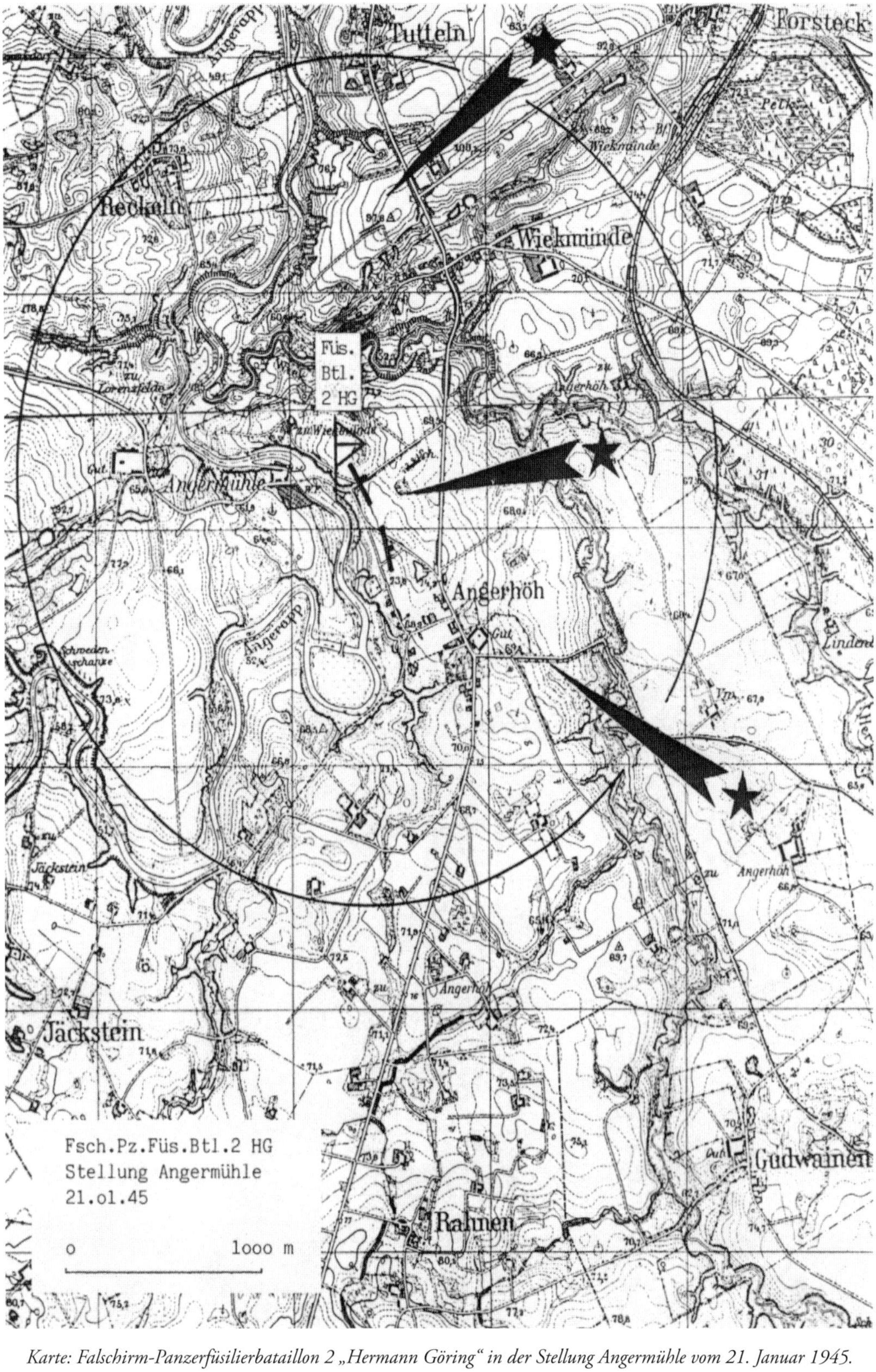

Karte: Falschirm-Panzerfüsilierbataillon 2 „Hermann Göring" in der Stellung Angermühle vom 21. Januar 1945.

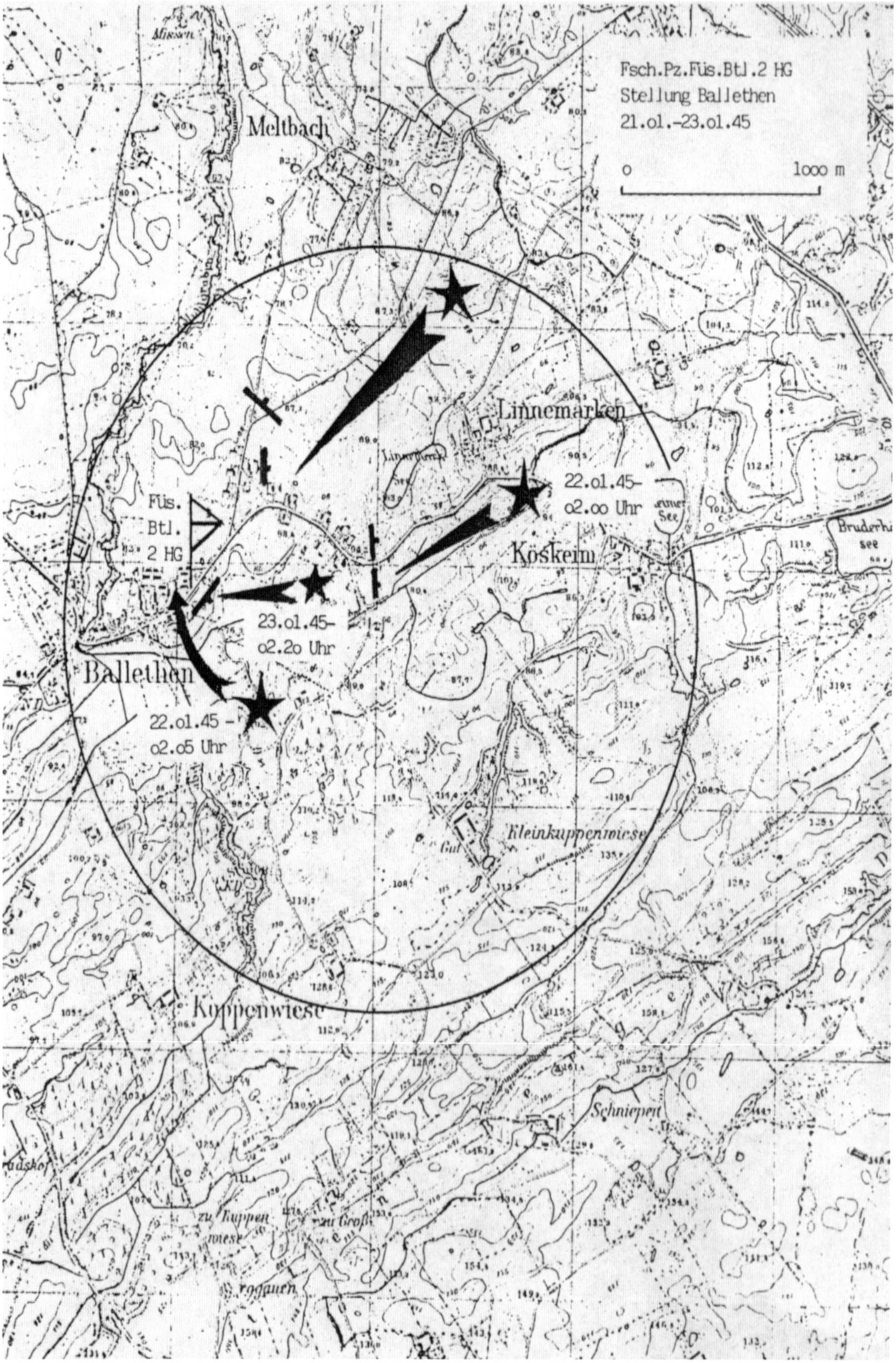

Karte: Falschirm-Panzerfüsilierbataillon 2 „Hermann Göring" in der Stellung Ballethen vom 21. Januar - 23. Januar 1945.

Rotarmisten auf einem Stalin-Panzer irgendwo in einer ostdeutschen Stadt.

Nach der Einnahme der Seelower Höhen durch die russische Armee im April 1945, ergießen sich ungeheuere Massen an sowjetischen Truppen in Richtung Berlin.

Nur mit Handfeuerwaffen bewaffnet, versuchen diese Fallschirmjäger den Gegner zu stoppen. Das „Ofenrohr“ war eine brauchbare Panzerabwehrwaffe.

Russische Sturmgeschütze SU-85 rollen mit aufgesessenen Infanterie durch die Straßen.

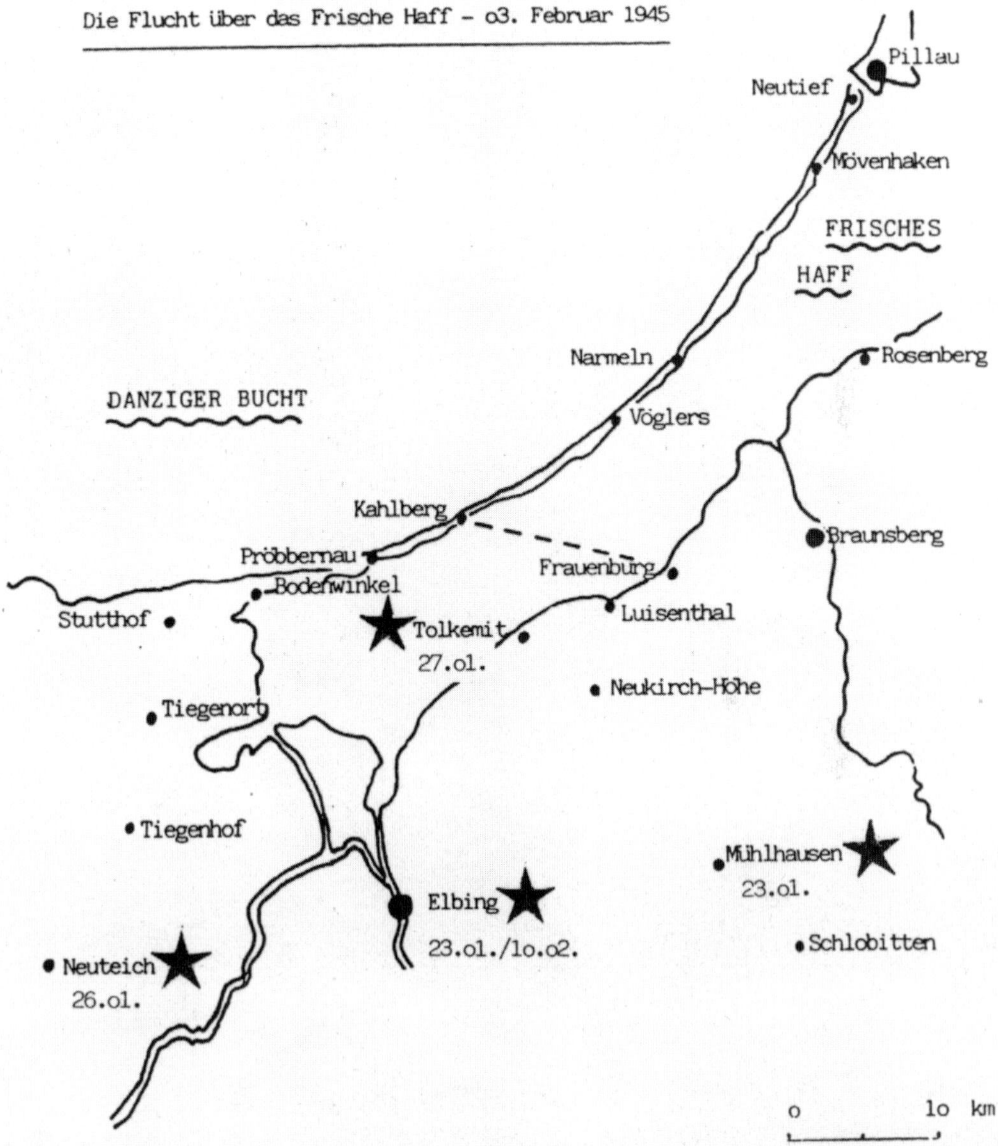

Die Flucht über das Frische Haff – 3. Februar 1945.

Mai 1945: Die Sowjets haben nach harten Kämpfen das völlig zerbombte Berlin eingenommen. Stalin-Panzer rollen durch das Brandenburger Tor.

Der Krieg ist aus, nicht jedoch das Leiden. Ehemalige deutsche Soldaten auf der Flucht vor dem ungewissen Schicksal der Gefangenschaft. Hier erschöpft und hungrig bei einer Rast im Wald.

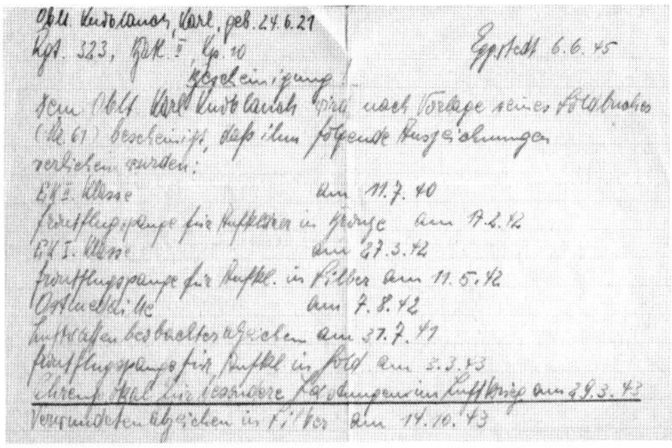

Oblt. Knoblauch, Karl, geb. 24.6.21
Kgf. 323, Abt. II, Kp. 10
[illegible] 6.6.45

Bescheinigung!

Dem Oblt Karl Knoblauch wird nach Vorlage seines Soldbuches (Nr. 61) bescheinigt, daß ihm folgende Auszeichnungen verliehen wurden:

EK II. Klasse am 11.7.40
Frontflugspange für Aufklärer in Bronze am 17.2.42
EK I. Klasse am 27.3.42
Frontflugspange für Aufkl. in Silber am 11.5.42
Ostmedaille am 7.8.42
Luftwaffenbeobachterabzeichen am 27.7.41
Frontflugspange für Aufkl. in Gold am 5.3.43
Ehrenpokal für besondere Leistungen im Luftkrieg am 29.3.43
Verwundetenabzeichen in Silber am 14.10.43

Die erste Seite der Ordensbescheinigung vom 6. Juni 1945 in einem Gefangenenlager geschrieben. Unter allen bisher aufgeführten Auszeichnungen fehlt eine Urkunde über den Ehrenpokal der Luftwaffe, der hier mit Verleihung vom 29. März 1943 schriftlich nachgewiesen ist.

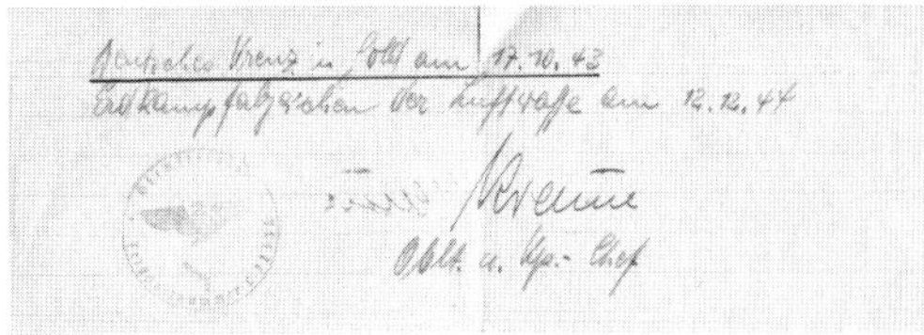

Deutsches Kreuz in Gold am 17.10.43
Erdkampfabzeichen der Luftwaffe am 12.12.44

Oblt. u. Kp.-Chef

Zweite Seite der Ordensbescheinigung mit Notiz über das Deutsche Kreuz in Gold und die letzte Auszeichnung von Karl Knoblauch, das Erdkampfabzeichen der Luftwaffe.

Erdkampfabzeichen der Luftwaffe.

Staffeltreffen in Bammertal/Heidelberg 1958, von links Gerd von Szymonski, K. Heinze, Otto Lugscheider, H. Engelhardt, Karl Knoblauch. Otto Lugscheider hat nach dem Kriege sehr viel zum Zusammenhalt der ehemaligen Staffel-Kameraden der 4.(F)/14 beigetragen.

Bei einem „HG"-Treffen 1981, Wilhelm Schmalz und sein ehemaliger Ia von Baer.

23. Jahrestreffen der gepanzerten Kampftruppen

Kameradschaftsbund Fallschirmpanzerkorps

Munster 17. 11. 1985

Gerhard [illegible] FschPz Rgt. HG.
[illegible] 1. Rgt. 4
[illegible] Korps Stab
Friedel Hasselbach [illegible]
[illegible] 4. Begl. RGT.
[illegible] Stab 1. Pz. Rgt. HG
[illegible] 2. Flak Pi. Rgt. HG
W. Busecke 2. Panz. Nachr. Abt HG
GUSTL SCHÖLL LINZ. ÖST. 4. PzPi. KOMP. ZBV. 2. HG.
[illegible] Fsch. Pz. Füs. Btl. HG.
[illegible] Fallsch. Pz. Füs. Btl. HG 4. Komp.
Helmut [illegible] 13/1 Fsch Pz HG
Friedrich [illegible] 12./ Flak-Rgt. HG
[illegible] 5. Fsch. Art. Rgt. 4
[illegible] [illegible]
[illegible] Fallsch. Pz. [illegible]
[illegible] Fsch. Pz. Regt.
Alfred [illegible] [illegible]

„HG"-Treffen im Panzermuseum in Munster 1985.

Im März 1983 verstarb der beliebte ehemalige General Schmalz.

Karl Knoblauch und seine Frau Marion im Herbst 2006.

Dem Ende entgegen

25. März: Britische Verbände sind im Anmarsch auf Oldenburg. Die Auffassungen der Offiziere in meiner Umgebung über das, was in dieser ungewöhnlichen Lage zu tun ist, gehen weit auseinander. Jeder muss für sich selbst entscheiden.
So sehr ich das Ende des Krieges herbeiwünsche, kann ich mich nicht mit dem Gedanken vertraut machen, hier und heute in Gefangenschaft zu gehen – noch nicht!
Auf meinen Vorschlag stellt mir die Lazarettverwaltung einen Marschbefehl aus Ziel: „Ersatztruppe–Hermann Göring" in Veiten, nordwestlich Berlin.
Kurz nach Mitternacht besteige ich einen Zug. Die Eisenbahnverbindung nach Süden ist mehrfach unterbrochen. Wir kommen nur bis Cloppenburg.
Erst am Nachmittag geht es weiter. Über uns das Dröhnen der alliierten Bomber.

27. März: Über Osnabrück erreichen wir schließlich Löhne, nördlich Herford. Hier ist endgültig Schluss. Die Strecke ist durch Bombenwurf zerstört. Wir steigen aus.
Ich entschließe mich, auf dem Bahndamm zu Fuß weiterzugehen. Viele folgen mir auf meinem Marsch durch die Nacht. Der „Herdentrieb" schlägt voll durch.
Nach fast drei Stunden treffen wir in Bad Oeynhausen ein. Auch hier kann uns niemand sagen, ob heute oder morgen ein Zug fahren wird – es scheint auch niemand mehr zuständig zu sein.
Ich gehe auf den Bahndamm zurück und marschiere weiter. Mein „Anhang" ist kleiner geworden.
Hinter Vlotho stoßen wir auf einen Güterzug. Wir steigen zu und laufen in den Vormittagsstunden in Hameln ein. Weiter komme ich zunächst nicht. Ich bin physisch am Ende und suche eine Schlafmöglichkeit in einer Wehrmachtunterkunft.

28. März: Die Lage an den Fronten ist unübersichtlich. Züge nach Hannover fahren nicht. Meine Absicht, nach Berlin zu kommen, stelle ich erst einmal zurück.
Am Vormittag bringt mich ein Zug nach Pyrmont. Ich spüre meine Unsicher-

heit: Eine Beurteilung der militärischen und auch politischen Situation ist gar nicht mehr möglich. Der Wehrmachtbericht ist verwirrend. Die Amerikaner sollen in Darmstadt sein.

29. März: Die Nachrichten von den Fronten sind irritierend. Im Wehrmachtsbericht ist zu hören: „... Nördlich der Donau leisten unsere Truppen dem Feind westlich Gran an der Neutra Widerstand. An den Nordwestausläufern der Hohen Tatra wurde angreifender Feind im Gegenangriff abgeriegelt. – ... Die tapferen Verteidiger von Küstrin stehen in der Altstadt in schweren, aufopferungsvollen Häuserkämpfen – In Kurland wurden ostwärts Libau, nordostwärts Frauenburg und nordwestlich Doblen stärkere Angriffe abgeschlagen. – ... Am Niederrhein ist es den Engländern und Amerikanern erst nach sechstägigen blutigen Anstrengungen und nach verlustreichem Einsatz von zwei Luftlandedivisionen im Rücken unserer Front gelungen, ihren Brückenkopf bei Bocholt, Borken und Dorsten zu erweitern und in Hamborn einzudringen. ... Schnelle feindliche Verbände sind in schmalen Abschnitten über Wetzlar bis in den Raum von Gießen – Marburg und aus einem Einbruch bei Hanau bis in die Gegend von Grünberg in Hessen vorgestoßen…"

30. März: In Ostpreußen wird immer noch gekämpft. Was hinter dem nüchternen Nachrichtentext wirklich steht, kann nur der ermessen, der Verhältnisse dieser Art selbst erlebt hat. Das Oberkommando der Wehrmacht gibt bekannt: „ ... Im Bereich der Danziger Bucht dauern auf der Westerplatte und in der Weichselniederung die harten Kämpfe an. Nach erbitterten Häuserkämpfen und gründlicher Zerstörung der Hafenanlagen fielen Gotenhafen und Danzig in die Hand des Gegners. – ... Truppenteile aller Waffengattungen, Versorgungstruppen und Stäbe schlugen sich in vorderster Linie. ... Diesem entschlossenen Kampfgeist ist es zu danken, dass die Front der Armee an keiner Stelle durchbrochen wurde und der Feind jeden Meter ostpreußischen Bodens nur unter schwersten Verlusten an Menschen und Material erkämpfen konnte. Die Bolschewisten verloren durch den zähen Widerstand der Armee (4. Armee) in der Zeit vom 12. Januar bis 28. März 2.557 Panzer, 2.734 Geschütze aller Art, 304 Granatwerfer, 82 Flugzeuge, 1.172 Maschinengewehre und mehrere Tausend Gefangene…"

2. April: In Pyrmont sind die Einschläge der Artillerie zu hören. Die letzte Entscheidung kommt auf mich zu. Pyrmont ist Lazarettstadt. Hier wäre ein geräuschloser Abgang denkbar. Aber so einfach ist das nicht. Man kann seine „Mitgliedschaft“ nicht kündigen, wie in einem Sportverein. Gefangenschaft? Heute noch nicht!

Am 5.April verlasse ich Pyrmont zu Fuß. Züge fahren nicht mehr. Die Amerikaner stehen zwischen Münster und Detmold.
Auf der Straße nach Hameln ziehen abenteuerlich aussehende Landser dahin. Einige transportieren ihr Gepäck in einem Kinderwagen. Diese Sorge habe ich nicht – ich habe kein Gepäck mehr.

Von Lügde her ist Gefechtslärm zu hören. Wilde Gerüchte hängen in der Luft. Die Amis sollen schon in Hameln sein. Um den Brüdern aus Übersee nicht in die Arme zu laufen, verlasse ich vor der kleinen Ortschaft Welsede die Hauptroute und nehme eine schmale Straße, die in einer Serpentine auf die Höhen westlich der Weser führt. Versprengte verschiedener Truppenteile versuchen, mit mir den Amerikanern von der Schippe zu springen. Nach zwei Stunden haben wir die Weser bei Grohnde erreicht.
Amerikanische Jagdbomber kontrollieren die Straße Hameln – Holzminden. In einer Durchfahrt, die zum Weserufer führt, gehe ich erst einmal in Deckung. Die Fähre über die Weser, zwischen Grohnde und dem Ostufer, ist versenkt und das Fährseil gekappt. Ich suche nach einer Übersetzmöglichkeit und finde einen morschen Kahn.
Mit einiger Mühe versuche ich, den Kahn in die Strömung zu schieben, als ich hinter mir eine barsche Stimme höre: „Der Kahn bleibt hier!“
Ich drehe mich um. Vor mir steht ein alter Mann mit drohender Gebärde: „Der Kahn gehört mir. Sie werden damit nicht nach drüben fahren. Der Krieg ist zu Ende, und die Amis sind gleich hier!“
An mein Ohr dringen die dumpf aufheulenden Geräusche von Panzermotoren.
Ich bin weiter bemüht, den Kahn flott zu machen. Der Alte kommt mit einer Latte in der Hand auf mich zu. – Jetzt wird’s kritisch.
Auf einen Menschen zu schießen, der da meint sein Eigentum verteidigen zu müssen, ist für mich undenkbar. Andererseits aber steht für mich fest, dass ich den Zeitpunkt meiner Gefangennahme selbst bestimmen werde. Und diesen Zeitpunkt halte ich jetzt noch nicht für gekommen.
Um den Alten nicht niederschlagen zu müssen, bluffe ich: „Nun hören Sie mal gut zu! Wenn Sie Ihren Kahn behalten wollen, dann rudern Sie mich nach

drüben. Anschließend können Sie nach Belieben verfahren, Bremsen können Sie mich nicht. Ich mache notfalls von der Waffe Gebrauch!"
Der Alte steigt wortlos ein. Ich atme auf!
Mit kräftigem Ruderschlag, den ich dem Alten gar nicht zugetraut habe, bewegen wir uns auf das Ostufer der Weser zu.
Ich habe das Grohnder Ufer im Auge und die Gebäudedurchfahrt, die nach dem Fähranleger führt. Wenn der Ami kommen sollte, kann er nur hier kommen und da ist er schon! In der Durchfahrt steht ein „Sherman". Er schiebt sich langsam an das Ufer heran. Der Turm dreht sich, die Kanone schwenkt auf uns ein. Ich blicke in die Rohrmündung.
Noch zwei Meter trennen uns vom rettenden Ufer. Der Alte zieht noch einmal voll die Ruder durch. Ich springe.
Mit nassen Füßen hetze ich in die nächste Deckung. Auch der Alte ist jetzt in Sicherheit.
Vorsichtig hebe ich den Kopf über die Deckung. Der Ami schießt nicht; er hätte uns im Kahn auspusten können.
Der Turmdeckel des „Sherman" hebt sich. Der Kommandant taucht bis zur Hüfte auf, nimmt ein Fernglas und schaut zu uns herüber.
„Junge, Junge", denke ich, „das hättest du in Ostpreußen nicht tun dürfen, das hättest du nicht überlebt!"
In langen Sätzen erreiche ich die Straße Hameln – Holzminden und rolle in den Straßengraben. Über mir im Tiefflug amerikanische Jagdbomber, die auf alles schießen, was sich auf der Straße bewegt.
Nach 20 Minuten – der „Sherman" hat zurückgesetzt – stehe ich auf und gehe mit einigen Landsern, die sich hier eingefunden haben, über die freien Äcker nach Börry.
Am Ortsrand kommen aufgeregt gestikulierende Frauen auf uns zu: „Gehen Sie schnell weiter! Wir wollen keine Soldaten im Ort. Die Amerikaner werden gleich hier sein.
Wenn hier geschossen wird, werden im letzten Augenblick unsere Kinder gefährdet und unsere Wohnungen noch zerstört. Wir wollen keine deutschen Soldaten mehr sehen!"
So sehr ich die Frauen verstehe, schmerzt doch die Erkenntnis, dass der „Soldat" nur dann akzeptiert wird, wenn er als „Sieger" auftritt.
Das gilt für die Soldaten aller Nationen!
Unangenehm bin ich berührt, als ich weiße Tücher in den Fenstern sehe – für mich die ersten in diesem Kriege auf deutscher Seite. Ich kann es nicht lassen,

die Frauen noch einmal anzusprechen: „Die Tücher, die Sie da an den Stangen hängen haben, sind so schön weiß, die Amis werden das ganz sicher respektieren. Vielleicht gelingt es Ihnen auch, den GIs vorzuräubern, dass an diesen Stangen niemals Hakenkreuzfahnen befestigt waren!"
Die Frauen wenden sich betreten ab. Die umherstehenden Landser grinsen.
Über Bessinghausen erreiche ich mit einigen Versprengten gegen 17.00 Uhr den Südwesthang des Ith. Unter Bäumen getarnt stehen Fahrzeuge einer Panzergrenadierdivision, bzw. das, was von dieser nach den Kämpfen in Westdeutschland übriggeblieben ist. Ein Hauptmann, mit dem ich ins Gespräch komme erzählt mir, dass die Truppe nach Einbruch der Dunkelheit sich über Hildesheim weiter in den Harz absetzen wird. Er ist bereit, mich bis Hildesheim mitzunehmen.
Inzwischen hat starker Regen eingesetzt. Wir warten auf die schützende Dunkelheit, denn bei Tageslicht kann sich kein deutsches Fahrzeug auf der Straße bewegen, ohne sofort Beute alliierter Tiefflieger zu werden.
18.45 Uhr: Die Kolonne setzt sich in Bewegung. Zunächst geht es in Serpentinen hinauf auf den Kamm des Ith. Ich hocke in einem offenen Kübelwagen und bin pudelnass.
Wir halten! Ein motorisierter Spähtrupp klärt die Lage an der Straßenkreuzung bei Hemmendorf, denn am Nachmittag bereits wurden amerikanische Kolonnen auf der Straße Alfeld – Coppenbrügge beobachtet.
Um 21.00 Uhr rückt eine Grenadierkompanie ab, um die Hemmendorfer Straßenkreuzung zu sichern.
Gegen 22.00 Uhr fährt unsere Kolonne zügig an und steht 30 Minuten später am Ortsrand von Elze. Es ist stockdunkel. Nur langsam geht es weiter – Burgstemmen, Heyersum, Himmelsthür.
Hier am Nordrand von Hildesheim springe ich ab. Trotz der Finsternis bemerke ich, dass die Stadt durch Bombentreffer zerstört ist. Ruinen, nichts als Ruinen. Mauerreste liegen auf der Straße, Brandgeruch hängt in der Luft. Es ist 23.20 Uhr, als ich die Landstraße nach Hannover unter die Füße nehme.
Gegen 1.00 Uhr komme ich in Groß-Förste an. Hinter dem verdunkelten Fenster eines Dorfgasthauses sehe ich schwachen Lichtschein. Ich gehe hinein.
Im Thekenraum hocken einige Volkssturmmänner. Ein Parteimann fragt nach meinen Wünschen. Ich suche im Augenblick einen Platz zum Schlafen – sonst nichts!
An der einen Seite des Raumes liegen Matratzen auf dem Boden. Ich haue

mich hin und schlafe vor Erschöpfung gleich ein. 6.00 Uhr: Eine innere Unruhe bringt mich auf die Beine. Die Volkssturmmänner bieten mir ein warmes Getränk an und ein Stück Brot. Bald darauf bin ich draußen auf der Straße.
In normalen Zeiten fährt zwischen Hannover und Hildesheim die Straßenbahnlinie 11. Jetzt fährt nichts mehr. An verschiedenen Stellen hängt die zerrissene Oberleitung auf der Fahrbahn.
Zügig gehe ich über Sarstedt, Heisede und Gleidingen nach Rethen. Zu meiner großen Freude steht, hier eine Straßenbahn bereit, die nach Hannover fahren will. Nichts als hinein!
Wülfel, Döhren – in Waldheim steige ich aus und gehe hinüber an das Südufer des Maschsees.
Der in Friedenszeiten so schöne See ist aus Tarnungsgründen mit schwimmenden grünen Matten abgedeckt. Darauf stehen künstliche Bäume und Buschgruppen. Geholfen hat diese Tarnung wenig. Die Industriezentren und Wohngebiete Hannovers sind systematisch zerbombt worden. Ganze Stadtteile liegen in Trümmern. Die Verluste unter der Zivilbevölkerung sind hoch.
An der Leine, am Südufer des Sees, werde ich von einem älteren Arbeiter eingeholt: „Morgen, Herr Oberleutnant!" In seiner Stimme schwingt ein Hauch Ironie. Er ist auf dem Wege zur HANOMAG, seinem Arbeitsplatz.
Ich frage ihn: „Warum fahren Sie nicht mit der Straßenbahn?"
„Die Verkehrsverbindungen in der Stadt sind zerstört – und die Bereifung meines Fahrrades ist im Eimer!"
Ich klopfe auf den Busch: „Und warum bleiben Sie da nicht zu Hause?"
Was ich zu hören bekomme, ist bemerkenswert: „Ich gehöre nicht zu den Braunen, das können Sie mir glauben – und der Krieg ist verloren, aber solange die Soldaten nicht aufgeben, gehe ich zur Arbeit!"
Ich bin betroffen! Schweigend gehen wir nebeneinanderher. Unsere Wege trennen sich am Ricklinger Stadtweg. Der Arbeiter geht weiter in Richtung HANOMAG, und ich gehe nach Hause.

7. April: Der Wehrmachtbericht wird immer verworrener. Ich will mir Klarheit verschaffen und beabsichtige, die Wehrmachtkommandantur in der Stadt aufzusuchen. Mit dem Fahrrad fahre ich dem Zentrum entgegen. Meiner Familie habe ich gesagt, dass ich spätestens in einer Stunde zurück sein werde.
Über den „Schwarzen Bären" fahre ich zum „Waterlooplatz",. Das Wohn- und

Geschäftsviertel zwischen dem Ortsteil Linden und dem Hauptbahnhof liegt in Schutt und Asche. Auffallend ist, dass sich nur wenige Menschen auf den Straßen aufhalten.
Am Bahnhofsvorplatz biege ich rechts ab in die Joachimstraße. Auf der rechten Straßenseite ist eine Dienststelle der Kommandantur. Ich gehe hinein.
Im ersten Stock stoße ich auf einen Obergefreiten: „Wo finde ich hier einen Offizier?"
„Es ist niemand mehr hier. Die Dienststellen der Wehrmacht haben sich in den Harz abgesetzt. Wir sind die Letzten und fahren heute Nachmittag auch ab!"
Von der Straße her dringt Lärm bis zu uns herauf. Es kommt jemand die Treppe heraufgelaufen: „Die Amerikaner sind auf der Hildesheimer Straße!"
Ich merke, wie ich blass werde. Langsam gehe ich die Treppe hinunter und ordne Schritt für Schritt meine Gedanken. Noch einmal bäumt sich in mir der Wille gegen das Unvermeidbare auf: Ich will mich noch nicht gefangennehmen lassen; ich will nicht!
Mein Entschluss steht fest. Ich nehme mein Fahrrad und fahre in Richtung Aegidientorplatz davon.
Am Eingang zur Marienstraße höre ich die Geräusche tieffliegender Flugzeuge. Hinter einem Mauerrest gehe ich in Deckung. Keinen Augenblick zu früh. Vom Opernhaus her kommen zwei Jagdbomber in Höhe der ausgebrannten Dachstühle auf der Georgstraße entlanggeflogen und schießen auf alles, was sich bewegt.
Nach dieser Einlage schiebe ich mein Fahrrad hinüber in die Hildesheimer Straße. Von den Amis keine Spur. Entweder war das eine Panikmeldung oder der Feind hat gepanzerte Aufklärung nach Hannover hineingeschickt und wieder zurückgezogen.
Für mich steht fest, so irrsinnig das auch sein mag, dass ich jetzt mit dem Fahrrad nach Berlin fahren werde. Was mich belastet ist der Umstand, dass ich meine Familie nicht mehr informieren kann.
Wenn ich auch weiß, dass Ulli für unseren Sohn das Menschenmögliche tun wird, bin ich doch stark beunruhigt. Aber in dieser schwierigen Lage kann ich mich für meine Familie ohnehin nicht mehr einsetzen. Wenn ich hier bleibe, ziehen mich die Amis aus dem Verkehr!
Über Kleefeld und Kirchrode stoße ich bei Anderten auf die Hindenburgschleuse. Die Straßen sind leer.
Gegen 11.00 Uhr durchfahre ich Höver. Die kleine Ortschaft ist wie ausgestor-

ben. Kein Mensch ist zu sehen. Mich beschleicht ein ungutes Gefühl. Langsam fahre ich an Bilm heran. Im Ort macht die Straße eine leichte Linkskurve, und gleich darauf stehe ich nur noch 30 Meter vor einer Ansammlung von Menschen. Deutsche sind das nicht!
Ich steige ab und schätze die Lage ein. Vor mir habe ich etwa 20 Fremdarbeiter – vermutlich Polen!
Hinter mir tauchen auch einige auf. Ich merke, wie mir der Schweiß auf die Stirn tritt. – Zurück kann ich nicht mehr.
Die Gesichter der Männer verheißen nichts Gutes. In ihren Händen halten sie Knüppel und Latten.
„Wenn sie Schusswaffen hätten“, so sage ich mir, „würden sie keine Knüppel tragen“. Ich greife zur Pistole und gehe langsamen Schrittes auf die Gruppe zu.
Ich bin auf 10 Meter heran. Die Kerle bewegen sich nicht. Hasserfüllte Blicke sind auf mich gerichtet. Wenn ich jetzt etwas falsch mache, gibt es eine Katastrophe. Wenn ich angegriffen werde, schieße ich, darüber besteht kein Zweifel.
Ich bleibe stehen und sage im ruhigen aber festen Ton: „Die Straße freimachen!“ Meine Worte unterstreiche ich mit der rechten Hand, in der ich die P-38 halte.
Jetzt kommt Bewegung in die Gruppe. Einer nach dem anderen tritt zögernd zurück – aber nicht weit genug. Wenn ich zwischen die Fronten gerate, bin ich erledigt.
Durch unmissverständlichen Wink mit der Pistole, veranlasse ich die auf der rechten Straßenseite Stehenden, auf die linke Seite zu treten.
Das Glück ist auf meiner Seite. Ich habe die besseren Nerven, die Kerle weichen nach links aus.
Zügig schiebe ich mein Fahrrad durch den freigewordenen Teil der Straße. Nach rückwärts sichernd schwinge ich mich in den Sattel und trete scharf an, um erst einmal Raum zu gewinnen.
Ich bin durch – ich habe es geschafft. Hinter mir braust ein tierisches Gebrüll auf, und ich höre immer wieder: „Deitsches Schwein, deitsches Schwein!“
Nun gut – das „deitsche Schwein“ fährt auf dem Fahrrad davon. Das Schlachtfest findet nicht statt.
Über schlecht gepflasterte Landstraßen quäle ich mich weiter. Sehnde, Rethmar, Mehrum. Mein Blick geht immer wieder nach oben. Den Luftraum muss ich im Auge behalten. Bei Hämeler-Wald erreiche ich die Reichsautobahn und lege

unter einem Übergang eine kleine Pause ein. Ich liege im Grase und blicke in den Himmel. Über Peine kreisen Jagdmaschinen – amerikanische – versteht sich; denn deutsche gibt es offensichtlich nicht mehr.
Nach weiteren 20 Minuten raffe ich mich auf. Hier kann ich nicht liegen bleiben. Ich schiebe mein Fahrrad auf die Autobahn. Ein sonderbares Gefühl; weit und breit kein Fahrzeug. Ich steige auf und radele nach Osten. Die ganze Breite der Schnellverkehrsroute habe ich für mich allein.
Das Fahrrad unter mir ist ein Geschenk meines Vaters aus dem Jahre 1936. Es hat mir bis zum letzten Schultag gute Dienste geleistet. Die jetzige Fahrt dürfte die letzte sein.
Meine etwas wehmütigen Betrachtungen werden jäh unterbrochen. Hinter mir der anschwellende Ton eines tieffliegenden Jagdbombers und vor mir ein einkurvender Jäger. Ich schätze die Entfernung bis zur nächsten Deckung ab: 50 Meter noch bis zur schützenden Autobahnüberführung südostwärts Sievershausen.
Es hat gerade noch gereicht. Als ich mich in die Deckung werfe, prasselt eine volle Garbe aus den Bordkanonen eines Jägers auf die Betondecke der Autobahn. Steinsplitter und Querschläger surren durch die Luft.
Der Jäger zieht wieder hoch, und ich trete in die Pedale, den nächsten Autobahnübergang im Auge.
Wieder erreiche ich rechtzeitig die rettende Deckung – wieder prasselt die Garbe auf die Autobahn.
Ich lege eine Pause ein. Der Jäger verschwindet am Horizont.
Ohne Zwischenfall komme ich an Peine vorbei. Nach wenigen Kilometern liegt links von mir Meerdorf. Hier habe ich im Sommer 1938 meinen „Arbeitsdienst" abgeleistet. Die Wohnbaracken stehen noch.
Bei Wendeburg verlasse ich die Autobahn. Über Meine fahre ich auf Gifhorn zu. Ich muss an irgendeine Eisenbahnlinie heran. Die Strampelei habe ich satt – und bis Berlin ist es noch weit.
18.10 Uhr: Ich stehe auf dem Bahnhof von Isenbüttel-Gifhorn. Wieder habe ich Glück. Um 19.00 Uhr fährt tatsächlich ein Personenzug in Richtung Berlin. Wieweit er kommen wird, weiß niemand zu sagen.
Mein Fahrrad habe ich im Gepäckwagen unterbringen können. Inzwischen ist es dunkel geworden.
In Oebisfelde steigen einige alte Frauen zu. Sie tragen schwere Kiepen mit sich. Gardelegen! Ich schaue auf die Uhr: 21.50! Hier ist erst einmal Schluss. Niemand kann sagen, wann und ob überhaupt der Zug weiterfahren wird.

Ich versuche zu schlafen – über uns das monotone Brummen der feindlichen Bomberverbände, die nach Berlin fliegen. Endlose Bomberströme und keine deutsche Abwehr mehr.

8. April: Endlich fährt der Zug wieder an. Meine Uhr zeigt 3.40. Wir fahren durch die Nordspitze der Colbitz–Letzlinger Heide. Riesige Kiefernwaldungen zu beiden Seiten der Bahnlinie.
Jävenitz, Uchtspringe, Vinzelberg, Möringen – Stendal.
Inzwischen ist es hell geworden. In Stendal werden wir aufgefordert auszusteigen. Ich hole mein Fahrrad und sehe mich auf dem Bahnhof um. Hier tut sich nichts mehr. Sollte der Krieg schon zu Ende sein, ohne dass wir das gemerkt haben?
Wurzeln kann ich hier nicht schlagen. Ich halte es für richtig, erst einmal bis zu meinen Großeltern nach Großwudicke weiterzufahren. Das sind noch 25 Kilometer Bahnlinie. Ich werde den schmalen Trampelpfad nehmen, der neben den Schienen verläuft.
Die Fahrt auf dem Bahndamm ist beschwerlicher als ich angenommen habe. Immer wieder muss ich aus dem Sattel, um das Fahrrad über Weichengestänge und Signalsteuerungen zu heben.
Um 7.10 Uhr habe ich die im Morgennebel liegende Elbniederung nördlich Hämerten vor mir – noch knapp einen Kilometer bis zur Eisenbahnbrücke, die nicht nur den Strom sondern auch die Niederung überspannt.
Im Brückenbereich stoße ich auf ein Pionier-Kommando. Ein Hauptmann spricht mich an: „Junger Mann, wohin wollen Sie? Hier ist Brückensperrgebiet!"
Als ich näher herangekommen bin erkennt er, dass der „junge Mann" Offizier ist. Er kommt auf mich zu. Ich nenne Dienstgrad und Namen und setze hinzu: „... auf dem Wege zur Ersatztruppe nach Berlin!"
Der Pionier sieht mich ungläubig an. Offensichtlich hält er mich für nicht ganz normal: „Sie wollen nach Berlin? Glauben Sie, dass Sie da noch gebraucht werden?"
„In Berlin wartet niemand auf mich, Herr Hauptmann. Ich gehe auch nicht aus freien Stücken in die Reichshauptstadt. Ich habe aber einen Marschbefehl, und der ist auf ‚Berlin' ausgestellt. Sie haben sicherlich Verständnis dafür, dass es mir widerstrebt, mich hier in die Büsche zu schlagen und das Kriegsende abzuwarten. Abgesehen davon, könnte eine solche Entscheidung mit einem Strick um den Hals an einem Laternenpfahl enden. Ich bin bis heute auf

geraden Wegen geblieben und werde das bis zum letzten Augenblick tun. Ich beneide jeden, der in dieser ungewöhnlichen Zeit bei seiner Truppe sein kann und nicht allein – wie ich – durch die Geographie ziehen muss!"
Der Hauptmann winkt ab: „Natürlich haben Sie recht. Aber wo ist denn Ihre frühere Truppe?"
„Das Bataillon, dem ich angehört habe, ist im Januar/Februar zwischen Nordenburg und dem Frischen Haff untergegangen. Ich wurde damals verwundet und verdanke diesem Umstand, dass ich heute hier stehe!"
Der Hauptmann nickt nachdenklich und gibt mir dann die Hand: „Ich wünsche Ihnen alles Gute. Kommen Sie gut nach Berlin – und was noch wichtiger ist – kommen Sie gut wieder heraus!"
Ich grüße mit ausgestrecktem Arm, wie das nach dem 20. Juli 1944 befohlen wurde. Zu meiner Überraschung nimmt der Pionier die Hand an die Mütze. Er bemerkt meine Verwunderung und lächelt.
Ich fahre an die Brücke heran und muss dann absteigen, um mein Fahrrad zu schultern.
Zwischen den eisernen Bogen der Brückenkonstruktion stehen in Abständen von 50 Metern Doppelposten.
Die auf der Brücke angebrachten und für die Sprengung vorbereiteten Sprengmittel – es sind große Kisten – beschleunigen meine Gangart. Wenn es irgendeinem Ami einfallen sollte, mit seinen Bordwaffen hier hineinzuhalten, wird die Brücke in die Luft fliegen, und die Pioniere werden die Himmelfahrt antreten.
Ich beschleunige meine Gangart. Rechts von mir im Morgendunst sehe ich die Schornsteine der Industrieanlagen von Tangermünde.
Endlich liegt die Brücke hinter mir, und nach einigen Kilometern kreuze ich die Straße Genthin – Havelberg. Südlich, gar nicht weit von hier, liegt Schönhausen. Hier hat Bismarck gelebt, der Eiserne Kanzler. Das sind noch keine 100 Jahre her. Welten liegen zwischen damals und heute!
Nach der Elbniederung führt die Bahnlinie durch kaum übersehbare Kiefernflächen, die sich ausdehnen zwischen der Havel bei Rathenow und der Elbe südlich Sandau.
Mitten im Walde stoße ich auf eine Blockstelle der Reichsbahn. Ich habe Durst und hoffe, dass ich hier etwas zu trinken bekomme. Mein Fahrrad stelle ich an einen Holzzaun und sehe mich um.
Aus der Tür tritt ein Eisenbahner, ein älterer Mann. Ich schätze ihn auf weit über 60 Jahre alt. Er kommt misstrauisch auf mich zu: „Was wollen Sie hier!"

„Haben Sie etwas zu trinken?", frage ich und füge hinzu: „Sind Sie immer so unfreundlich?"
Der alte Mann in seiner abgeschabten Eisenbahneruniform sieht mich mit verkniffenem Gesicht an: „Was glauben Sie, welch ein Gesindel hier in den letzten Tagen aufgetaucht ist. Ich bin vorsichtig!"
„Und Sie glauben tatsächlich, dass Sie solchen Leuten gegenüber eine Chance haben?"
Der Mann tritt einen Schritt zurück und hat im selben Augenblick einen schweren Trommelrevolver in der Hand. Ich bin überrascht. Diesen Menschen habe ich unterschätzt.
„Woher haben Sie diese ‚Kanone'? Gehört die zu Ihrer Ausrüstung?"
„Nein, dieses Ding habe ich von meinem Vater. Der war damals 1870/71 dabei. Ich habe nicht ahnen können, dass ich den Revolver noch einmal aus der Truhe nehmen müsste!"
Der Bann ist gebrochen; ich bekomme einen Becher mit Wasser. Selten hat mir Wasser so gut geschmeckt wie heute.
Nach einer kleinen Pause fahre ich weiter. Der Alte winkt mir nach.
Kurz vor 10.00 Uhr treffe ich in Großwudicke ein. Meine Großeltern sind überrascht. Dem Großvater sehe ich an, wie er unter den Ereignissen leidet – er spricht nicht darüber.
Die Großmutter macht mir etwas zu essen. Danach gehe ich schlafen. Ich bin total fertig!

9. April: In Ostpreußen wird immer noch gekämpft. Der Wehrmachtbericht spricht von schweren Straßenkämpfen in Königsberg. Morgen soll ein Zug aus Berlin eintreffen und wenig später wieder zurückfahren. Das Haus meiner Großeltern liegt in unmittelbarer Nähe des kleinen Bahnhofes. Ich behalte die Entwicklung im Auge.

Am 11.April gibt der Wehrmachtbericht den Verlust Hannovers bekannt. Im Stillen sage ich mir, dass für meine Angehörigen der Krieg jetzt vorbei ist. Schlimmer als die letzten Wochen es waren, kann die Lage kaum werden.

12. April: Von Westen her trägt der Wind die Detonationen einschlagender Granaten bis hierher. Die Amerikaner nähern sich dem Westufer der Elbe.

13. April: Am Nachmittag gehe ich noch einmal durch das Dorf – eine Art

Abschiedsgeste. Die Menschen haben sich in ihre Wohnungen zurückgezogen und lassen das Schicksal auf sich zukommen. Die Straßen sind leer.
Am nördlichen Ortsrand, dort wo das Gontard'sche Gut an die Straße nach Schollene stößt, treffe ich auf einen Zug von Grenadieren der Waffen-SS. Ein junger Untersturmführer, der die Männer führt erklärt mir, dass Großwudicke verteidigt werden soll. Er sagt das so lässig, wie wenn es sich um den Bau eines Gartenzaunes handeln würde.
Nach der Lage befragt, meint er: „Keine Lage ist so schlecht, dass sie nicht noch schlechter werden könnte! Wir wissen kaum noch, wo hinten und vorn ist. Vielleicht wird dies hier das ‚letzte Gefecht'. Wer weiß das schon? Wir machen weiter, solange wir einen Befehl haben oder der Iwan uns die Waffen aus der Hand schlägt!" Sein jungenhaftes Gesicht sieht plötzlich gealtert aus. Er wird kaum älter als 20 Jahre sein.
Nachdenklich gehe ich zu meinen Großeltern zurück.
Die Nacht war ruhig. Nur aus der Ferne war MG-Feuer zu hören.
Ich bin schon früh auf den Beinen. Von meinen Großeltern habe ich mich verabschiedet und gehe die wenigen Meter hinüber zum Bahnhof, der eigentlich nur ein Haltepunkt an der Bahnlinie Hannover – Berlin ist.
Der für heute angesagte Zug kommt tatsächlich. Ich steige als einziger Fahrgast zu. Offensichtlich hat niemand die Absicht, außer mir, in der jetzigen Situation nach Berlin zu fahren. Mir behagt das auch nicht!
Bei Rathenow überqueren wir die Havel. Hier an der Eisenbahnbrücke habe ich als Schüler oft gebadet. Aber das ist schon lange her. Die mir sonst so vertraute Landschaft sieht mich fremd an.
Hinter Nennhausen kommt Buschow. Der Zug hält. In Buschow und in der näheren Umgebung liegen die Güter des adligen Hauses von Knoblauch. Der Großvater hat einmal darüber gesprochen. Aber wen interessiert das heute?
Der Zug fährt wieder an. Nur langsam geht es weiter. Es ist so, wie wenn der Zug nur mit Widerwillen in Richtung Berlin fährt.
Wustermark, Dallgow-Döberitz. Zwischen Döberitz und Gr. Glienicke-Krampnitz liegt der Übungsplatz, auf dem ich im September 1939 geübt habe. Damals hat niemand geglaubt, dass der Krieg so lange dauern würde und schon gar nicht für möglich gehalten, dass er verloren würde.
In Charlottenburg steige ich aus. Ich sehe mich um: Trümmer, Ruinen, Untergangsstimmung! Überraschenderweise ist die Stadtbahn noch (oder wieder) in Betrieb. Ich fahre hinaus nach Reinickendorf in die „Hermann Göring"-Kaserne. 14.10 Uhr: Über uns ein amerikanischer Bomberverband:

Viermotorige Großbomber. Im Landserjargon wegen ihrer Feuerkraft „Fliegende Festungen“ genannt.
In das monotone Brummen der Bombermotoren mischt sich plötzlich ein pfeifender Ton. Am wolkenlosen Himmel sehe ich einen deutschen Jäger – einen einzigen – der sich auf den Bomberpulk von etwa 40 Flugzeugen stürzt. „Der ist wahnsinnig!“, sagt neben mir ein Unteroffizier. Vielleicht hat er recht. Aber sind wir nicht alle wahnsinnig, die wir gerade in den letzten Monaten in hoffnungslosen Situationen nicht aufgegeben haben? Wer darf es wagen, diese Haltung letztgültig zu bewerten?
Über uns das Stakkato der Bordkanonen. Der Luftkampf spielt sich nach meiner Einschätzung zwischen 6.000 und 7.000 Meter Höhe ab. Der deutsche Jäger fliegt von unten an, zieht seine Maschine senkrecht nach oben und schießt. Er durchstößt den amerikanischen Verband und ist plötzlich oberhalb der feindlichen Armada.
Die deutsche Maschine ist ungewöhnlich schnell. Sie kurvt ein und stürzt sich dann von oben auf die Amerikaner.
Die Bordwaffen hämmern. Der erste Viermot-Bomber beginnt zu qualmen, er schert aus.
Wie gebannt sehe ich nach oben. Der deutsche Jäger hat, wie ich deutlich ausmachen kann, zwei Triebwerke – vermutlich eine Me-262. Das ist also der Wundervogel, von dem so viel gesprochen wird.
Dritter Anflug. Ein Feuerwerk schlägt dem Jäger entgegen. Der zweite Amerikaner qualmt, schert aus und geht brennend in die Tiefe.
Gleich darauf der vierte Anflug und Sekunden später brennt der dritte Ami. Der Jäger verschwindet am Horizont, der Bomberverband fliegt nach Westen weiter.
Was ich da soeben gesehen habe, ist einfach unglaublich – die Überlegenheit dieses Jägers ist umwerfend. Ich frage mich, warum dieser Typ erst jetzt zum Einsatz kommt, warum so spät? – Zu spät!

15. April: In der Reinickendorfer „Hermann Göring“-Kaserne weiß man nicht so recht, was man mit mir machen soll. Ich werde weitergeleitet nach Hohenschöpping, südlich Veiten – im Nordwesten Berlins.

16. April: Die Russen sind an der Neiße und aus den Oder-Brückenköpfen heraus zum Sturm auf Berlin angetreten.
Gestern waren die Amerikaner an einigen Stellen über die Elbe gekommen. Im

Radio war zu hören: „ … Südöstlich Magdeburg warfen Grenadiere die über die Elbe vorgedrungenen Amerikaner auf ihre Übergangsstellen zurück und brachten zahlreiche Gefangene ein. Südlich davon sind Gegenangriffe gegen weitere örtliche Brückenköpfe im Gange. …"
Ich erhalte den Befehl, mich beim Stabe des Fallschirm-Panzerkorps „Hermann Göring" zu melden. Der Stab liegt bei Senftenberg. Das ist ein Ort zwischen Dresden und Cottbus.
In den Abendstunden besteige ich einen Zug, der mich zum Korps bringen soll.

17. April: Senftenberg! Ich muss mich durchfragen. Zur Lage kann niemand eine exakte Aussage machen, aber jedem ist klar, dass wir vor dem Zusammenbruch stehen. – Dieser Eindruck wird drastig unterstrichen vom näherkommenden Artilleriefeuer.

18. April: Meldung beim Korps! Mir wird eröffnet, dass das Korps „körperlich Behinderte" nicht einsetzen wird. Ich erhalte umgehend einen Marschbefehl nach Veiten/Berlin.
Ob diese Entscheidung für mich eine positive oder negative Entwicklung einleitet, bleibt abzuwarten. Es ist keineswegs sicher, wer zuerst in Berlin sein wird: Der Iwan oder ich?
Mit einem Lkw fahre ich nach Finsterwalde. Auf dem Bahnhof wird mir gesagt, dass möglicherweise um 20.00 Uhr ein Zug nach Berlin eingesetzt wird.
Draußen auf der anderen Straßenseite sehe ich Frauen und Kinder stehen, auch einige ältere Männer sind dabei. Als ich näher komme, höre ich eine Unterhaltung über die vielleicht noch vorhandenen Chancen, die Rote Armee zum Stehen zu bringen.
Ich bin betroffen über die immer wieder geäußerte Auffassung, dass die bei Hoyerswerda und Bautzen stehenden „Hermann Göring"-Verbände das schon machen werden. – Heilige Einfalt! Ich wende mich betreten ab.
Um 20.00 Uhr fährt tatsächlich ein Zug in Richtung Berlin. Die Abteile sind überfüllt: Flüchtende Zivilbevölkerung und Soldaten aller Waffengattungen.
Um Mitternacht stehen wir vor Königswusterhausen. Es geht nicht weiter; die Strecke ist durch Bombenwurf beschädigt.
Um 4.30 Uhr früh hält der Zug in Eichwalde. Wir werden aufgefordert auszusteigen. Über Berlin sehe ich die Lichtbündel der Scheinwerferbatterien. Abseits

des Bahnhofes suche ich mir eine Schlafgelegenheit in einer Gartenlaube. Als ich um 10.00 Uhr aufwache und mich in dem Schrebergarten umsehe, in den ich „meuchlings" eingedrungen bin, steht der Gartennachbar am Zaun – ein Mann von etwa 70 Jahren.
Ich versuche ihm zu erklären, was mich veranlasst hat, hier einzudringen. Er winkt ab und fragt mich nach der Lage. Ich kann ihm nicht mehr sagen als er ohnehin weiß. Er aber weiß zu berichten, dass die deutschen Truppen im Ruhrkessel kapituliert haben.
Ich verabschiede mich – er greift nach einer Gießkanne und begießt seine Frühbeete. Das Leben geht weiter!
Abends habe ich die Möglichkeit, mit der Reichsbahn weiter nach Berlin hineinzufahren.
Grünau, Adlershof, Treptow – der Zug hält. Wie und ob es überhaupt weitergehen wird, weiß niemand zu sagen. Die Verkehrsverbindungen in der Reichshauptstadt sind an vielen Stellen unterbrochen.

20. April: Es ist hell geworden. Der Zug fährt an; meine Uhr zeigt 6.35! Mir fällt auf, dass wir nicht nach Norden fahren. Wahrscheinlich ist das Zentrum der Stadt so stark zerbombt, dass ein Durchkommen nicht möglich ist.
11.35 Uhr: Spandau. Wir werden wieder einmal aufgefordert auszusteigen. Hier scheint endgültig Schluss zu sein. Da ich hier nicht überwintern kann, entschließe ich mich, meinen Onkel Hermann aufzusuchen. Er wohnt unmittelbar an der Havel gegenüber Siemensstadt. Ich brauche zwei Stunden bis zu seiner Wohnung.
Onkel und Tante sind überrascht, als ich bei ihnen eintreffe. Sie sind genauso übernächtigt wie ich. Seit Wochen haben sie Nacht für Nacht im Keller gesessen und gehofft, dass sie von den Bomben verschont bleiben. Ihr Sohn Wolfgang gilt weiterhin als vermisst.
Wir gehen aus dem Keller nach oben. Die Tante stellt mir Brot und einen Rest Wurst auf den Tisch. Ich esse eine Scheibe Brot und lasse die Wurst liegen. Die Tante hat es zweifellos gut gemeint, aber die letzte Wurst der ohnehin knappen Zuteilung, kann ich nicht annehmen.
Am Nachmittag verabschiede ich mich. Wir wünschen uns alles Gute. Jeder weiß, dass dieser Abschied ein endgültiger sein könnte. Sowjetische Artillerie beschießt den Norden der Stadt.
Ich stehe auf der Straße, die Spandau nach Norden verlässt und weiß nicht so recht, was ich tun soll. Der Ortsteil wirkt wie ausgestorben. Die Be-

wohner kommen aus ihren Kellern kaum noch heraus. Hinter mir höre ich Motorengeräusch: Ein Lkw! Der Fahrer nimmt mich mit, und eine halbe Stunde später bin ich in Velten-Hohenschöpping.
Ich erhalte eine Unterkunft in einer Baracke. Der Raum, in dem ich ein Feldbett bekomme, ist von zwölf Offizieren belegt. Alle mehr oder weniger schwer verwundet. Die meisten von ihnen haben wie ich die Katastrophe der 4. Armee in Ostpreußen miterlebt und verdanken ihr Überleben dem Umstand, dass sie rechtzeitig verwundet wurden.
Unterhaltungen oder gar Diskussionen kommen nicht auf. Jedem ist klar, dass dieser Krieg verloren ist – jeder weiß, dass es nur noch um Tage oder Stunden geht, bis der Iwan vor der Tür steht. Er wird sich daran erinnern, welchen Ärger er mit uns gehabt hat – er wird auch nicht die ungeheuren Verluste vergessen haben, die er hinnehmen musste, wenn er sich mit uns angelegt hat.
Ich liege auf meinem Bett und starre unter die Decke der Baracke. Es ist beklemmend, tatenlos hier zu liegen und die Katastrophe auf sich zukommen zu sehen.
Um 21.00 Uhr wird ein Leutnant herausgerufen. Als er zurückkommt, um seine Pistole zu holen, erfahren wir, dass er mit einer Pioniergruppe wenige Kilometer nordostwärts von hier eine Kanalbrücke sprengen soll. Er schnallt um und geht. Das System von „Befehl und Gehorsam“ ist auch heute noch funktionsfähig – fünf Minuten nach Zwölf!
Wenn ich den Befehl erhalten hätte, wäre auch ich gegangen – jeder andere in dieser Baracke auch.
23.00 Uhr: Wieder wird ein Leutnant herausgerufen. Auch er verschwindet mit einem Kampfauftrag im Dunkel der Nacht. Wir haben ihn nicht wiedergesehen.

21. April: Nur schleppend gehen die Stunden dahin. Laut „Führer-Befehl“ darf kein Soldat die Reichshauptstadt verlassen, auch Verwundete nicht!
Die Einschläge des Artilleriefeuers sind jetzt näher gekommen. Die Scheiben der Fenster vibrieren. Ich habe die lange Nacht darüber nachgedacht, was ich tun werde, wenn die letzten Stunden des Reiches anbrechen, wenn es Befehle nicht mehr geben wird: Ich werde die Flucht nach Westen auf eigene Faust versuchen! Ich werde nicht warten, bis das Schicksal in Gestalt eines Russen an die Tür dieser Baracke klopft!
20.30 Uhr: Ich werde ins Geschäftszimmer gerufen. „Jetzt bist du dran“, geht es mir durch den Kopf, „jetzt hat dich das Schicksal eingeholt.“ Mir wird

eröffnet, dass ich morgen in aller Frühe mit einer Gruppe von Verwundeten Berlin in Richtung Schleswig-Holstein verlassen werde. Der Marschbefehl ist auf „Fredericia“ in Dänemark ausgestellt. Ich glaube zunächst, nicht richtig zu hören.

22. April: Ein Sonntag; kurz vor 5.00 Uhr verlasse ich mit 20 Verwundeten bzw. Versehrten den Barackenbereich des Lagers Velten-Hohenschöpping. Wir betreten die Straße nach Veiten. An einer Panzersperre halten wir noch einmal an. Ich schaue zurück nach Henningsdorf. 300 Meter südlich von uns sehe ich Bewegung im Gelände: Der Iwan! Sowjetische Infanterie hat gerade die Bahnlinie Henningsdorf-Veiten nach Westen überschritten.
Von Veiten her kommen uns Arbeiter auf Fahrrädern entgegen. Ich halte sie an: „Wohin wollen Sie?“
„Wir wollen zur Arbeit in die Stahlwerke nach Henningsdorf!“
Ich lasse die Arbeiter an den Durchlass der Panzersperre treten und zeige nach Süden. Sie ahnen, was sich vor ihren Augen tut. Der eine fragt: „Was ist denn das?“
„Der Iwan, keine Frage!“
„Und was sollen wir jetzt machen?“
„Fahren Sie nach Hause, der Krieg ist für Sie zu Ende!“
Nur zögernd setzen sich die Stahlarbeiter auf ihre Räder. Ihren Gesichtern ist anzusehen, dass sie immer noch nicht fassen können, was sie soeben mit eigenen Augen gesehen haben.
Ich fordere meine Gruppe zu erhöhter Marschgeschwindigkeit auf. In Veiten biegen wir nach Westen ab. Im Fußmarsch erreichen wir über Marwitz die Ortschaft Eichstädt. Ich lege eine Pause ein. Mir ist klar geworden, dass wir zu Fuß den motorisierten Russen nicht entwischen können. Das Glück ist mit uns. Hinter Eichstädt werden wir von einem offenen Lkw überholt. Ich winke; der Fahrer ist bereit, uns mitzunehmen.
Über Vehlefanz und Schwante kommen wir in flotter Fahrt nach Kremmen. Zu meiner Überraschung fahren wir nicht nach Westen weiter, sondern nach Norden. Ich klopfe auf das Dach des Führerhauses – der Wagen hält: „Was ist los?“
„Was ist Ihr Fahrtziel für heute?“, frage ich zurück.
„Ich muss heute noch in Neustrelitz sein!“
Die Richtung passt mir zwar nicht so recht, doch wichtig scheint mir zunächst einmal, von Berlin wegzukommen. Westlich von uns ist das Rhinluch.

Dort im Dunst liegt irgendwo Fehrbellin, wo der Große Kurfürst 1675 südwestlich Hakenberg die Schweden vernichtend geschlagen hat und Europa aufhorchen ließ. Damals war der Krieg noch überschaubar. Heute ist alles ins Unermessliche gestiegen. Heute geht es nicht mehr darum, den Gegner zu besiegen, sondern ausschließlich darum, ihn zu vernichten, auch dann, wenn er die Waffen aus der Hand gelegt hat. Ein Rückschritt in der Entwicklung der Menschheitsgeschichte.
Um die Mittagszeit treffen wir in Neustrelitz ein. Weiter kommen wir heute nicht. Ich suche mit meinen Verwundeten eine Wehrmachtunterkunft auf.

23. April: In aller Frühe bemühe ich mich um eine Transportmöglichkeit. Auch heute ist das Glück auf unserer Seite. Ein Lkw-Fahrer ist bereit, uns mitzunehmen.
Wir fahren über Mirow nach Westen, berühren die Südspitze des Müritz-Sees und sind gegen 11.00 Uhr in Goldberg. Auf den Straßen ist lebhafter Einzelverkehr, überwiegend in Richtung West. Das Wetter ist gut.
Mecklenburg ist ein schönes Land. Hier müsste man in friedlichen Zeiten Urlaub machen! An wie vielen Orten habe ich während dieses Krieges diesen Wunsch schon ausgesprochen?

Den Russen sind wir von der Schippe gesprungen. Ich stelle das mit Befriedigung fest. Diesen Gedanken habe ich noch nicht zu Ende gedacht, da höre ich von vorn Bordwaffenfeuer tieffliegender Flugzeuge. Die Fahrer der Lkw haben von der herankommenden Gefahr noch nichts gemerkt. Verzweifelt klopfe ich auf das Dach des Führerhauses, um das Fahrzeug zum Stehen zu bringen. Wir wollen abspringen.
Zu spät! Die Jagdbomber sind heran. Ich sehe, wie die Leuchtspurgeschosse auf uns zukommen und werfe mich auf die Pritsche des Lkw.
So schnell wie er kam, ist der Spuk vorüber. Auf unserem Lkw ist nichts passiert. Weiter vor uns hat es mehrere Tote gegeben.
Wir fahren weiter. Unsere Blicke suchen den Himmel und den Horizont ab. Ohne Zwischenfall kommen wir am frühen Nachmittag in Bad Kleinen am Schweriner See an. In einer Wehrmachtunterkunft erhalten wir ein dürftiges Lager und auch Verpflegung. Am Abend wird bekannt, dass sich der Feldmarschall Model einige Tage nach der Kapitulation seiner Truppen im Ruhrkessel erschossen hat. Ich bewundere die Konsequenz dieses Mannes: Bis in den Tod Herr seiner selbst!

24. April: Ein Lkw bringt uns nach Schwerin, an das Südwestufer des Schweriner Sees. Die Garnison macht den Eindruck eines aufgescheuchten Bienenvolkes. Offiziersstreifen kontrollieren alle Männer sowohl in Uniform als auch in Zivil – alte und junge. Wer keine handfesten Papiere hat, wird vereinnahmt.
Es gelingt mir nicht, eine Transportmöglichkeit für die Weiterfahrt zu beschaffen. Wir liegen fest und müssen in Schwerin übernachten.

25. April: In den frühen Morgenstunden verlassen wir Schwerin mit einem offenen Lkw. Nach einigen Kilometern lese ich auf einem Ortsschild am Rande der Straße: Gadebusch.
Hier also ist Theodor Körner 1813 als Lützowscher Jäger gefallen. Er und seine Kameraden wollten Preußen oder das, was man damals unter Deutschland verstand, von Napoleon und den Franzosen befreien. Wir sind bescheidener; wir wollen nur noch überleben!
Um die Mittagszeit fahren wir durch die zerbombten Wohnviertel Lübecks.
Eutin! – Unser Lkw hat sein Ziel erreicht. Wir steigen ab. Weiter geht es heute nicht. Wir stellen uns auf die Übernachtung ein.
Nach Einbruch der Dunkelheit gehe ich noch einmal ins Freie. In der Ferne höre ich die Flak schießen; das könnte in der Kieler Bucht sein.
Ein Oberleutnant aus meiner Marschgruppe tritt an mich heran: „Glauben Sie wirklich noch, dass wir Fredericia erreichen?"
„Ich weiß das so wenig wie Sie. Haben Sie einen Vorschlag, wie man sich in dieser nicht überschaubaren Situation verhalten sollte?" Er hat keinen und wechselt das Thema: „Haben Sie die gestreiften, grauen Gestalten gesehen, die in langer Reihe und schleppenden Schrittes neben der Straße hergingen, als wir von Schwerin nach hier fuhren? Haben Sie die ausgemergelten, ausdruckslosen Gesichter gesehen?"
„Habe ich. Ich war entsetzt und bin es noch!", ist meine Antwort.
Er fährt fort: „Haben auch Sie nicht gewusst, dass es Konzentrationslager gegeben hat? Es gibt Leute, die das von sich behaupten!"
„Nein!", entgegne ich, „das behaupte ich nicht! Ich habe aber nicht gewusst, dass die Häftlinge in diesen Lagern so unglaublich geschunden wurden, dass nur noch menschliche Wracks übriggeblieben sind. Ich habe bisher eine ganz andere, offensichtlich falsche, Vorstellung vom Zweck eines Konzentrationslagers gehabt. Ich bin immer der Meinung gewesen, dass hier Menschen festgehalten – konzentriert – wurden, die durch Agitation oder Handlung eine Gefahr

für die Existenz des Staates oder – später – für die kämpfende Truppe darstellten und habe durchaus für richtig gehalten, dass solche Leute aus dem Verkehr gezogen wurden; denn es kann nicht angehen, dass wir an der Front unsere Haut zu Markte tragen und hinter unserem Rücken sabotiert wird. Ich bin aber ebenso der Meinung, dass Inhaftierte menschenwürdig zu behandeln sind. Was wir da gesehen haben, ist eine Riesensauerei!"
„Unsere Feinde werden uns das so, wie Sie es eben gesagt haben, nicht abnehmen. Außerdem haben Sie nur von den Politischen gesprochen, nicht aber von den Juden. Da sollen ja unglaubliche Dinge vorgekommen sein. Wir alle werden noch viel Ärger haben!"
Nachdenklich gehe ich in die Unterkunft zurück und lege mich auf meine Matratze am Fußboden. Ich versuche, die Gesichter der Häftlinge zu verdrängen; es gelingt mir nicht.

26. April: In den frühen Morgenstunden fahren wir weiter durch das landschaftlich schöne Seengebiet um Plön. Von der Ladefläche unseres Lkw herab überschaue ich die weiten, von Baumbeständen unterbrochenen Grünflächen. Ein prächtiger Anblick. Ich versuche, die Reize der Umgebung auf mich wirken zu lassen und bemerke, dass ich ungewollt eine Geländebeurteilung nach infanteristischen Kriterien vornehme: Gedeckte Annäherung, Schussentfernungen, Umgehungsmöglichkeiten! Ein Vorgang, den ich bereits im Urlaub mehrfach beobachtet habe. Der Krieg wird irgendwann zu Ende sein. Ob wir aber, die wir in den letzten Jahren das eigene Umfeld ausschließlich nach militärischen Gesichtspunkten beurteilt haben, uns jemals von dieser Manie lösen können?
Kiel: Die Wohnbezirke sind zerbombt. Aus dem Wasser im Hafengebiet ragen die Aufbauten gesunkener Schiffe. Die Gesichter der Menschen sind von Angst und Hoffnungslosigkeit gezeichnet.
In langsamer Fahrt verlassen wir Kiel nach Westen und treffen am Nachmittag in Büdelsdorf bei Rendsburg ein. Der unserer Marschgruppe angehörende Oberleutnant Kruse ist hier zu Hause. Er hat uns angeboten, in seinem Elternhause erst einmal eine Pause einzulegen. Wir nehmen dies Angebot dankbar an.

27. April: Die Engländer sind in Bremen. „Wohin?", ist die Frage, die uns belastet. Unser Marschbefehl ist auf Fredericia ausgestellt.
Wir überlegen, ob dieser Befehl unter den veränderten Gegebenheiten noch

Gültigkeit hat und entschließen uns, die Entwicklung der sich überschlagenden Ereignisse zunächst in Büdelsdorf abzuwarten.

28: April: Auf den Straßen ziehen Soldaten aller Waffengattungen allein und in kleinen Gruppen sowohl nach Norden als auch nach Süden. Es ist nicht zu übersehen, dass jede Art von Führung aufgehört hat.

29. April: Der von General Wenck geführte Entlastungsvorstoß im westlichen Vorfeld von Berlin ist gescheitert. Die Amerikaner sollen in Augsburg sein.

30. April: Gestern haben die deutschen Truppen in Italien kapituliert.

1. Mai: Wir haben uns entschlossen, nach Norden auszuweichen und fahren mit einem Lkw über Schleswig nach Flensburg.
Gegen 18.00 Uhr treffen wir an der deutsch-dänischen Grenze ein. Ich unterhalte mich mit dem Führer des Grenzkommandos, einem Oberleutnant. Er rät mir, in der jetzigen Situation nicht nach Dänemark weiterzufahren. Die Stimmung der Dänen sei nicht nur unfreundlich sondern auch feindlich.

2. Mai: Das Oberkommando der Wehrmacht gibt bekannt: „An der Spitze der heldenmütigen Verteidiger der Reichshauptstadt ist der Führer gefallen. ...“ (Tatsache ist, dass sich Hitler am 30. April 1945 erschoss.)
Großadmiral Dönitz hat die Führung des Reiches übernommen!
Hitlers Tod löst weder Beifallsstürme aus noch zeigt sich in meiner Umgebung jemand beeindruckt.
Die deutschen Truppen, die im Kampf mit der Roten Armee stehen, leisten immer noch Widerstand. Sie ermöglichen vielen Menschen die Flucht nach Westen. Im Kameradenkreise haben wir die Lage besprochen und sind einstimmig zu der Auffassung gekommen, wieder nach Süden zu fahren.
Wir verlassen Flensburg in Richtung Schleswig und treffen um die Mittagszeit auf dem Fliegerhorst in Jagel (Schleswig) ein. Wir haben es nun endgültig satt, auf den Straßen dem Schicksal entgehen zu wollen. Die Horst-Kommandantur weist uns Barackenunterkünfte zu. Ich bin mit meinen Kräften am Ende und schlafe noch vor Sonnenuntergang ein.

3. Mai: In Berlin wird immer noch gekämpft. Das Wort „Kapitulation“ geht nur schwer über die Lippen.

4. Mai: Wir hängen wieder am „Volksempfänger". Das Oberkommando der Wehrmacht gibt bekannt: „Der Kampf um die Reichshauptstadt ist beendet. In einem einmaligen heroischen Ringen haben Truppen aller Wehrmachtteile und Volkssturmeinheiten ihrem Fahneneid getreu bis zum letzten Atemzuge Widerstand geleistet ..."

5. Mai: Waffenruhe gegenüber den Truppen Montgomerys. Am Nachmittag treffen die Spitzen der Royal Army auf der Hauptzufahrtstraße des Fliegerhorstes Schleswig-Land (Jagel) ein.
Panzerspähwagen sind aufgefahren. Die Besatzungen hocken auf den Fahrzeugen und wissen nicht so recht, wie sie sich verhalten sollen. Sie sind von uns, die wir noch voll bewaffnet sind, umgeben. Die Boys von der Insel versuchen, die ungewöhnliche Atmosphäre mit einem breiten Lächeln zu entschärfen.

7. Mai: Die Wehrmacht kapituliert auch vor der Sowjetunion. Im Gespräch mit den Kameraden wird übereinstimmend festgestellt, dass die Kapitulation gegenüber der USSR weit mehr unter die Haut geht, als gegenüber den Westmächten.
Zugleich aber wird empfunden, dass die gemeinsamen militärischen Aktionen der Westalliierten mit den Sowjets als „Verrat an Europa" einzuordnen sind. Das gesamte Ausmaß dieser Vorgänge zu erfassen ist nicht möglich. Ich beobachte, dass selbst den „Sprachgewaltigen" unter uns die Worte fehlen!

9. Mai: Ich komme gerade von der Kommandantur zurück und betrete die Unterkunftsbaracke. Im Gang stehen Offiziere und Soldaten; ihre Gesichter sind ernst. Aus einem Raum vernehme ich die Ansage aus dem Lautsprecher eines Radios: „... Seit Mitternacht schweigen an allen Fronten die Waffen. Auf Befehl des Großadmirals hat die Wehrmacht den aussichtslos gewordenen Kampf eingestellt.
Damit ist das fast sechsjährige ehrenhafte Ringen zu Ende. ... Die deutsche Wehrmacht ist am Ende einer gewaltigen Übermacht ehrenvoll unterlegen. ... Die einmalige Leistung von Front und Heimat wird in einem späteren Urteil der Geschichte ihre endgültige Würdigung finden. Den Leistungen und Opfern der deutschen Soldaten zu Wasser, zu Lande und in der Luft wird auch der Gegner die Achtung nicht versagen. ... Die Wehrmacht gedenkt in dieser schweren Stunde ihrer vor dem Feind gebliebenen Kameraden. Die Toten

verpflichten zu bedingungsloser Treue, Gehorsam und Disziplin gegenüber dem aus zahlreichen Wunden blutenden Vaterland!“
Die Durchsage des letzten Wehrmachtberichtes ist beendet. Eine beklemmende Stille ist um uns.
Der Leutnant neben mir wendet sich ab – er hat feuchte Augen. Auch ich ringe um meine Haltung. Der Gefreite mir gegenüber sieht mich wortlos an. Ich glaube, er sieht durch mich hindurch. Seine Gesichtszüge spiegeln Fassungslosigkeit wider.
Der Kreis der Zuhörer löst sich auf. Ein junger Hauptmann schiebt sich im engen Gang der Baracke an mir vorbei und geht zum Ausgang.
Den Griff der Tür in der Hand, dreht er sich noch einmal um mit den Worten: „Meine Herren, das war's dann wohl!“
Verzweiflung, Bitterkeit, Enttäuschung und vieles mehr liegen in seinen Worten. Seine sarkastische Bemerkung kommt bei mir nicht mehr an; in mir ist Leere. Ich gehe nach draußen – ich will allein sein!
Wie begann das doch damals? Am 1. September 1939 sprach Hitler vor dem Reichstag: „... Seit 5.45 Uhr wird jetzt zurückgeschossen! Und von jetzt ab wird Bombe mit Bombe vergolten! ...“
Und heute, nach fast sechs Jahren eines Krieges, wie ihn die Geschichte der Menschheit bisher nicht kannte, die dürren Worte: „... das war's dann wohl!“
Dazwischen liegen Schicksale von Menschen und Völkern. Dazwischen liegt der Tod derer, die guten Glaubens waren: Von Jupp Reinardy und den Kameraden des Füsilierbataillons bis zu den vielen anderen, die hier zu nennen der Platz nicht reicht, deren Tod jedoch das gleiche Gewicht hat. Ich habe Mühe, meine Gedanken zu ordnen!
Auf dem Rückweg in die Unterkunft drängt sich mir eine Erinnerung auf aus den Tagen meiner frühen Jugend. In einer gedruckten Sammlung brandenburgisch-preußischer Truppenfahnen war mir ein blaues Fahnentuch aufgefallen. Es trug die Inschrift:

Lebe beständig
Kein Unglück
Ewigk

Ich habe diese Worte im Unterbewussten immer in mir getragen. Die Wucht des Geschehens hat sie nun wieder ins volle Bewusstsein gerückt. Ich will damit leben!
(Bei dem oben genannten Feldzeichen handelt es sich um die Kompaniefahne des Regiments zu Fuß Obrist Hillebrand von Kracht aus dem Jahre 1626.)

So waren sie, die vor uns gingen ...

Frage des Toten

Ich wachte auf, – mir war, es ging die Tür,
Da kam mein toter Freund herein zu mir.

Mir stieg das Grauen bis zum Hals herauf,
Ich sprach ihn an, – er achtete nicht drauf.

Ich fragte ihn: „Was stört dir deine Ruh,
Du liebster Freund, was willst du, dass ich tu?“

Er hörte nicht auf meine Zärtlichkeit,
Er sah an mir vorbei ganz fremd und weit

Und fragte drängend und doch ohne Ton:
„Wo steht die Front und wo mein Bataillon?“

(Aus Münchhausens „Beeren-Auslese“)

Den nachgewachsenen Generationen sei verpflichtend aufgegeben, bei Erhaltung elementarer menschlicher und soldatischer Tugenden, dafür zu sorgen, dass der Soldat niemals wieder in die fürchterliche Lage gerät, zwischen den Mühlsteinen von Befehl und Gehorsam zerrieben zu werden!

Karl Knoblauch

Personenverzeichnis

ARNOLD, Major – Führer Fallschirm-Panzerfüsilierbataillon 2 „Hermann Göring“ (Nov.1944)

BADER, Fahnenjunker Oberfeldwebel. – Zugführer Fallschirm-Panzerfüsilierbataillon 2 „Hermann Göring“ (Nov.1944)

BADORREK, Emil, Major – DKiG/RE – Kommandeur Fernaufklärergruppe 3, am 26.12.1944 über Krakau tödlich abgeschossen. Grablage: Heldenfriedhof Krakau

BAER, Bern v., Oberstleutnant im Generalstab – RE – Chef des Stabes Fallschirm-Panzerkorps „Hermann Göring“

BEKEMACKER, Feldwebel – Führer Flakzug Fallschirm-Panzerfüsilierbataillon 2 „Hermann Göring“ (Nov. 1944)

BITTRICH, Wilhelm, General der Waffen-SS – DKiG/RES – Kommandierender General. II .SS- Panzerkorps

BÖTTCHER, Heinrich, Hauptmann – Kommandeur Fallschirm-Panzerpionierbataillon 2 „Hermann Göring“

EHLEN, Oberfähnrich – Ordonanzoffizier Fallschirm-Panzerfüsilierbataillon 2 „Hermann Göring“ (Nov.1944)

FELICIAN, Franz, Oberfeldwebel – 4.(F)/14, später (F)-Aufkl.Gr. 3, am 26.12.1944 über Krakau tödlich abgeschossen. – Grablage: Heldenfriedhof Krakau

GLÜCK, Stabsfeldwebel – Führer Granatwerferzug Fallschirm-Panzerfüsilierbataillon 2 „Hermann Göring“ (Nov.1944)

GÖRING, Hermann, Reichsmarschall, Oberbefehlshaber der Luftwaffe – Freitod am 15.10.1946 im US-Gefängnis in Nürnberg

GROß, Leutnant – Nachrichtenoffizier Fallschirm-Panzerfüsilierbataillon 2 „Hermann Göring“ (Nov.1944)

GRÜN, Werner, Major im Generalstab – Quartiermeister Fallschirm-Panzerkorps „Hermann Göring“

HEIDENREICH, Oberfeldwebel – Zugführer Fallschirm-Panzerfüsilierbataillon 2 „Hermann Göring“ (Nov.1944)

KALFF, Oberleutnant – Führer 3. Kompanie Fallschirm-Panzerfüsilierbataillon 2 „Hermann Göring“

KLEINE–SEXTRO, Franz-Josef, Leutnant – Ordonanzoffizier im Stabe Fallschirm-Panzerkorps „Hermann Göring“

KLINGBEIL, Werner, Hauptmann – Führer 5. Kompanie Fallschirm-Panzerfüsilierbataillon 2 „Hermann Göring“, seit Februar 1945 bei Graudenz vermisst

KLODT, Leutnant – Zugführer Fallschirm-Panzerfüsilierbataillon 12 „Hermann Göring“ (Nov.1944)

KLUGE, Waldemar, Oberst – R – Kommandeur Fallschirm-Panzergrenadierregiment 4 „Hermann Göring“

KNOBLAUCH, Karl, Oberleutnant – DKiG – Radfahrschwadron 195 (95. Infanteriedivision), 4.(F)/14, I./Fallschirmjägerregiment 16(Ost), Fallschirm-Panzerfüsilierbataillon 2 „Hermann Göring“

KRUSE, Gerhard, Oberleutnant – Fallschirm-Panzeraufklärungsabteilung „Hermann Göring“

KÜCHEL, Oskar, Leutnant – Ordonanzoffizier Fallschirm-Panzerfüsilierbataillon 2 „Hermann Göring“, in Ostpreußen vermisst (1945)

LEHMANN, Hans-Georg, Oberleutnant – DKiG/R – Führer Fallschirmkorpssturmbataillon „Hermann Göring", seit Oktober 1944 vermisst (Ostpreußen)

LEHMANN, Wolfgang, Leutnant – 9. Luftwaffenfelddivision, Fliegerregiment 71

LINGRÖN, Heinz, Oberzahlmeister – Fallschirm-Panzerfüsilierbataillon 2 „Hermann Göring", vermisst seit Dezember 1944 (Ostpreußen)

MAJER, Hans von, Leutnant (Hauptmann) – R – Führer 2. Kompanie Fallschirmjägerregiment 16(Ost), Kommandeur Fallschirmjägerregiment 27. Verstorben am 18.09.1983

MEYER, Oberfeldwebel – Zugführer Fallschirm-Panzerfüsilierbataillon 2 „Hermann Göring" (Nov.1944)

MODEL, Walter, Generalfeldmarschall – RESB – Oberbefehlshaber 9. Armee, Oberbefehlshaber WEST, Oberbefehlshaber Heeresgruppe B. Freitod am 21.04.1945 im Ruhrkessel

NAUMANN, Dr. med., Oberarzt –Bataillonsarzt Fallschirm-Panzerfüsilierbataillon 2 „Hermann Göring" – Verbleib unbekannt

ORTLIEB, Feldwebel – Zugführer Fallschirm-Panzerfüsilierbataillon 2 „Hermann Göring" (November 1944)

PLANERT, Friedrich, Oberleutnant – 2./Fallschirm-Panzergrenadierregiment .3 „Hermann Göring" am 17.01.1945 gefallen (Ostpreußen)

PRESBER, Peter, Leutnant – 4.(F)/14, später Jagdgeschwader 3, am 22.04.1944 über dem Reich tödlich abgeschossen

PREUß, Hauptmann – Führer 1./Fallschirm-Panzerfüsilierbataillon 2 „Hermann Göring", gefallen am 19.01.1945 (Girnen/Ostpreußen)

PRIKOWITSCH, Feldwebel – Zugführer Fallschirm-Panzerfüsilierbataillon 2 „Hermann Göring“ (Nov.1944)

QUENTIN, Feldwebel – Zugführer Fallschirm-Panzerfüsilierbataillon 2 „Hermann Göring“ (Nov.1944)

RAPP, Leutnant – Führer 2./Fallschirm-Panzerfüsilierbataillon 2 „Hermann Göring“, in Ostpreußen vermisst (1945)

REINARDY, Josef (Jupp), Leutnant – DKiG/R – 4.(F)/14, später Fernaufklärergruppe 3, am 26.12.1944 über Krakau tödlich abgeschossen. Grablage: Heldenfriedhof Krakau

REITZ, Karl, Obergefreiter – 2./Fallschirmjägerregiment 16(Ost), am 22.10.1944 gefallen bei Annahof, Südwestlich Gumbinnen. Grablage: Nordwestlich Eisenbahn-/Straßenkreuzung westlich Annahof (3 Kilometer südwestlich Gumbinnen)

SANDROCK, Hans Major – R – Kommandeur Fallschirm-Sturmgeschützabteilung 2 „Hermann Göring“

SCHELER, Feldwebel – Zugführer Fallschirm-Panzerfüsilierbataillon 2 „Hermann Göring“ (Nov.1944)

SCHIRMER, Gerhard, Oberstleutnant – RE – Kommandeur Fallschirmjägerregiment 16(Ost)

SCHMALZ, Wilhelm, Generalleutnant – DKiG/RE – Kommandierender General Fallschirm-Panzerkorps „Hermann Göring“, am 14.03.1983 verstorben

SCHNEIDER, Gert, Leutnant – Nachrichten-Offizier Fallschirm-Panzerfüsilierbataillon 2 „Hermann Göring“, in Ostpreußen vermisst (1945)

SCHRÖDER, Feldwebel – Zugführer Fallschirm-Panzerfüsilierbataillon 2 „Hermann Göring“ (Nov.1944)

SCHWEIM, Heinz-Herbert, Major im Generalstab – R – Ia Fallschirm-Panzerdivision 2 „Hermann Göring“

SILLER, Gerhard (Gert), Oberfeldwebel – DKiG – 4.(F)/14, später Fernaufklärergruppe 3, am 26.12.1944 über Krakau tödlich abgeschossen. Grablage: Heldenfriedhof Krakau

SÖTH, Wilhelm, Oberst (Heer) – DKiG/R – Führer(vertr.)Fallschirm-Panzergrenadierdivision 2 „Hermann Göring“ (Herbst 1944)

STAGUHN, Oberfähnrich – Führer 4./Fallschirm-Panzerfüsilierbataillon 2 „Hermann Göring“

SCHENK VON STAUFFENBERG, Claus Graf, Oberst im Generalstab. Ia 10. Panzerdivision (Afrika), später Chef des Stabes beim Befehlshaber des Ersatzheeres. Am 20.07.1944 standrechtlich erschossen.

STEIN, Gerd, Leutnant – I./Fallschirmjägerregiment 16 (Ost), am 21.10.1944 gefallen (Ostpreußen).

TATENHORST, Oberfeldwebel – Zugführer Fallschirm-Panzerfüsilierbataillon 2 „Hermann Göring“.

TEUSEN, Hans, Hauptmann (1944) – R – Kommandeur I./Fallschirm-jägerregiment 16(Ost)

TISCHLER, Feldwebel – Kompanieführer Fallschirm-Panzerfüsilierbataillon 2 „Hermann Göring“ (Nov.1944)

TRIPPENS, Erich, Feldwebel – Zugführer 2./Fallschirm-Panzerfüsilierbataillon 2 „Hermann Göring“

TRUCKENMÜLLER, Fritz, Hauptmann – Stab Fallschirm-Panzergrenadierdivision 2 „Hermann Göring“, seit Januar 1945 in Ostpreußen vermisst

WALTHER, Erich, Oberst (Generalmajor) – DKiG/RES – Kommandeur Fallschirm-Panzergrenadierdivision 2 „Hermann Göring", am 26.12. 1947 verstorben (im Sowjet-Konzentrationslager Buchenwald verhungert).

WENCK, Walther, General der Panzertruppe – R – Chef Generalstab l. Panzerarmee (1943), Chef Generalstab Heeresgruppe Südukraine (1944), Chef Operationsabteilung im Oberkommando des Heeres (1944), Oberbefehlshaber 12.Armee

WILSHUES, Feldwebel – Zugführer 4./Fallschirm-Panzerfüsilierbataillon 2 „Hermann Göring".

WOLF, August, Hauptmann – Führer Fallschirm-Panzerfüsilierbataillon 2 „Hermann Göring"

Die in diesem Verzeichnis aufgeführten Personen werden im Text genannt:

Abkürzungsverzeichnis von militärischen Auszeichnungen:

R .... Ritterkreuz
RE .... Ritterkreuz mit Eichenlaub
RES .... Ritterkreuz mit Eichenlaub und Schwertern
RESB .... Ritterkreuz mit Eichenlaub, Schwertern und Brillanten
DKiG .... Deutsches Kreuz in Gold

Quelle

Persönliche Tagebücher des Verfassers

Literaturverzeichnis

Dieckmann/Großmann	Der Kampf um Ostpreußen
dtv reprint	Die Wehrmachtberichte 1939–1945
Otte	Die weißen Spiegel „Vom Regiment zum Fallschirm-Panzerkorps“
Schramm	Kriegstagebuch des Oberkommando der Wehrmacht 1940–1945

Danksagung

Mein Dank gilt den Damen und Herren, die mir bei der Absicherung von Daten, personellen und regionalen Bezügen geholfen haben, die mir Photos und Karten überließen oder sachdienliche Hinweise geben konnten:

Busch, Erich
Hucke, Friedrich
Mahler, Burkhard
Marwan-Schlosser, Rudolf
Merk, Otto
Michel, Helmut
Otte, Alfred
Paul, Joachim
Roon, Arnold von
Schirmer, Gerhard
Schmeelke, Karl-Heinz
Schweim, Heinz-Herbert
Wolf, Helma